普通高等教育“十三五”规划教材

中学化学传感器实验案例与应用

主编 吴晓红 倪 刚

北 京
冶 金 工 业 出 版 社
2019

内 容 提 要

本书是依据我国教育部颁布的《普通高中化学课程标准》（2017年版）对数字化实验实施的建议，结合教育部对高等院校化学教育专业师范生的基本要求而编写的教材。全书分为三个部分，围绕“课堂教学补充实验”“课堂教学改进实验”“课堂教学研究性学习实验”主题设计了25个传感器化学实验案例。

本书可作为高等师范院校化学（师范）专业、学科教学（化学）教育硕士和普通高中选修课教材，也可作为普通高中、职业高中等化学教育工作者、中等化学教育与教学研究人员的参考书和继续教育（培训）教材。

图书在版编目(CIP)数据

中学化学传感器实验案例与应用/吴晓红，倪刚主编．—北京：冶金工业出版社，2019.8

普通高等教育“十三五”规划教材

ISBN 978-7-5024-8161-2

Ⅰ.①中… Ⅱ.①吴… ②倪… Ⅲ.①中学—化学实验—教学研究—高等学校—教材 Ⅳ.①G633.82

中国版本图书馆CIP数据核字（2019）第144420号

出版人 谭学余
地　址 北京市东城区嵩祝院北巷39号 邮编 100009 电话 (010)64027926
网　址 www.cnmip.com.cn 电子信箱 yjcbs@cnmip.com.cn
责任编辑 卢 敏 美术编辑 吕欣童 版式设计 孙跃红
责任校对 郑 娟 责任印制 李玉山
ISBN 978-7-5024-8161-2
冶金工业出版社出版发行；各地新华书店经销；三河市双峰印刷装订有限公司印刷
2019年8月第1版，2019年8月第1次印刷
787mm×1092mm 1/16；12.75印张；306千字；196页
36.00元

冶金工业出版社 投稿电话 (010)64027932 投稿信箱 tougao@cnmip.com.cn
冶金工业出版社营销中心 电话 (010)64044283 传真 (010)64027893
冶金工业出版社天猫旗舰店 yjgycbs.tmall.com

#《中学化学传感器实验案例与应用》
编写人员名单

主　　编　吴晓红　倪　刚

编写人员　吴晓红　倪　刚　徐建菊　马　英

前　言

《普通高中化学课程标准》（2017 年版）中明确提出了数字化传感器实验和五个化学学科核心素养，本书重视与化学新课标和中学化学知识的紧密联系，为高中化学新教材的发行提供贮备资源，实用性较强。

本书共开发设计了与中学化学知识紧密相连的25个传感器化学实验，根据实验的类型和作用将本书分为3章。第一章是“课堂教学补充实验”，第二章是“课堂教学改进实验”，第三章是“课堂教学研究性学习实验”。其中第一章共有9个实验、第二章共有8个实验、第三章共有8个实验，每一个实验都设计了“导学设问”“备学检查”“互学展示”“帮学提升”“悟学精谈”“教学微案”“好学深思”“博学多闻”共8个栏目。8个栏目中前5个栏目主要对实验的设计、操作步骤和数据处理分析进行阐述；“教学微案”“好学深思”这两个栏目主要是阐述实验在教学中的应用；“博学多闻”主要呈现与实验相关的文献。本书主要有以下特点：第一，编写结构独特。本书共25个传感器实验，每一个实验都围绕“8学”进行编写，层层递进，力求对每个实验的每个部分进行剖析、精化，最后形成结构统一的传感器实验系列。第二，满足教学需求。本书中的一些实验我们已在银川部分中学进行了推广，同时对我校化学师范生进行了实操训练，得到了中学教师和化学师范生的一致好评。有些教师特别指出，他们期待有这样一本与中学化学知识、课堂疑难问题相联系的传感器实验教材。本书中的实验案例和教学微案正好满足了中学化学教师的教学需求，对数字化传感器实验进校园、进课堂起到了良好的辅助作用。第三，案例丰富实用。书中编写的25个传感器实验，每一个实验，都适合于中学化学教学活动的开展，并且教学类型丰富，可适用于常规课堂教学、传统化学实验改进教学和开展研究性学习活动。例如第二章的实验十一“哪些物质能够加快过氧化氢的分解?”这个实验教师可以用于传统实验改进的教学，也可以用于对学生开展研究性学习活动，培养学生科学探究与创新意识的学科核心素养。

本教材在编写过程中，参考了部分院校的教材和专著，以及国内外相关资料和文献，在此表示诚挚的谢意。由于时间和能力有限，书中不足之处在所难免，敬请广大师生给予批评指正。

作　者
2019 年 5 月于银川

前言

目　录

第一章　课堂教学补充实验

本章共包含9个传感器实验，实验具有趣味性、探究性、实用性等特点，每个实验都是针对疑难问题、教学难点进行传感器实验补充，紧扣中学化学教学内容。如实验一“如何清除水壶中的水垢?”借助了二氧化碳传感器，从定量的角度分析了食醋能够较好地除去水垢，既凸显了传感器实验的优势又体现了化学知识在生活中的应用；如实验六“钢铁在弱酸性条件下能发生吸氧腐蚀吗?”借助了溶解氧传感器、气体压力传感器，运用正交法从定量的角度探究了弱酸性条件下钢铁发生吸氧腐蚀的最佳条件，符合新课标中“科学探究与创新意识”的化学学科核心素养。

利用各种传感器作为感官传递物，通过一定的方式、方法展示实验过程的变化，达到提高学习效率的目的。下面让我们一同开启传感器实验之旅，感受传感器实验的魅力！

实验一　如何清除水壶中的水垢?

要点提示：水垢、白醋、CO_2传感器

导学设问

水垢俗称水锈、水碱，是指硬水煮沸后所含矿物质附着在容器（如锅、壶等）内逐渐形成的白色块状或粉末状的物质，主要成分有碳酸钙、碳酸镁、硫酸钙、硫酸镁、氯化钙、氯化镁等。水垢的形成是一个复杂的物理化学过程，其原因有内因和外因两个方面：一是水中有钙、镁离子及其他重金属离子，是水垢形成的根本原因，也叫内因；二是固态物质从过饱和的水（如炉水、壶水等）中沉淀析出并粘附在金属受热面上，是水垢形成的外因。水垢的导热能力很差，如果锅炉内形成水垢则会导致锅炉产热效率降低，重则会引起锅炉爆管，造成锅炉事故[1]。

如何运用化学原理除去“水垢”？醋是日常生活中常用的调味剂，约含3%～5%的乙酸，可以和“水垢”发生化学发应，生成可溶性的醋酸盐，从而达到除去水垢的目的。

备学检查

药品：水垢、白醋、蒸馏水。

仪器：自制具支锥形瓶、药匙、电子天平、注射器、乳胶管、单孔橡胶塞、玻璃导管、止水夹、细铁丝、CO_2传感器、数据采集器、USB数据线、电脑和配套软件、Origin7.5软件。

互学展示

1. 准备药品

从使用时间较长的水壶中取出一定量的“水垢”并干燥，将其研磨至粉末状。提前准

备一瓶白醋（本实验用的是：紫林 6°白醋，总酸量≥6.00g/100mL），用注射器吸取 10mL 白醋待用。

2. 组装仪器

如图 1-1-1 所示组装仪器，将二氧化碳传感器插入自制具支锥形瓶内，锥形瓶侧口与单孔橡胶导管相连（注：导管一端与配有注射器的乳胶管相连）。

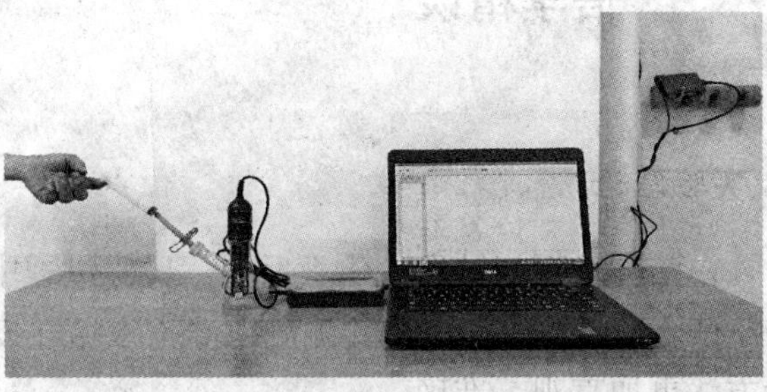

图 1-1-1　实验装置图

3. 开始实验

称取 0.1345g 水垢，放入自制具支锥形瓶内，将 CO_2 传感器插入锥形瓶内，并与数据采集器相连，USB 线与数据采集器和电脑相连。启动数据采集器，打开软件，设置软件菜单栏“实验”项目中“数据采集”为“持续采集数据”。点击“采集”按钮，先采集一段数据，然后打开止水夹注入 10mL 白醋，关闭止水夹，待反应持续约 30min 后，停止采集并保存实验数据，后期拷贝到 Origin7.5 软件中进行作图。

帮学提升

白醋与水垢反应体系 CO_2 含量随时间的变化情况如图 1-1-2 所示。

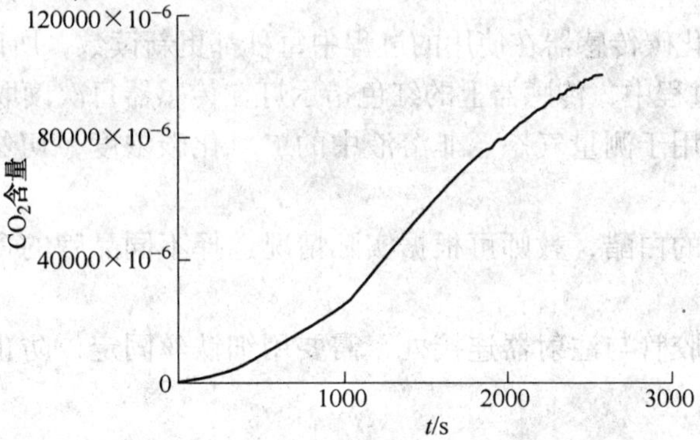

图 1-1-2　白醋与水垢反应体系 CO_2 含量随时间变化情况

由图 1-1-2 可知，曲线呈上升趋势，体系中 CO_2 含量不断增加。这主要是因为：$CaCO_3 + 2CH_3COOH = Ca(CH_3COO)_2 + H_2O + CO_2\uparrow$。该实验反应停止时耗时约 34min，对应 CO_2 含量由 313ppm（$1ppm = 1\times10^{-6}$）上升为 100402ppm，上升了 10%，说明白醋能够较好地除去水垢。

悟学精谈

1. 实验结论

白醋与水垢能够发生化学反应。反应过程中产生的 CO_2 随时间的变化不断增加。借助 CO_2 传感器，可以实时地检测到白醋与水垢在反应的过程中所产生的 CO_2，相比较传统实验方法更加直观、准确。

2. 传感器的使用

本实验主要探究白醋能否除去水垢，传统方法是通过观察白醋与水垢混合能否产生气泡来判断反应是否发生。CO_2 传感器能够准确测量 CO_2 的含量，本实验借助 CO_2 传感器完成实验探究，可以实时检测 CO_2 含量的变化来推测反应的发生。

本实验用的是威尼尔 CO_2 传感器（图 1-1-3)，它能在多种生物和化学实验中测量二氧化碳气体的浓度，还可以在光合作用和呼吸作用实验中测量出二氧化碳浓度的细微变化。

图 1-1-3　CO_2 传感器

3. 注意事项

（1）实验过程中用到的具支锥形瓶，是根据 CO_2 传感器定制的，教师可根据实验条件进行改进。

（2）要注意二氧化碳传感器在使用的过程中每秒都更新读数，所以取样速度设置不能快于 1 次/s。采集数据过程中，传感器上的红色指示灯在传感器每次读取数据时都亮一下。

（3）此传感器是用于测量气态、非溶液中的二氧化碳浓度，切勿将传感器直接放在液体中使用。

（4）本实验用到的白醋，教师可根据实际情况选择不同品牌的食醋进行实验，本书实验数据仅供参考。

（5）实验中的乳胶管与注射器连接处，需要用细铁丝固定，防止注射溶液时漏液。

教学微案

1. 教学目标

（1）核心知识：了解水垢的形成和水垢的主要成分；掌握白醋与水垢的反应原理。

（2）核心能力：通过探究实验，掌握 CO_2 传感器的使用方法；会运用化学知识解决生活中的实际问题。

（3）核心品质：认识化学与生产、生活的密切联系，具有安全意识，逐步养成严谨求实的科学态度。

2. 教学设计思路图

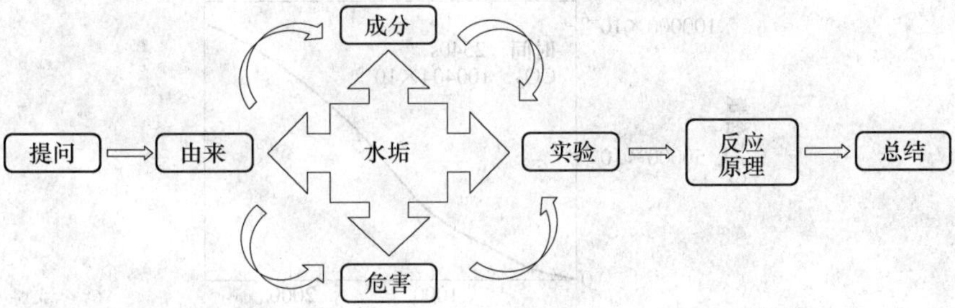

图 1-1-4　设计思路图

3. 教学过程

【PPT】展示生活中常见的含有水垢的图片。

【提问】生活中我们可以看到，长期使用的烧水壶、保温瓶等中会出现一层坚硬的物质，同学们知道这层物质是什么吗？它的主要成分又是什么？

【讲述】水垢俗称“水锈、水碱”，是指硬水煮沸后所含矿物质附着在容器（如锅、壶等）内逐渐形成的白色块状或粉末状的物质，主要成分有碳酸钙、碳酸镁、硫酸钙、硫酸镁、氯化钙、氯化镁等。

【过渡】水垢的导热能力很差，如果锅炉内形成的水垢过厚则会导致锅炉效率降低。工厂供暖用的大锅炉，有的每小时输送好几吨蒸汽，相当于烧干几吨水。据试验，1t 河水里大约有 1.6kg 矿物质，而 1t 井水里的矿物质高达 30kg 左右。一天输送几十吨蒸汽，硬水在锅炉内壁沉积出的水垢数量，又该多么惊人！

【科普】大锅炉里结了水垢，好比锅炉壁的钢板和水之间筑起一座隔热的石墙。锅炉钢板挨不着水，炉膛的火把钢板烧得温度很高。这时候，如果水垢出现裂缝，水立即渗漏到高温的钢板上。水急剧蒸发，造成锅炉内压力猛增，发生爆炸。锅炉爆炸的威力不亚于一颗重磅炸弹！可见水垢的危害有多大。

【提问】同学们知道工厂里如何除去水垢吗？

【讲述】在工厂里，一般向水里加入适量的碳酸钠（俗名苏打），使水中的钙、镁等离子转化成沉淀后除去。

【提问】家里的水壶、暖水瓶结了水垢，该怎么清除干净？

【讲述】水垢的主要成分是碳酸钙、氢氧化镁等，都可以和酸发生化学反应。

【提问】据此原理，在实际生活中，同学们能否借助厨房中常用调味剂清除水垢？

【实验】我们可以按照“互学展示”中的实验步骤进行实验，得到下图。

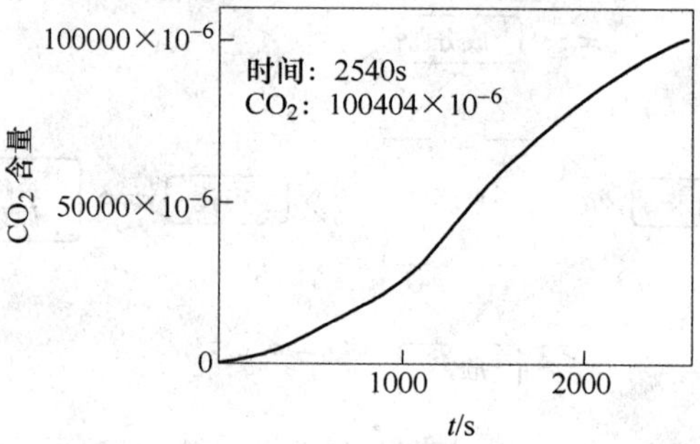

【分析】由图可知，曲线呈上升趋势，体系中 CO_2 含量不断增加。这是因为白醋与水垢发生了化学反应。该实验反应持续约 34min，对应 CO_2 含量为 100404×10^{-6}，上升了 10%，说明白醋能够较好地除去水垢。

【陈述】请同学们写出此实验过程中涉及的两个化学反应方程式。

【板书】$CaCO_3 + 2CH_3COOH = Ca(CH_3COO)_2 + H_2O + CO_2\uparrow$

$Mg(OH)_2 + 2CH_3COOH = Mg(CH_3COO)_2 + H_2O$

【总结】我们了解了“水垢”的由来，并且知道了“水垢”的主要成分是 $CaCO_3$ 和 $Mg(OH)_2$ 等，掌握了 CO_2 传感器的使用方法及白醋与水垢的反应原理。希望同学们在今后的生活中，可以将学到的化学知识应用到生活中，解决生活中遇到的实际问题。

好学深思

（1）根据实验时间，你觉得用白醋除去水垢的方法实用吗？请解释。

（2）生产生活中，你觉得还可以用哪些方法除去水垢？

（3）利用厨房和卫生间的一些常用物品，你还可以开展哪些家庭小实验？

博学多闻

[1] 叶天泉，孙杰，王岳人，等．城市供热辞典［M］．沈阳：辽宁科学技术出版社，2005.

[2] 张婷．基于核心素养的九年级化学教学情境设计［J］．课程教育研究，2017（37）：174.
[3] 李秦怡，李佳，赵立芳．基于古诗词培养化学核心素养教学设计——以“碳酸钙的性质”为例［J］．中学化学教学参考，2017（8）：34~36.
[4] 陈芳芳．优化整合实验　提高课堂效率——“石灰石的利用”教学及反思［J］．化学教与学，2014（7）：54~55，19.
[5] 缪徐．“石灰石的利用”教学设计及点评［J］．中学化学教学参考，2011（4）：29~31.
[6] 沈兆刚，张建祥．“石灰石的利用”教学设计［J］．化学教学，2009（10）：43~46.
[7] 王国峥，陈兴玉．“石灰石的利用”课堂教学创新设计［J］．中学化学教学参考，2008（12）：22~24.

实验二 不同干燥剂吸水能力是否一样?

要点提示：干燥剂、吸水性、相对湿度传感器

导学设问

干燥剂是指能除去潮湿物质中部分水分的物质，其原理是通过与水结合生成水合物进行干燥。湿气的管控与产品的优良率是息息相关的。在适当的温度和湿度下，食物中的细菌和霉菌便会以惊人的速度繁殖，使食物腐坏。电子产品也会因湿度过高造成金属氧化，产生不良后果。干燥剂的使用是为了避免多余的水分造成不良后果。

干燥剂有酸性干燥剂、碱性干燥剂和中性干燥剂，不同干燥剂的干燥能力是不一样的。中学常见的干燥剂有：氢氧化钠、氢氧化钾、氯化钙固体和浓硫酸等。它们之间的吸水能力强弱如何？哪种干燥剂的干燥效果更好呢？相对湿度传感器可以测量空气的相对湿度。当空气中水蒸气含量减少时，空气的相对湿度就会下降。基于此，可以借助相对湿度传感器对中学常见干燥剂的吸水强弱进行测量，可以帮助学生了解传感器在中学化学教学中的应用，学会如何使用并设计关于传感器的化学实验。

备学检查

药品：氢氧化钠固体、氢氧化钾固体、无水氯化钙固体、浓硫酸、蒸馏水。

仪器：三颈圆底烧瓶、橡胶塞、胶头滴管、烧杯、铁架台、纸槽、药匙、相对湿度传感器、数据采集器、USB 数据线、电脑和配套软件、Origin7.5 软件。

互学展示

1. 准备试剂

分别称取各 1 份约 0.5g 氢氧化钠固体、氢氧化钾固体、无水氯化钙固体待用。

2. 组装仪器

按照图 1-2-1 所示连接仪器。注意：保证装置气密性良好。

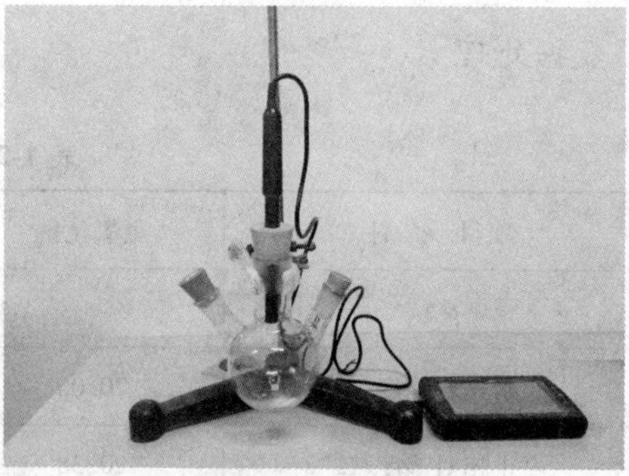

图 1-2-1　实验装置图

3. 开始实验

用橡胶塞塞住三颈圆底烧瓶两个侧口，在主瓶口处插入相对湿度传感器（注：橡胶塞可根据实验过程中三颈圆底烧瓶瓶口大小自由调整），启动数据采集器，打开软件，设置软件菜单栏“实验”项目中“数据采集”为“持续采集数据”。向瓶中滴加 1 滴蒸馏水，旋转烧瓶使得蒸馏水尽可能均匀布满瓶底内部（注：其目的是提高瓶中相对湿度起始值，便于观察数据变化），点击“采集”按钮，待相对湿度传感器采集三颈圆底烧瓶内部一段数据后，从三颈圆底烧瓶侧口加入 0.5g 氢氧化钠固体并塞上橡胶塞，300s 后停止采集，保存实验数据。重复以上实验操作步骤，其中只需将氢氧化钠依次更换为氢氧化钾、无水氯化钙、1 滴浓硫酸即可，保存新的 3 份实验数据。

帮学提升

1. 不同干燥剂吸水（相对湿度随时间变化）情况

图 1-2-2 中 4 条曲线分别是氢氧化钾、无水氯化钙、浓硫酸、氢氧化钠分别加入到三颈圆底烧瓶中体系相对湿度随时间的变化情况。曲线都呈下降趋势，说明向三颈圆底烧瓶中加入不同干燥剂后，体系相对湿度随时间都在减小。实验曲线起始值几乎一致，瓶中相对湿度保持在 70%左右，但 300s 时瓶中相对湿度区别较大，对数据进一步处理得到表 1-2-1。由表 1-2-1 中数据可以知道，相同时间内氢氧化钠的吸水能力较强，氢氧化钾吸水能力较其他干燥剂弱。

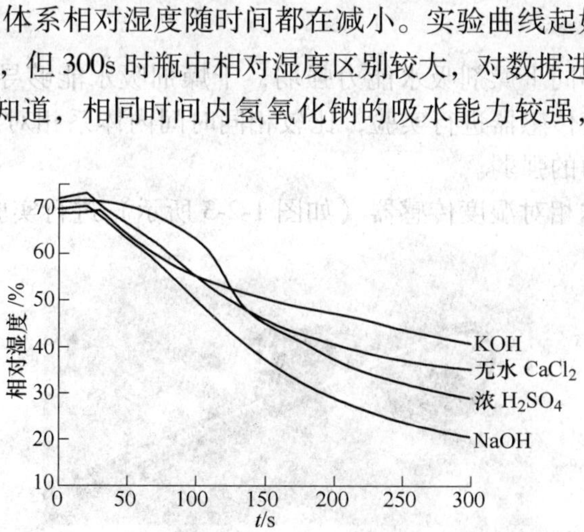

图 1-2-2　体系相对湿度随时间变化情况

2. 数据处理

表 1-2-1　部分实验数据

项目干燥剂	氢氧化钠	浓硫酸	无水氯化钙	氢氧化钾
t/s	300			
起始相对湿度/%	70.05	71.13	71.98	68.89
停止相对湿度/%	20.38	28.82	35.11	40.86
湿度改变量绝对值/%	49.67	42.31	36.87	28.03
变化速率/%·s^{-1}	16.56	14.10	12.29	9.34
吸水强弱排序	1	2	3	4

悟学精谈

1. 实验结论

由表 1-2-1 可知，4 种干燥剂的吸水能力都不一样，在相同 300s 内，吸水最多的是氢氧化钠固体，相对湿度改变量绝对值为 49.67%；吸水最少的是氢氧化钾，相对湿度改变量绝对值为 28.03%。这 4 种物质吸水能力强弱顺序依次为：氢氧化钠>浓硫酸>无水氯化钙>氢氧化钾。

2. 传感器的使用

本实验主要探究不同干燥剂吸水能力强弱，干燥剂吸水能够导致局部相对湿度下降，因此可以借助相对湿度传感器进行实验，比较相同时间内体系相对湿度改变情况，从而判断对应干燥剂吸水能力的强弱。

本实验借助威尼尔相对湿度传感器（如图 1-2-3 所示）进行实验。

图 1-2-3　相对湿度传感器

3. 注意事项

（1）实验者可根据当地相对湿度情况对实验条件进行一定的改变，本实验中实验室相对湿度约为17%，起始值较小，实验变化不大，不利于数据分析，因此，可向瓶中滴加1滴蒸馏水改变瓶中相对湿度。

（2）本实验主要是用中学常见的干燥剂。此外可适当进行拓展，做一些生活中常见不同食品干燥剂或实验室具有挥发性物质的实验，探究其对空气相对湿度的影响，进一步激发学生学习兴趣。

教学微案

1. 教学目标

（1）核心知识：了解常见干燥剂的主要成分和吸水能力的强弱顺序；知道常见干燥剂的种类。

（2）核心能力：针对不同情况会选择合适的干燥剂；能借助相对湿度传感器对中学常见干燥剂吸水能力强弱进行判断；掌握相对湿度传感器的使用方法。

（3）核心品质：了解传感器在中学化学实验中的应用；具有理论联系实际的观念，能依据实际条件并运用所学化学知识解决生活中简单的化学问题。

2. 教学设计思路图

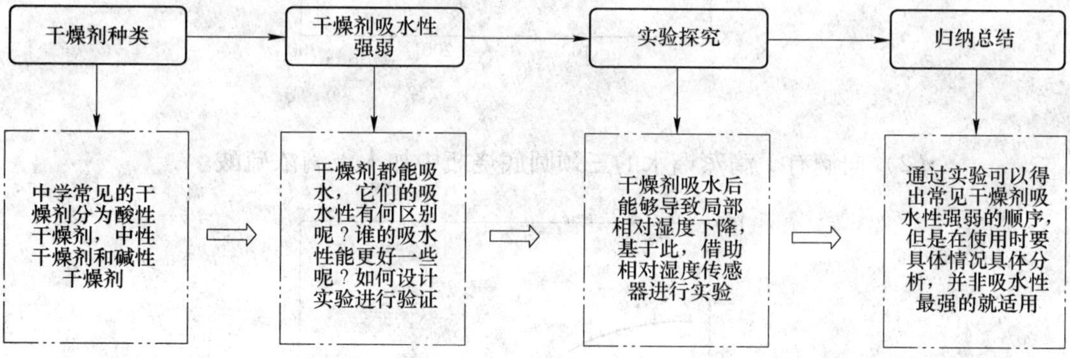

图 1-2-4　设计思路图

3. 教学过程

【陈述】干燥剂能够除去潮湿物质中一定量的水，例如常见的干燥剂有无水氯化钙、碱石灰、浓硫酸等。

【提问】我们已经学习了物质的分类，对于干燥剂，如何进行分类呢?

【讲述】我们把常见的干燥剂分为:

(1) 酸性干燥剂：用于干燥酸性或中性气体，如浓硫酸、五氧化二磷等。其中浓硫酸不能干燥硫化氢、溴化氢、碘化氢等具有强还原性的酸性气体，五氧化二磷不能干燥氨气。

(2) 中性干燥剂：一般气体都能干燥，如无水氯化钙，但无水氯化钙不能干燥氨气和乙醇。

(3) 碱性干燥剂：用于干燥中性或碱性气体，如碱石灰（CaO 与 NaOH、KOH 的混合物）、生石灰（CaO）、NaOH 固体等。

【提问】干燥剂有这么多的种类，它们的吸水能力到底如何呢？我们又该如何检测干燥剂吸水能力的强弱呢?

【引导】给大家介绍一种传感器，叫相对湿度传感器，我们可以比较相同时间内体系相对湿度改变情况，从而判断对应干燥剂吸水能力的强弱，由此进行实验设计及探究。

【实验过程】按照“互学展示”完成实验，分别得到下图。

(1) 向滴有 1 滴蒸馏水的三颈圆底烧瓶中加入 0.5g 氢氧化钠。

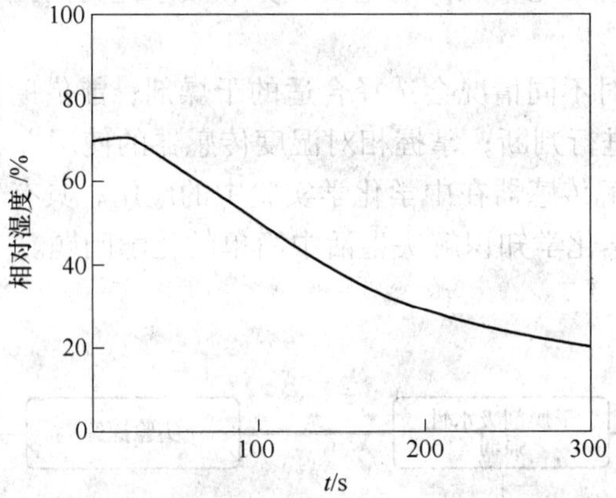

(2) 向滴有 1 滴蒸馏水的三颈圆底烧瓶中加入 1 滴浓硫酸。

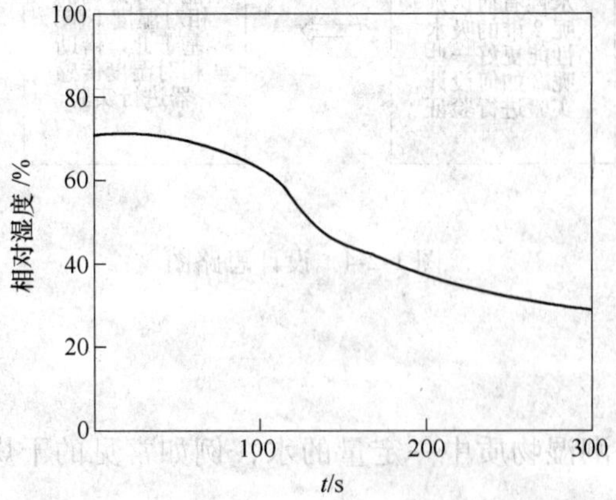

（3）向滴有 1 滴蒸馏水的三颈圆底烧瓶中加入 0.5g 无水氯化钙。

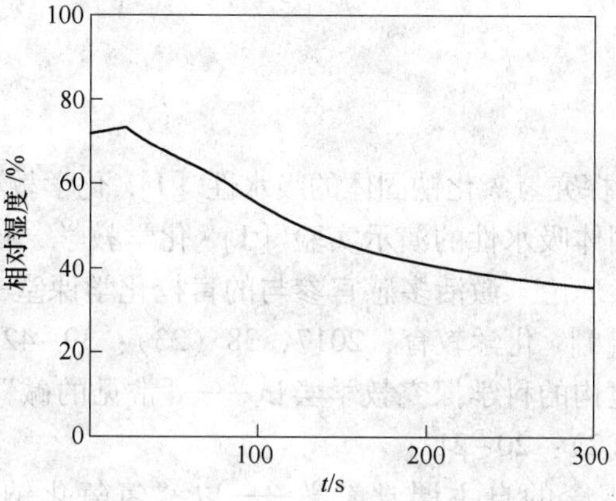

（4）向滴有 1 滴蒸馏水的三颈圆底烧瓶中加入 0.5g 氢氧化钾。

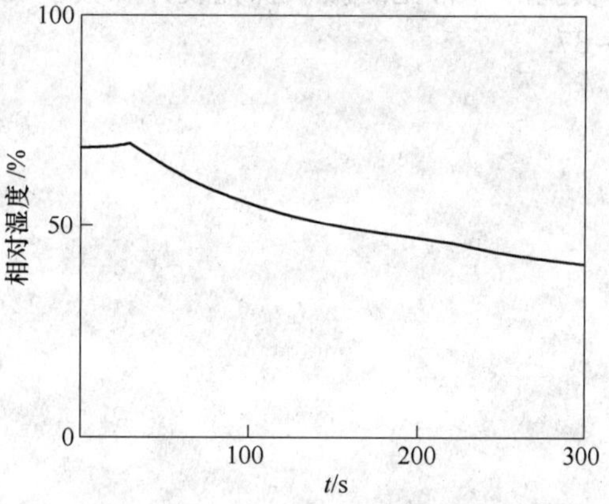

【总结】 干燥剂种类不同，其吸水能力也不一样。由此实验可以得出，常见 4 种物质吸水能力的强弱顺序为：氢氧化钠>浓硫酸>无水氯化钙>氢氧化钾。在实验过程中我们要根据不同的情况，选择合适的干燥剂应具体情况具体分析，并不是吸水能力越强越好。

好学深思

（1）本实验中，除了借助相对湿度传感器进行实验外，还可以使用其他传感器进行实验设计吗？如果有，你认为什么传感器比较合适，写出你的实验方案。

（2）生活中你见过哪些干燥剂，它们的吸水能力如何呢？你会用什么方法去比较它们的吸水能力？

（3）实验过程中，你觉得还有哪些更好的方法可以增加密闭体系的相对湿度？请写出你的方法。

博学多闻

[1] 葛德新．用DIS实验探究氢氧化钠固体的吸水性［J］．化学教与学，2017（8）：92.

[2] 宋茂汉．氢氧化钠固体吸水性的演示实验［J］．化学教学，1999（1）：10.

[3] 朱征．基于缺陷补偿理论　激活多感官参与的盲校化学课堂——以“一包干燥剂引发的探究”教学为例［J］．化学教育，2017，38（23）：39~42.

[4] 金新华．基于方法建构的科学探究教学尝试——“常见的碱”教学探析［J］．中学化学教学参考，2016（2）：20~21.

[5] 刘水峰．基于学科观念的自主课堂教学——以“氢氧化钠变质的探究”教学为例［J］．化学教与学，2015（7）：47~49，26.

[6] 时颖，李德前．基于实验的“常见的碱”探究设计和教学反思［J］．中国现代教育装备，2014（24）：35~37.

实验三　电解质溶液的导电能力与哪些因素有关？

要点提示：电解质、电导率传感器

导学设问

关于溶液的导电性在九年级化学教材和高中化学教材中都有涉及。九年级教材设计实验测定几种溶液的导电性，只是让学生从现象上感知溶液的导电性。高中教材中根据物质在水溶液或熔融状态下能否导电来区分电解质与非电解质。电解质溶液的导电是自由移动的阴、阳离子的定向移动结果，电解质溶液中自由移动的离子浓度越大、离子所带的电荷越多，其导电能力越强。但是在实验中发现同浓度、同电荷数的氢氧化钠溶液和氯化钠溶液对应的灯泡明亮程度不同。实验中灯泡的明亮程度有差异是什么因素造成的？两种电解质溶液中的阳离子都是 Na^+，氯化钠中的阴离子是 Cl^-，氢氧化钠溶液中的阴离子是 OH^-。猜想离子种类是否会影响溶液的导电能力？通过查阅资料发现：298K 时在无限稀释的水溶液中，一些离子的无限稀释摩尔电导率是不同的。电导率传感器能够实时定量准确地测量电解质溶液的电导率。通过测定不同浓度的同种电解质和同浓度同电荷数的电解质溶液的电导率来分析影响溶液导电能力的因素有哪些？电解质溶液的导电能力是否与离子种类有关？基于上述问题和理论设计实验再次探究影响电解质溶液的导电能力。

备学检查

药品：氢氧化钠、氯化钠、氯化钾、蒸馏水。

仪器：分析天平、容量瓶、玻璃棒、移液管、洗耳球、量筒、烧杯、磁力搅拌器和配套磁子、夹子、电导率传感器、数据采集器、USB 线、计算机及配套软件、Origin7.5 软件。

互学展示

1. 实验步骤

（1）配制溶液。分别配制各 100mL 浓度为 0.005mol/L、0.05mol/L、0.5mol/L 氯化钠

溶液待用；配制各 100mL 浓度为 0.05mol/L 氢氧化钠溶液、氯化钠溶液、氯化钾溶液待用。

（2）组装仪器。如图 1-3-1 所示组装好仪器。将电导率传感器插入烧杯中，保证待测溶液能够浸没传感器探头，将电导率传感器与数据采集器相连，USB 线与数据采集器和电脑相连。

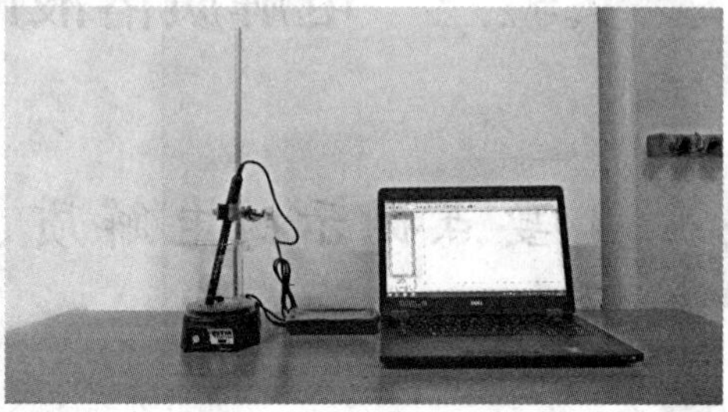

图 1-3-1 实验装置图

2. 开始实验

（1）启动数据采集器，打开软件，设置软件菜单栏“实验”项目中“数据采集”为“持续采集数据”。取 50mL 0.005mol/L 的氯化钠溶液于 100mL 的烧杯中，将电导率传感器插入烧杯中，点击“采集”按钮，待数据稳定后停止“采集”，保存实验数据。

（2）清洗仪器，重复实验（1），其中将 50mL 0.005mol/L 的氯化钠溶液依次更换成 50mL 0.05mol/L 的氯化钠溶液、50mL 0.5mol/L 的氯化钠溶液，保存新的实验数据。

（3）清洗仪器，重复实验（1），其中将 50mL 0.005mol/L 的氯化钠溶液依次更换成 50mL 0.5mol/L 的氯化钾溶液、50mL 0.5mol/L 的氢氧化钠溶液，保存新的实验数据，后期拷贝到 Origin7.5 软件中进行作图。

帮学提升

1. 不同浓度的氯化钠溶液电导率值随时间变化情况

图 1-3-2 中曲线 a 是浓度为 0.5mol/L 的氯化钠溶液的电导率曲线，曲线 b 是浓度为 0.05mol/L 的氯化钠溶液的电导率曲线，曲线 c 是浓度为 0.005mol/L 的氯化钠溶液的电导率曲线。由曲线对应数据可知，电解质溶液的浓度越大其对应溶液的电导率值越大，溶液的导电能力越强。

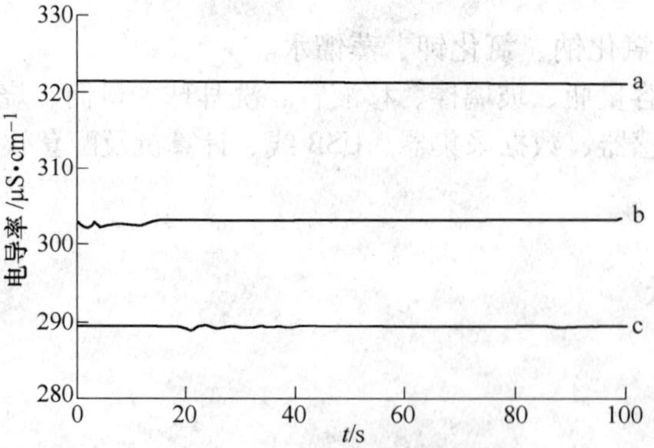

图 1-3-2 体系电导率随时间的变化

2. 同类型（如：1∶1型、2∶1型等）同浓度的不同电解质溶液电导率值随时间变化情况

图1-3-3中3种电解质溶液的浓度都为0.5mol/L，可以看出氢氧化钠溶液的电导率曲线高于氯化钾溶液的电导率曲线，而氯化钾的电导率曲线高于氯化钠的电导率曲线。整理3条曲线对应数据得到表1-3-1。

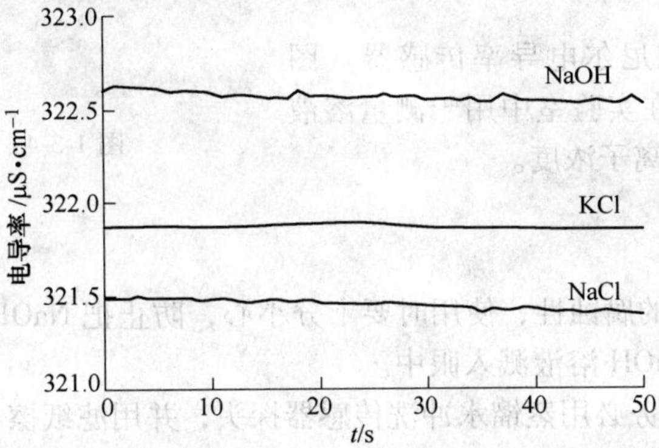

图1-3-3　体系电导率随时间的变化

表1-3-1　同浓度不同电解质溶液电导率实验数据记录

电解质溶液	氯化钠溶液	氯化钾溶液	氢氧化钠溶液
电导率/$\mu S \cdot cm^{-1}$	321.5	321.8	322.6

这3种电解质在水中都会发生电离，其电离方程式分别为：

$$NaOH = Na^{+} + OH^{-}$$

$$NaCl = Na^{+} + Cl^{-}$$

$$KCl = K^{+} + Cl^{-}$$

通过进一步分析每种溶液的阴阳离子，可以发现NaCl溶液和KCl溶液中阴离子都是Cl^-，阳离子不同，KCl溶液的电导率值大于NaCl溶液的电导率值，说明K^+的电导率值大于Na^+的电导率值；NaCl溶液和NaOH溶液中阳离子都是Na^+，阴离子不同，NaOH的溶液电导率值大于NaCl溶液电导率值，说明OH^-的电导率值大于Cl^-的电导率值。

悟学精谈

1. 实验结论

（1）溶液的导电能力不仅与离子浓度、电荷数有关，还与离子种类有关。同种电解质溶液中自由移动的离子浓度越大，其导电能力越强；同类型（如：1∶1型、2∶1型）同浓度离子种类不同的电解质溶液的导电能力不同。

（2）通过实验，对比KCl溶液和NaCl溶液的电导率曲线可得出阳离子导电能力为：$K^+>Na^+$；对比NaCl溶液和NaOH溶液的电导率曲线可得出阴离子导电能力为：$OH^->Cl^-$。

2. 传感器的使用

本实验主要探究电解质溶液导电能力影响因素，对于导电能力，可以借助电导率传感器测定体系中电导率值大小来判断因素对电解质溶液导电能力的影响。

本实验主要使用维尼尔电导率传感器（图 1-3-4），该传感器可以在实验室中用于测量溶液的电导率或溶液中的总离子浓度。

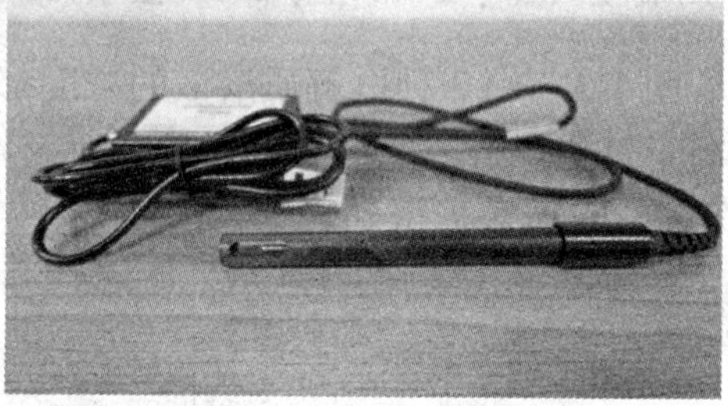

图 1-3-4 电导率传感器

3. 注意事项

（1）NaOH 有强烈的腐蚀性，使用时要十分小心，防止把 NaOH 或其溶液沾到皮肤或衣服上，特别要防止 NaOH 溶液溅入眼中。

（2）每一次实验前务必用蒸馏水冲洗传感器探头，并用滤纸擦干，防止影响测量数据的准确性。

教学微案

1. 教学目标

（1）核心知识：会写出常见电解质的电离方程式；知道电解质溶液导电的实质；理解影响电解质溶液导电能力的因素。

（2）核心能力：具有较强的问题意识，能在讨论的基础上提出探究的问题和假设，合作完成实验，基于现象和数据进行分析得出结论。

（3）核心品质：通过实验探究，培养学生善于思考、勇于质疑、敢于探索的学习精神。

2. 教学设计思路图

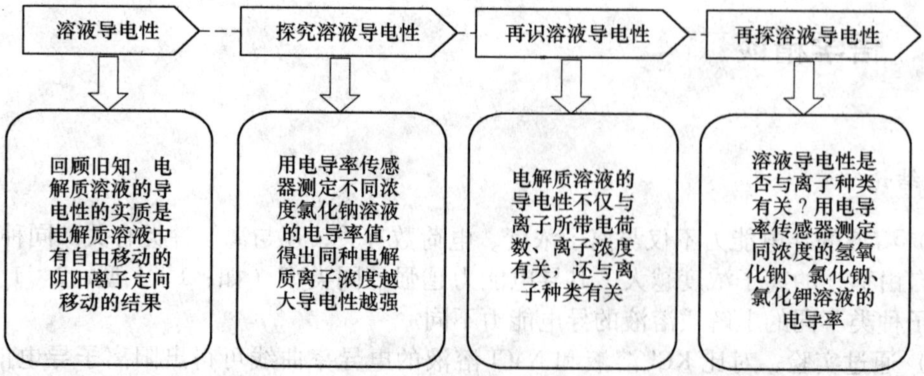

图 1-3-5 设计思路图

3. 教学过程

【回顾旧知】电解质：在水溶液或熔融状态下能够导电的化合物。非电解质：在水溶液和熔融状态下都不导电的化合物。电解质溶液导电的实质是：自由移动的阴、阳离子定向移动的结果。

【任务】请写出 NaOH、NaCl、KCl 的电离方程式。

【板书】$NaOH = Na^+ + OH^-$、$NaCl = Na^+ + Cl^-$、$KCl = K^+ + Cl^-$。

【讲解】电解质在水中电离产生阴阳离子，阴阳离子在外电场作用下定向移动产生电流而导电。电解质溶液的导电能力与溶液中的离子浓度、离子所带的电荷数有关，一般电解质溶液中自由移动的离子浓度越大，离子所带的电荷越多，其导电能力越强。

【讲述】通过实验直观感受离子浓度对电解质溶液导电能力的影响。分别配制 100mL 浓度为 0.5mol/L、0.05mol/L、0.005mol/L 的氯化钠溶液。

【实验演示】按照“互学展示”实验步骤进行实验。

【实验 1】测定不同浓度氯化钠溶液的电导率

【记录数据】

浓度/mol·L^{-1}	0.005	0.05	0.5
电导率/μS·cm^{-1}			

【分析】教师引导学生分析数据得出结论。

【提问】通过实验 1 可以得出溶液的导电能力与离子浓度有关，同浓度、同电荷数的电解质溶液的电导率值应该是一样的。实际情况又是怎样的呢？让我们一起通过实验来一探究竟。

【讲述】分别配制 100mL 浓度为 0.5mol/L 氢氧化钠溶液、氯化钠溶液、氯化钾溶液。

【实验演示】按照“互学展示”实验步骤进行实验。

【实验 2】测定同一浓度的不同电解质溶液的电导率

【记录数据】

电解质	NaCl	KCl	NaOH
电导率/μS·cm^{-1}			

【分析】教师引导学生分析数据得出结论。

【总结】溶液的导电能力不仅与离子浓度、电荷数有关，还与离子种类有关。同种电解质溶液中自由移动的离子浓度越大，其导电能力越强；同类型同浓度离子种类不同的电解质溶液的导电能力不同。

好学深思

（1）通过本实验，你会设计实验判断电解质溶液的导电能力吗？你会如何设计实验判断

H^+与K^+，Cl^-与NO_3^-的导电能力呢？请写出你的实验方案。

（2）除了浓度、电荷数、离子种类，你觉得还有哪些因素影响电解质溶液的导电能力？请写出你认为的其他影响因素并设计实验进行验证。

（3）如果将强电解质换成弱电解质，是否也存在相似的规律呢？请设计实验进行验证。

博学多闻

［1］唐红珍．提升三重表征融合能力的教学策略研究——以高中化学“电解质的电离”教学为例［J］．化学教育，2016，37（23）：20~24.

［2］王维臻，王磊，支瑶，葛继宁，李振玲，于少华．电化学认识模型及其在高三原电池复习教学中的应用［J］．化学教育，2014，35（1）：34~40.

［3］胡久华，王磊，支瑶，董颖，郑文燕．促进学生认识发展的“电离和离子反应”专题的单元整体教学研究［J］．化学教育，2013，34（4）：44~49.

［4］何彩霞．以化学观念为统领设计教学活动——对“弱电解质的电离”教学课例的再研究［J］．化学教育，2013，34（1）：16~18.

［5］张培成，诸全头．“弱电解质的电离”创新教学设计与反思［J］．化学教育，2011，32（7）：17~19，24.

［6］朱庆文．“离子反应”第一课时教学设计［J］．中学化学教学参考，2010（3）：20~22.

实验四　等体积等 pH 的盐酸和醋酸消耗相同浓度氢氧化钠溶液体积一样吗？

要点提示：酸碱中和滴定、电离平衡、强弱电解质、pH 传感器、滴定计数传感器

导学设问

人教版高中《化学必修 1》第二章第二节“离子反应”和高中《化学（选修4）》第三章第一节“弱电解质的电离”中都有“电解质”相关知识。选修 4 比必修 1 拓展了知识的深度，引入“强弱电解质”，区别在于电解质是否在水溶液中完全电离。教材定义弱电解质为：“在水溶液中部分电离的电解质叫做弱电解质”，对于“部分电离”学生只能形象的去理解，多数教师采用讲解教学法。选修 4 第三章第二节“水的电离和溶液的酸碱性”中涉及实践活动“实验测定酸碱滴定曲线”，酸碱滴定是高中化学的重难点，对于滴定终点的确定教学中常采用酸碱指示剂来指示终点，宏观上学生借助溶液颜色变化来判定终点。由于个人对颜色的敏感程度不一样，导致滴定终点判断存在误差。基于以上问题，借助 pH 传感器和滴定计数传感器进一步探究等浓度一元强碱氢氧化钠溶液滴定等 pH 的一元酸盐酸和醋酸时，消耗氢氧化钠溶液的体积，由体积的不同进一步强化强弱电解质概念，深化电离平衡的学习。

备学检查

药品：0. 17mol/L NaOH 溶液、pH = 2. 0CH_3COOH 溶液和 HCl 溶液。

仪器：烧杯、移液管、洗耳球、磁力搅拌器、滴定计数传感器、pH 传感器、数据采集器、USB 数据线、电脑和配套软件、Origin7. 5 软件。

互学展示

1. 实验设计思路

本实验主要以“氢氧化钠溶液滴定醋酸和盐酸溶液”过程中溶液 pH 随氢氧化钠溶液

滴入体积的变化曲线为研究对象，有目的读图审图，从中获得更深层次的知识。根据滴定过程中溶液呈中性（pH=7）时消耗氢氧化钠溶液体积为问题切入点，由消耗体积大小和理论值（通过理论计算式得出）作对比，得出结论，深化学生对知识多层次多角度的理解记忆，强化“数形结合”思想的重要性，进一步说明传感器实验在化学教学中的重要性。

2. 实验理论分析

（1）氢氧化钠属于强电解质，在水中完全电离（$NaOH = Na^{+} + OH^{-}$），醋酸属于弱电解质，部分电离，存在电离平衡（$CH_3COOH \rightleftharpoons CH_3COO^{-} + H^{+}$）。当氢氧化钠溶液滴入pH=2.0的醋酸溶液中时，随着氢离子的消耗，会促进醋酸的电离正向移动，补充新的氢离子（见图1-4-1）。氯化氢属于强电解质，在水中完全电离（$HCl = H^{+} + Cl^{-}$）。当氢氧化钠溶液滴入pH=2.0的盐酸溶液中时，随着氢离子的消耗，不会再有补充，所以醋酸消耗氢氧化钠溶液相比较等pH的强酸盐酸来说会更多。pH传感器用于测定溶液pH，滴定计数传感器用于测定溶液体积变化，二者结合使用可测定体系pH随氢氧化钠溶液滴入体积的变化情况。

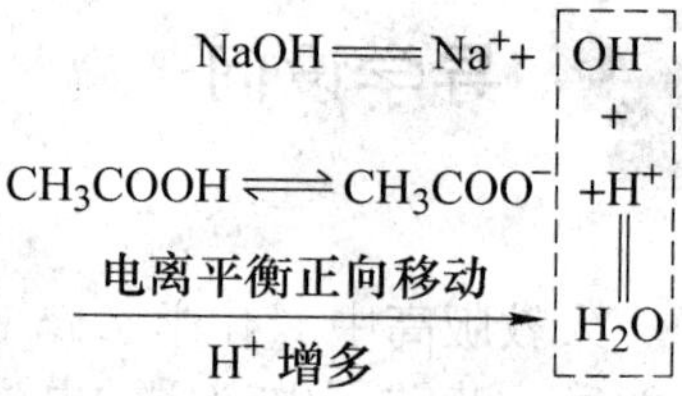

图 1-4-1　微观示意图

（2）盐酸消耗氢氧化钠溶液体积的理论计算公式

$$C_{H^+} \cdot V_{H^+} = C_{OH^-} \cdot V_{OH^-}$$

$$V_{OH^-} = \frac{C_{H^+} \cdot V_{H^+}}{C_{OH^-}}$$

3. 实验步骤

（1）装液。用移液管移取50.00mL pH=2.0的CH_3COOH溶液于500mL烧杯中，向滴定管中加入0.17mol/L氢氧化钠溶液。

（2）固定装置。将pH传感器插入烧杯中，并将醋酸溶液浸没探头，调整高度固定滴管，将滴定计数传感器和pH传感器与数据采集器相连，USB线与数据采集器和电脑相连，如图1-4-2所示。

图 1-4-2　实验装置图

（3）开始实验。启动数据采集器，打开软件，设置软件菜单栏“实验”项目中“数据采集”为“持续采集数据”。打开磁力搅拌器，待传感器测得数据相对稳定后，点击“采集”按钮，并向烧杯中滴加氢氧化钠溶液，观察曲线变化。

（4）停止实验。待溶液pH大于7，曲线变化相对平缓后停止采集，保存实验数据。

（5）用移液管移取50.00mL pH = 2.0的HCl溶液于烧杯中，向滴定管中加入0.17mol/L的氢氧化钠溶液。重复以上实验步骤，保存新的实验数据，后期拷贝到Origin7.5软件中进行作图。

帮学提升

1. 氢氧化钠溶液滴定 pH＝2.0 的醋酸溶液，体系 pH-V 变化情况

氢氧化钠溶液滴定 pH＝2.0 的醋酸溶液，体系 pH-V 变化情况如图 1-4-3 所示。

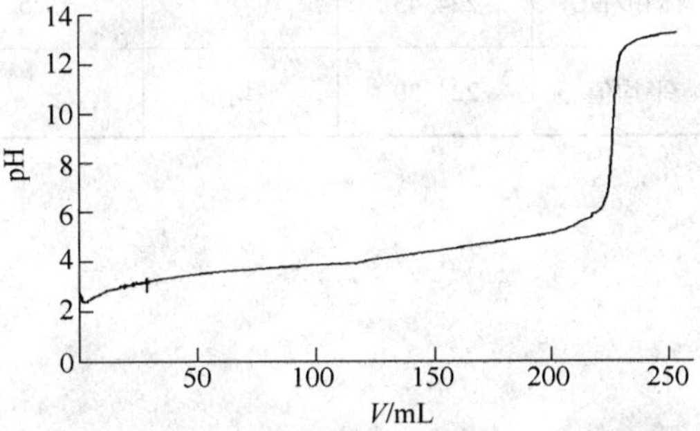

图 1-4-3　0.17mol/L 氢氧化钠溶液滴定 pH＝2.0 醋酸

2. 氢氧化钠溶液滴定 pH＝2.0 的盐酸溶液，体系 pH-V 变化情况

氢氧化钠溶液滴定 pH＝2.0 的盐酸溶液，体系 pH-V 变化情况如图 1-4-4 所示。

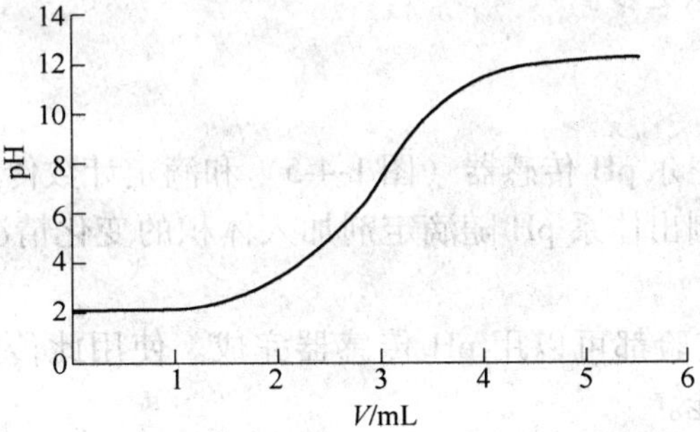

图 1-4-4　0.17mol/L 氢氧化钠溶液滴定 pH＝2.0 盐酸

由图 1-4-3 和图 1-4-4 可看出，0.17mol/L 氢氧化钠溶液滴定等 pH 的盐酸和醋酸所得曲线完全不一样。同时，滴定曲线发生突跃的时间也不一样，滴定盐酸时发生突跃时间比滴定醋酸溶液的更早，所需时间较短。

3. 氢氧化钠溶液滴定 pH＝2.0 的醋酸和盐酸溶液，突跃时部分数据

对图 1-4-3 和图 1-4-4 取突跃时的部分数据进行处理得到表 1-4-1，由表 1-4-1 可得知，

到达滴定终点时，醋酸消耗氢氧化钠溶液的体积约为 224. 39mL，盐酸消耗氢氧化钠溶液的体积约为 2. 93mL，醋酸消耗氢氧化钠溶液体积约为盐酸消耗的 76 倍。

表 1-4-1 实验部分数据

氢氧化钠溶液滴定醋酸				氢氧化钠溶液滴定盐酸			
体系 pH	7. 01	消耗 NaOH 体积/mL	224. 36	体系 pH	6. 80	消耗 NaOH 体积/mL	2. 89
	7. 03		224. 39		7. 01		2. 93
	7. 05		224. 43		7. 25		2. 96
平均值	—	平均值	224. 39	平均值	—	平均值	2. 93

悟学精谈

1. 实验结论

由表 1-4-1 可知，0. 17mol/L NaOH 溶液滴定 pH = 2. 0 的 CH_3COOH 溶液时，当溶液 pH 近似为 7 时消耗 NaOH 溶液约为 224. 39mL，盐酸消耗氢氧化钠溶液的体积约为 2. 93mL。这一实验结论与理论分析吻合，消耗体积不一样是因为醋酸属于弱酸弱电解质，氢氧化钠溶液加入后会促进醋酸的电离，电离平衡正向移动醋酸继续电离出氢离子，因此消耗氢氧化钠溶液的体积更多。

2. 传感器的使用

本实验主要使用维尼尔 pH 传感器（图 1-4-5）和滴定计数传感器（图 1-4-6）。两种传感器配合使用可直接绘制出体系 pH 随滴定剂加入体积的变化情况，相比较传统实验更直观准确。

所有用到 pH 计的实验都可以用 pH 传感器完成。使用此传感器可以自动采集数据、作图表、数据分析等功能。

本实验中的滴定计数传感器，主要是用于测定液滴体积，一般情况下可辅助其他传感器进行实验，除辅助 pH 传感器之外，还可以辅助氧化还原电位（ORP）传感器，测定待测液氧化性随滴定剂滴入体积的变化情况。

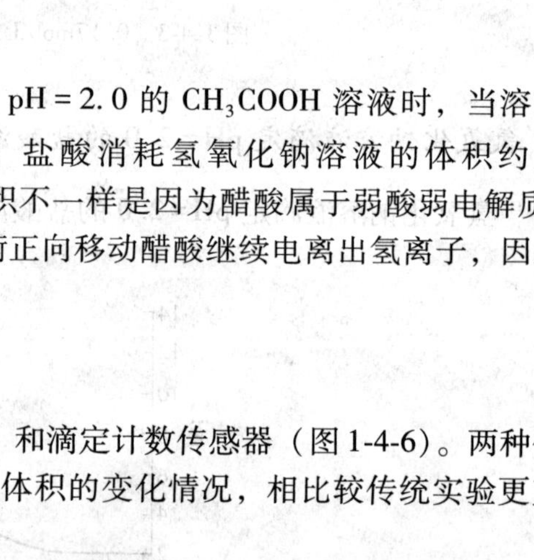

图 1-4-5 pH 传感器

3. 注意事项

（1）滴定计数传感器和 pH 传感器的结合使

用，实时监测酸碱滴定过程中溶液 pH 随滴定剂体积的变化情况，直观准确，真正体现了“数形结合”思想在化学教学中的重要性。

（2）实验前调整好滴定计数传感器配套的滴管的滴速，同时调整好滴管的高度，保证每滴滴下液体都能被滴数传感器的凹槽感应到，pH 传感器的位置调整适当，防止磁子搅拌过程中碰到 pH 传感器探头。

图 1-4-6　滴定计数传感器

教学微案

1. 教学目标

（1）核心知识：知道酸碱中和滴定终点的判定方法和终点颜色变化原理；知道酸式碱式滴定管的使用和注意事项。

（2）核心能力：能借助现代实验技术工具进行实验设计；会运用理论知识解释相关实验现象；提升数形结合处理问题的能力。

（3）核心品质：能用数据、图表、符号等处理实验信息，培养细心观察实验现象勇于创新的精神。

2. 教学设计思路图

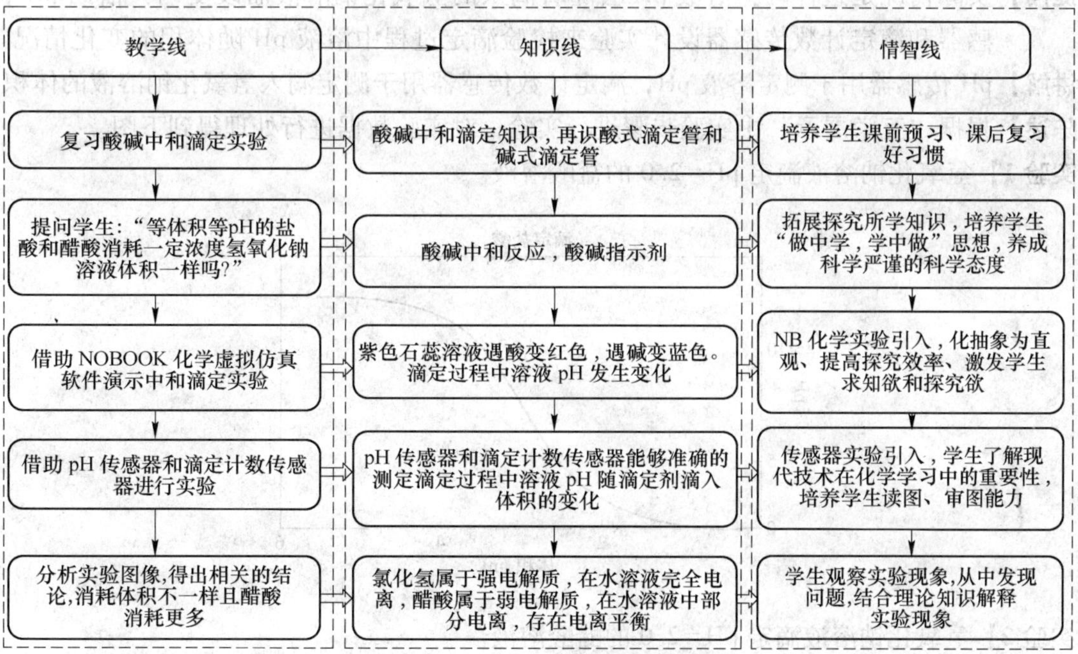

图 1-4-7　设计思路图

3. 教学过程

【复习】酸碱滴定注意事项及酸式滴定管和碱式滴定管的使用。
【提问】等体积等 pH 的盐酸和醋酸消耗一定浓度氢氧化钠溶液体积一样吗?
【演示】借助 NOBOOK 化学虚拟仿真软件进行酸碱中和滴定实验演示。
【提问】酸碱滴定过程中溶液颜色为什么会发生变化?
【讲解】氢氧化钠和盐酸发生中和反应。当氢氧化钠溶液滴入盐酸溶液中，氢氧根离子与氢离子反应生成水，溶液中氢离子数目减少导致溶液的 pH 发生变化。当 pH 变化值在石蕊溶液变色范围内时，呈现出不同颜色。
【PPT】酸碱中和反应微观示意图。

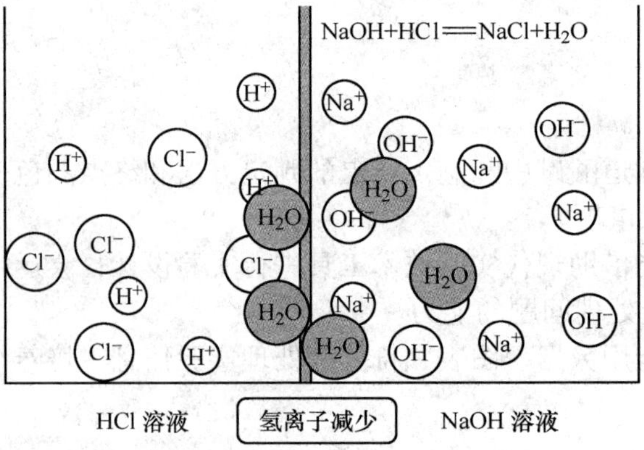

【提问】实际情况是这样吗？溶液 pH 会随着滴入的氢氧化钠溶液而改变吗？借助 pH 传感器和滴定计数传感器设计实验来检验滴定过程中溶液 pH 随体积的变化情况。
【讲解】pH 传感器用于测定溶液 pH，滴定计数传感器用于测定滴入氢氧化钠溶液的体积。
【陈述】根据“互学展示”中实验步骤进行实验，对实验数据进行处理得到下图。
【实验 1】氢氧化钠溶液滴定 pH＝2.0 的盐酸溶液。

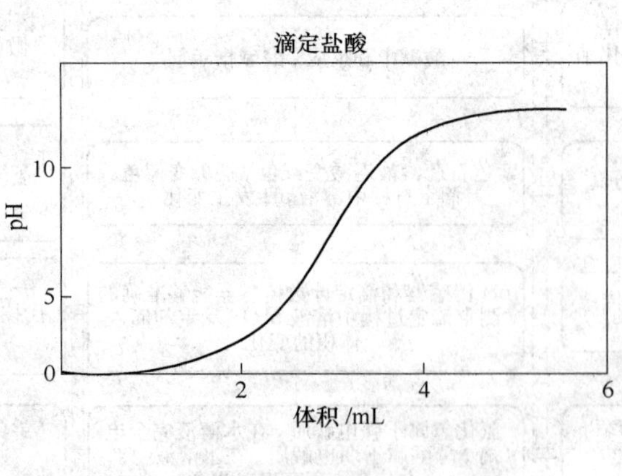

【实验 2】氢氧化钠溶液滴定 pH＝2.0 的醋酸溶液。

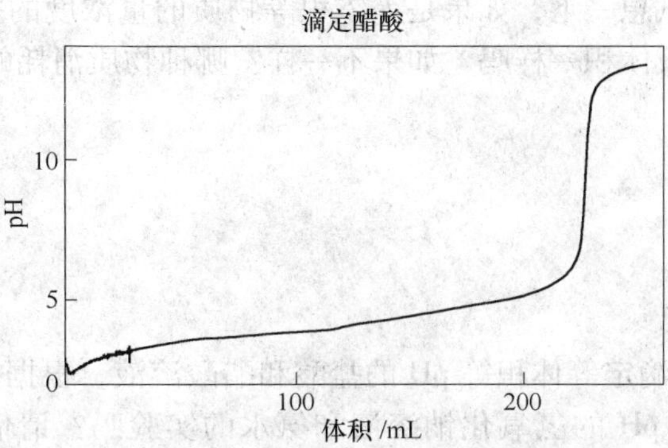

【**总结**】可以清晰地看到，一定浓度的氢氧化钠溶液滴定等体积等 pH 盐酸和醋酸图像差别很大。由表 1-4-1 可知，滴定盐酸时，当溶液 pH 接近 7 时，大约消耗氢氧化钠溶液 2. 93mL；滴定醋酸时，当溶液 pH 接近 7 时，大约消耗氢氧化钠溶液 224. 39mL。

【**讲解**】等体积等 pH 的盐酸和醋酸消耗一定浓度氢氧化钠溶液体积不一样。该实验中醋酸消耗的氢氧化钠溶液体积大约是盐酸消耗的 76 倍。

【**提问**】请思考：同样都是等体积等 pH 的一元酸，为什么消耗氢氧化钠溶液体积不一样呢？

【**讲解**】通过前面学习，我们知道氯化氢属于强电解质，溶解在水中完全电离，当氢氧化钠溶液滴加到盐酸溶液中时，氢氧根离子直接消耗氯化氢完全电离出的氢离子，消耗完后不会再有补充。

【**PPT**】实验原理分析。

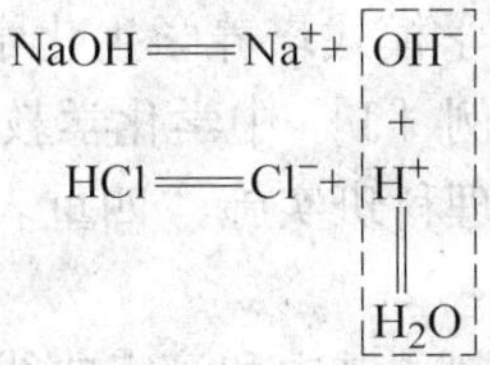

【**讲解**】醋酸属于弱电解质，在水中部分电离，存在电离平衡。当氢氧化钠溶液滴加到醋酸溶液中时，氢氧根离子消耗氢离子，促进醋酸的电离，平衡正向移动，补充新的氢离子，直到氢离子消耗完毕，因此醋酸消耗的氢氧化钠溶液的体积比等 pH 的盐酸消耗的更多。

【**PPT**】实验原理分析。

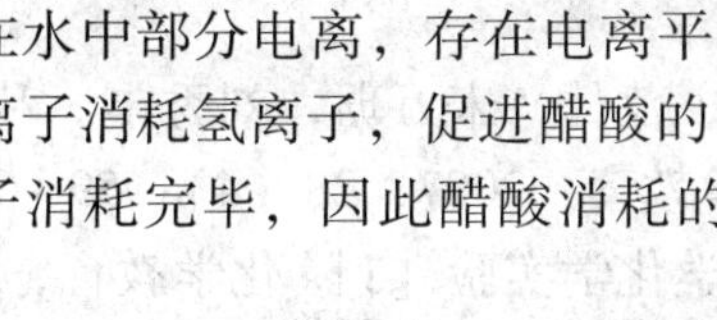

【**拓展**】现在我们已经知道等体积等 pH 的盐酸和醋酸消耗一定浓度氢氧化钠溶液体积不

一样，同学们试想一下，如果是等体积等物质的量浓度的盐酸和醋酸消耗一定浓度氢氧化钠溶液体积一样吗？如果不一样？哪种物质消耗的更多？为什么？

好学深思

（1）本实验是一元强碱滴定等体积等 pH 的盐酸和醋酸溶液，根据文中实验你能设计一元强酸滴定等体积等 pH 的氢氧化钠溶液和氨水的实验吗？请借助传感器进行实验设计，验证实验结果与你的猜想是否一致。

（2）如果换成等体积等物质的量浓度的盐酸和醋酸，实验结果会怎么样呢？请设计实验进行验证。

（3）依据实验结果，你能结合电离平衡知识进行解释吗？

博学多闻

[1] 刘斌．强弱电解质教学探究性实验八例［J］．中学化学教学参考，2005（4）：29~30.

[2] 李新义，高建伟．手持技术在酸碱中和滴定终点判定中的应用［J］．化学教学，2013（6）：45~47.

[3] 曾国琼．运用“四重表征”教学模式培养学生化学基本观念的实践研究-以酸碱混合后溶液中离子浓度大小比较为例［J］．中学化学教学参考，2012（10）：8~12.

[4] 高妙添．运用手持技术在高三理科班实施“四重表征”化学教学模式实践研究［J］．化学教育，2012，33（1）：20~22.

[5] 蔡碧霞．利用现代传感技术绘制酸碱中和滴定曲线［J］．化学教育，2009，30（11）：56~57.

[6] 魏锐，包明，王磊，刘强，范林，宋万琚，刘秀丰．利用 pH 传感器研究中和反应过程中 pH 的突变［J］．化学教育，2007，28（4）：59~61.

[7] 魏巍．数字化实验室与中学化学实验［J］．化学教育，2006，27（11）：50~53.

实验五　等体积等浓度的盐酸和醋酸消耗相同浓度氢氧化钠溶液体积一样吗？

要点提示：酸碱中和滴定、离子反应、电离平衡、pH 传感器、滴定计数传感器

导学设问

《普通高中化学课程标准（2017 年版）》中将实验“强酸与强碱的中和滴定”列为学生必做实验，可见酸碱中和滴定在高中化学实验教学中的重要性。酸碱中和滴定除涉及简单的酸碱中和反应知识外，还包含电离平衡、离子反应、水解平衡等相关知识点，教学过程中教师应关注水溶液体系的特点，结合实验现象、数据等证据素材，引导学生形成认知水溶液中离子反应与平衡的基本思路。基于此，借助传感器实时、定量、准确、直观的特点设计酸碱中和滴定实验，帮助学生多角度理解酸碱滴定实验相关理论知识。

本实验除了强酸与强碱的中和滴定实验外，还对比补充了弱酸与强碱的中和滴定实验，扩宽学生的知识面。借助 pH 传感器和滴定计数传感器进一步探究 pH＝13.0 的一元强碱氢氧化钠溶液滴定等浓度 0.1mol/L 的盐酸和醋酸，以二者消耗氢氧化钠溶液的体积为切入点，进一步强化强弱电解质的概念，深化电离平衡的学习。

备学检查

药品：pH＝13.0 的 NaOH 溶液、0.1mol/L CH_3COOH 和 HCl 溶液、蒸馏水。

仪器：烧杯、移液管、洗耳球、磁力搅拌器、滴定计数传感器、pH 传感器、数据采集器、USB 数据线、电脑和配套软件、Origin7.5 软件。

互学展示

1. 实验理论分析

氢氧化钠属于强电解质，在水中完全电离（$NaOH = Na^+ + OH^-$），醋酸属于弱电解质，

部分电离，存在电离平衡（$CH_3COOH \rightleftharpoons CH_3COO^- + H^+$）。当氢氧化钠溶液滴入 0. 1mol/L 的醋酸溶液中时，随着氢离子的消耗，会促进醋酸的电离正向移动，补充新的氢离子（详见图 1-5-1），平衡正向移动只能削弱氢离子的减少，不能完全抵消。

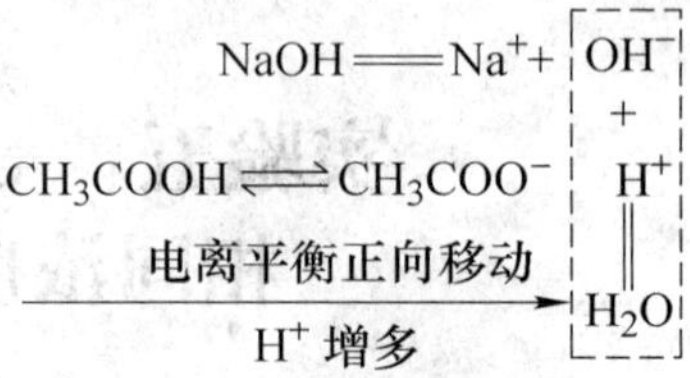

图 1-5-1　微观示意图

氯化氢属于强电解质，在水中完全电离（$HCl = H^+ + Cl^-$），当氢氧化钠溶液滴入 0. 1mol/L 的盐酸溶液中时，随着氢离子的消耗，不会再有补充。本实验中所用的盐酸和醋酸是等浓度均为 0. 1mol/L，也就是说，醋酸和盐酸中的氢离子浓度基本相等，约为 0. 1mol/L。由于醋酸属于弱电解质，醋酸电离出的氢离子浓度达不到 0. 1mol/L，而是近似 0. 1mol/L，基于此，理论分析得出醋酸消耗的氢氧化钠溶液会少于盐酸消耗的氢氧化钠溶液。

2. 实验步骤

（1）装液。用移液管移取 50. 00mL 0. 1mol/L 的 CH_3COOH 溶液于 500mL 烧杯中，向滴管中加入 pH = 13. 0 的氢氧化钠溶液。

（2）固定装置。将 pH 传感器插入烧杯中，并将醋酸溶液浸没探头，调整高度固定滴管，将滴定计数传感器和 pH 传感器与数据采集器相连，USB 线与数据采集器和电脑相连，如图 1-5-2 所示。

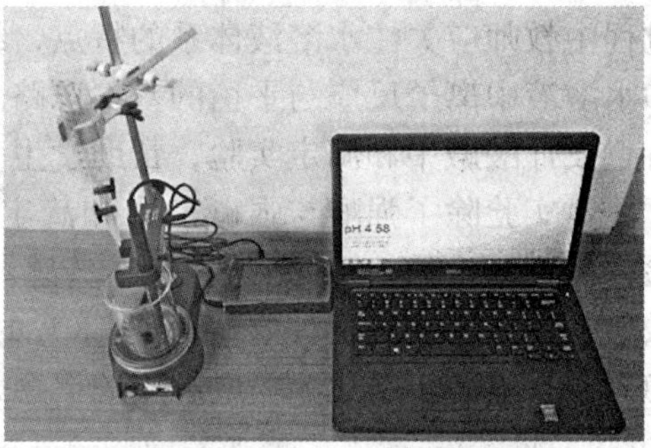

图 1-5-2　实验装置图

（3）开始实验。启动数据采集器，打开软件，设置软件菜单栏“实验”项目中“数据采集”为“持续采集数据”。打开磁力搅拌器，待传感器测得数据相对稳定后，点击“采集”按钮，并向烧杯中滴加氢氧化钠溶液，观察曲线变化。

（4）停止实验。待溶液 pH 大于 7，曲线变化相对平缓后停止采集，保存实验数据。

（5）移液管移取 50. 00mL 0. 1mol/L HCl 溶液于烧杯中，向滴定管中加入 pH = 13. 0 的氢氧化钠溶液。重复以上实验步骤，保存新的实验数据，后期拷贝到 Origin7. 5 软件中进行作图。

帮学提升

1. 氢氧化钠溶液滴定 0. 1mol/L 的醋酸溶液，体系 pH-V 变化情况

氢氧化钠溶液滴定 0. 1mol/L 的醋酸溶液，体系 pH-V 变化情况如图 1-5-3 所示。

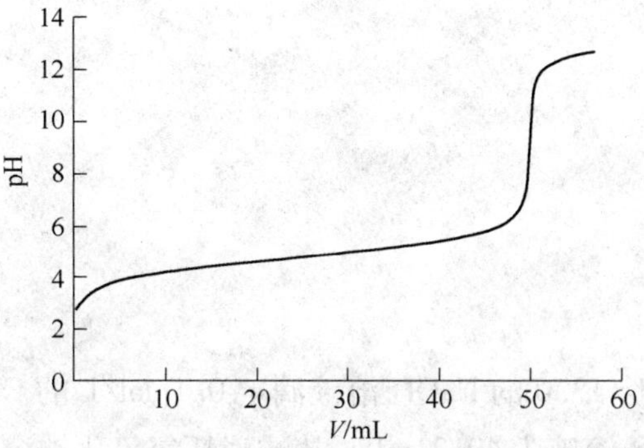

图 1-5-3　pH=13.0 氢氧化钠溶液滴定 0.1mol/L 醋酸

2. 氢氧化钠溶液滴定 0.1mol/L 的盐酸溶液，体系 pH-*V* 变化情况

氢氧化钠溶液滴定 0.1mol/L 的盐酸溶液，体系 pH-*V* 变化情况如图 1-5-4 所示。

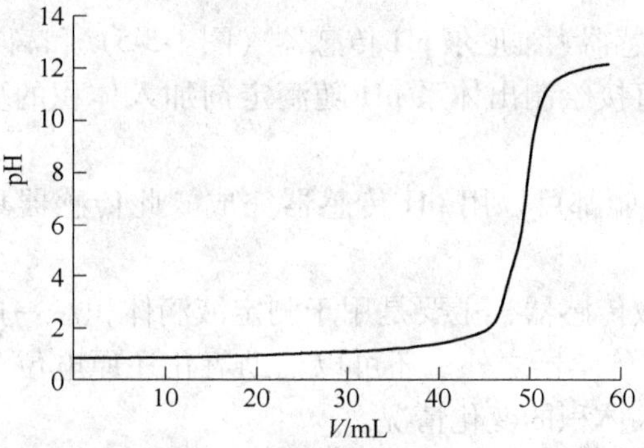

图 1-5-4　pH=13.0 氢氧化钠溶液滴定 0.1mol/L 盐酸

由图 1-5-3 和图 1-5-4 可看出，pH=13.0 的氢氧化钠溶液滴定 0.1mol/L 的盐酸和醋酸所得曲线完全不同，两条曲线发生突跃时间比较接近，都在消耗氢氧化钠溶液 60mL 内完成突跃。

3. 氢氧化钠溶液滴定 0.1mol/L 的醋酸和盐酸溶液，突跃时部分数据

对图 1-5-3 和图 1-5-4 取突跃时的部分数据进行处理得到表 1-5-1，由表 1-5-1 可得知，到达滴定终点时，0.1mol/L 的醋酸消耗氢氧化钠溶液的体积为 49.21mL，盐酸消耗氢氧化钠溶液的体积为 49.68mL，盐酸消耗的体积略微大于醋酸消耗的体积，符合理论分析。

表 1-5-1　实验部分数据

氢氧化钠溶液滴定醋酸				氢氧化钠溶液滴定盐酸			
体系 pH	6.97	消耗 NaOH 体积/mL	49.18	体系 pH	6.86	消耗 NaOH 体积/mL	49.64
	7.01		49.21		6.95		49.68
	7.05		49.25		7.08		49.71
平均值	—	平均值	49.21	平均值	—	平均值	49.68

悟学精谈

1. 实验结论

由表 1-5-1 可知，pH = 13. 0 的 NaOH 溶液滴定 0. 1mol/L 的 CH_3COOH 溶液时，当溶液 pH 近似为 7 时消耗 NaOH 溶液为 49. 21mL，盐酸消耗氢氧化钠溶液的体积为 49. 68mL。这一实验结论与理论分析吻合，消耗体积不一样且醋酸消耗的体积略微小于盐酸消耗的体积，主要是因为醋酸属于弱酸弱电解质，不能完全电离出浓度为 0. 1mol/L 氢离子。在实际教学过程中一般处理为等浓度等体积的盐酸和醋酸消耗相同浓度的氢氧化钠溶液近似相等。

2. 传感器的使用

本实验主要用到的传感器为维尼尔 pH 传感器（图 1-5-5）和滴定计数传感器（图 1-5-6），两种传感器配合使用可直接绘制出体系 pH 随滴定剂加入体积的变化情况，相比较传统实验更直观准确。

所有用到 pH 计的实验都可以用 pH 传感器完成。此传感器具有自动采集数据、作图表、数据分析等功能。

本实验中的滴定计数传感器，主要是用于测定液滴体积。一般情况下可辅助其他传感器进行实验，除辅助 pH 传感器之外，还可以辅助氧化还原电位（ORP）传感器，测定待测液氧化性随滴定剂滴入体积的变化情况。

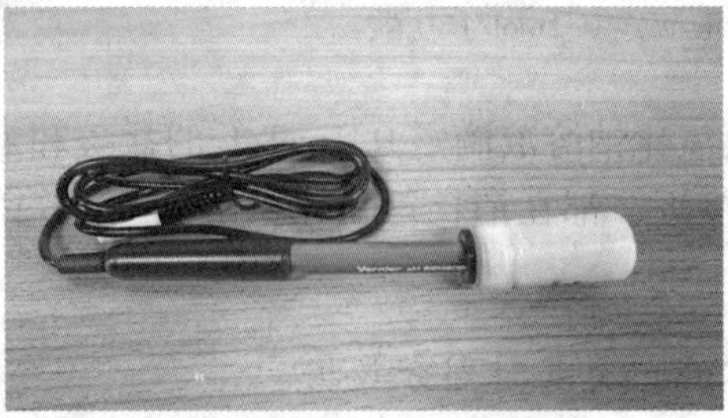

图 1-5-5 pH 传感器

图 1-5-6 滴定计数传感器

3. 注意事项

（1）滴定计数传感器和 pH 传感器的结合使用，实时监测酸碱滴定过程中溶液 pH 随滴定剂体积的变化情况，直观准确，真正地体现了“数形结合”思想在化学教学中的重要性。

（2）实验前调整好滴定计数传感器配套滴管的滴速，同时调整好滴管的高度，保证每滴滴下液体都能被滴数传感器的凹槽感应到，pH 传感器的位置调整适当，防止磁子搅拌过程中碰到 pH 传感器探头。

教学微案

1. 教学目标

（1）核心知识：知道酸碱中和滴定终点的判定方法和终点颜色变化原理；知道酸式碱式滴定管的使用和注意事项。

（2）核心能力：能借助现代实验技术工具进行实验设计；会运用理论知识解释相关实验现象；提升数形结合处理问题的能力。

（3）核心品质：能用数据、图表、符号等处理实验信息，培养细心观察实验现象勇于创新的精神。

2. 教学设计思路图

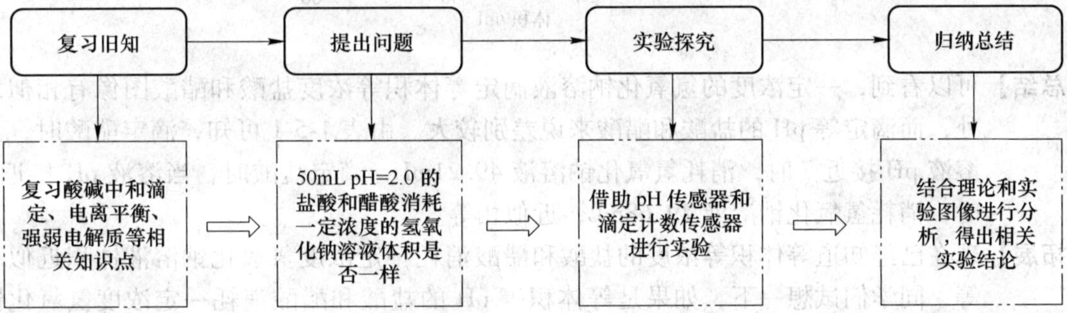

图 1-5-7　设计思路图

3. 教学过程

【复习】复习酸碱中和滴定、电离平衡、强弱电解质等相关知识点。

【提问】50mL pH＝1.0 的盐酸和醋酸消耗 pH＝13.0 的氢氧化钠溶液体积一样吗？

【讲解】氢氧化钠和盐酸发生中和反应，当氢氧化钠溶液滴入盐酸溶液中，二者混合，氢氧根离子与氢离子结合生成水，溶液中氢离子数目减少导致溶液的 pH 发生变化，基于此可以借助 pH 传感器和滴定计数传感器配合使用，实时测定氢氧化钠溶液滴定盐酸和醋酸溶液时体系 pH 随滴定剂体积的变化情况，再观察发生突跃时所消耗的体积即可得出相应结论。

【陈述】pH 传感器是用于测定溶液 pH，滴定计数传感器用于测定滴入氢氧化钠溶液的体积。

【陈述】根据“互学展示”中实验步骤进行实验，对实验数据进行处理得到下图。

【实验 1】pH＝13.0 的氢氧化钠溶液滴定 0.1mol/L 的醋酸溶液。

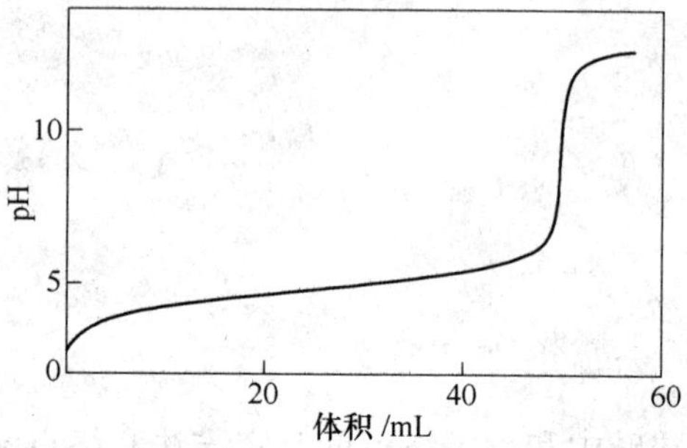

【实验 2】pH=13.0 的氢氧化钠溶液滴定 0.1mol/L 的盐酸溶液。

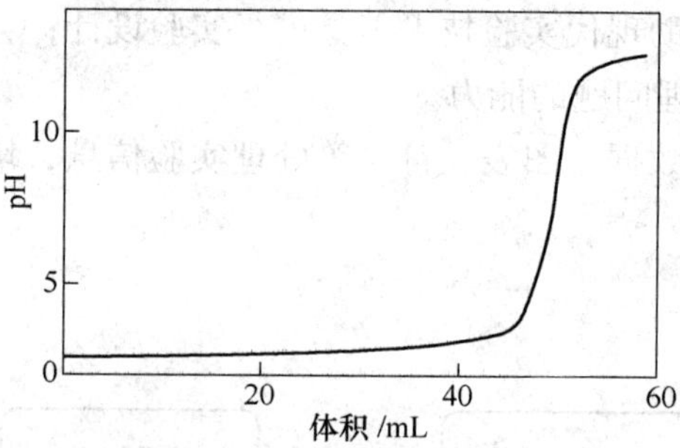

【总结】可以看到，一定浓度的氢氧化钠溶液滴定等体积等浓度盐酸和醋酸图像有相似之处，而滴定等 pH 的盐酸和醋酸来说差别较大。由表 1-5-1 可知，滴定醋酸时，当溶液 pH 接近 7 时，消耗氢氧化钠溶液 49.21mL，滴定盐酸时，当溶液 pH 接近 7 时，消耗氢氧化钠溶液 49.68mL，近似相等。

【拓展】现在已经知道等体积等浓度的盐酸和醋酸消耗一定浓度氢氧化钠溶液体积近似相等，同学们试想一下，如果是等体积等 pH 的盐酸和醋酸消耗一定浓度氢氧化钠溶液体积一样吗？如果不一样？哪种物质消耗的更多？为什么？

好学深思

(1) 根据文中实验你能设计一元强酸滴定等体积等浓度的氢氧化钠溶液和氨水的实验吗？请借助传感器进行实验设计，验证实验结果与你的猜想是否一致。

(2) 根据文中实验，如果换成等体积等 pH 的盐酸和醋酸，实验结果会怎么样呢？请设计实验进行验证。依据实验结果，你能结合电离平衡知识进行解释吗？

博学多闻

[1] 殷红燕. 酸碱中和滴定曲线中的几个关键点 [J]. 中学化学教学参考，2018 (20):

76~77.
[2] 吴文中，徐俊龙，申燕．利用函数关系作图解读中和滴定原理［J］．化学教与学，2015（06）：65~68.
[3] 蒋腊梅．高三化学复习中对酸碱中和反应理解的误区及防治对策［J］．化学教与学，2015（04）：80~82.
[4] 李新义，高建伟．手持技术在酸碱中和滴定终点判定中的应用［J］．化学教学，2013（06）：45~47.
[5] 蔡碧霞．利用现代传感技术绘制酸碱中和滴定曲线［J］．化学教育，2009，30（11）：56~57.
[6] 姜幸光．电离平衡中疑点、易错点归纳与辨析［J］．化学教学，2007（01）：72~74.
[7] 白福秦．高二化学实验分析与实验教法建议第三章化学平衡电离平衡［J］．教学仪器与实验，2000（07）：6~8.

实验六 钢铁在弱酸性条件下能发生吸氧腐蚀吗?

要点提示:电化学腐蚀、析氢腐蚀、吸氧腐蚀、溶解氧传感器、气体压力传感器

导学设问

人教版高中《化学(选修4)》第四章介绍了钢铁腐蚀的原理:钢铁在潮湿的空气中表面会吸附一层薄薄的水膜,如果这层水膜呈较强酸性时,H^+得电子析出氢气,这种电化学腐蚀称为析氢腐蚀;如果这层水膜呈弱酸性或中性时,能溶解较多氧气,此时 O_2 得电子而析出 OH^-,这种电化学腐蚀称为吸氧腐蚀[1]。对于这一定义存在疑问:(1)弱酸性条件究竟指 pH 约为多少时主要发生吸氧腐蚀呢?(2)什么情况下吸氧腐蚀速率最快、现象最明显呢?影响铁腐蚀的因素包括铁粉质量、碳粉质量、溶液 pH、溶解氧、温度等,因为铁的析氢腐蚀会导致体系压强增大,吸氧腐蚀会导致体系溶解氧减小,所以对于疑问(1),我们认为可采用控制变量法。控制其他因素不变,通过改变溶液 pH,借助气体压力传感器和溶解氧传感器来探究发生吸氧腐蚀时溶液对应的 pH 变化;对于疑问(2),我们认为寻找铁吸氧腐蚀最佳条件可设计正交实验来完成,对影响铁吸氧腐蚀速率取三因素(铁粉质量、碳粉质量、溶液 pH)三水平进行实验。

金属铁的电化学腐蚀有两种:第一种,析氢腐蚀,负极:$Fe-2e^- = Fe^{2+}$(氧化反应),正极:$2H^++2e^- = H_2\uparrow$(还原反应),正极还原反应有气体生成,如果在密闭容器中进行,体系压强会因为有氢气的产生而增大,借助气体压力传感器可测量密闭容器中压强的变化;第二种,吸氧腐蚀,负极:$Fe-2e^- = Fe^{2+}$(氧化反应),正极:$O_2+4H^++4e^- = 2H_2O$(还原反应),正极发生还原反应有氧气的消耗,消耗的氧气主要来自于电解液中溶解的氧气,如果在密闭容器中进行,溶液中的溶解氧因为消耗而减少,借助溶解氧传感器可测量溶液中溶解氧的变化。

备学检查

药品:铁粉、碳粉、冰醋酸、蒸馏水。

仪器:烧杯、磁力搅拌器、胶头滴管、自制具支锥形瓶、滤纸条(4.0cm×4.5cm)、双面胶带、溶解氧传感器、pH 传感器、气体压力传感器、数据采集器、USB 数据线、电脑和配套软件、Origin7.5 软件。

互学展示

1. 探究弱酸性条件下铁的吸氧腐蚀

实验步骤如下：

（1）配制溶液。取少量冰醋酸于烧杯中，向烧杯中加蒸馏水稀释，借助 pH 传感器来调节得到 pH=2.0~6.0 各 50mL 的醋酸溶液。（注：为了保证数据的稳定性，稀释过程中需要用到磁力搅拌器。）

（2）制作滤纸条。在长 4.0cm、宽 4.5cm 的滤纸条（共 9 张）一面贴上等面积双面胶。称量铁粉 2.5g，碳粉 2.0g，在纸上混合均匀，将混匀后的铁粉和碳粉粘贴在贴有双面胶带的滤纸上。

（3）采集实验数据。如图 1-6-1 所示连接实验装置，启动数据采集器，打开软件，设置软件菜单栏“实验”项目中“数据采集”为“持续采集数据”。将制作好的滤纸分别放入干燥洁净的自制具支锥形瓶底部，连接好气体压力传感器，用量筒依次量取 10mL 不同 pH 的醋酸溶液分别倒入自制具支锥形瓶中，迅速插入溶解氧传感器，点击“采集”按钮，开始实验。

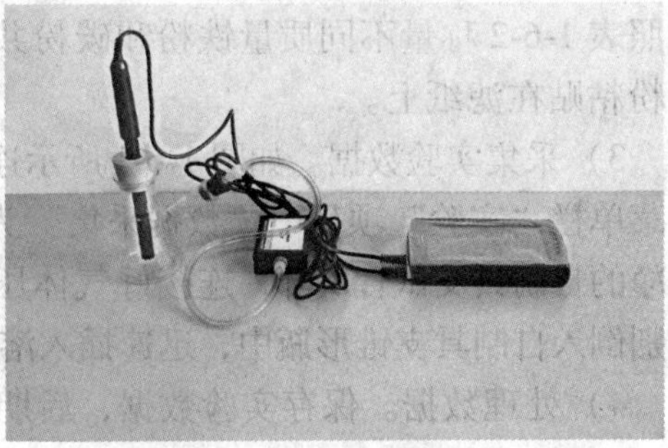

图 1-6-1　实验装置图

（4）处理数据。保存实验数据，后期拷贝到 Origin7.5 软件中进行作图。绘制不同 pH 醋酸溶液下体系溶解氧随时间变化曲线和压强随时间变化曲线。

2. 探究弱酸性条件下吸氧腐蚀的最佳条件

（1）实验方案设计：

为探究出弱酸性条件下吸氧腐蚀发生速率最快、现象最明显的实验条件，运用正交法，对酸性条件下吸氧腐蚀实验取三个因素、三个水平进行正交试验设计（如表 1-6-1 所示），三因素三水平做全面试验需要 $3^3=27$ 次，现用 $L_9(3^4)$ 来安排因子并设计试验方案，实验共 9 组（如表 1-6-2 所示）。

表 1-6-1　因素水平表

因素水平	A 铁粉质量/g	B 碳粉质量/g	C 醋酸 pH
1	1.5	0.5	3.0
2	2.0	1.0	3.5
3	2.5	1.5	4.0

表 1-6-2　实验安排

试验号	因子安排				实验条件		
	A	B	C	水平组合	铁粉质量/g	碳粉质量/g	醋酸 pH
1	1	1	1	$A_1B_1C_1$	1.5	0.5	3.0
2	1	2	2	$A_1B_2C_2$	1.5	1.0	3.5
3	1	3	3	$A_1B_3C_3$	1.5	1.5	4.0
4	2	1	2	$A_2B_1C_2$	2.0	0.5	3.5
5	2	2	3	$A_2B_2C_3$	2.0	1.0	4.0
6	2	3	1	$A_2B_3C_1$	2.0	1.5	3.0
7	3	1	3	$A_3B_1C_3$	2.5	0.5	4.0
8	3	2	1	$A_3B_2C_1$	2.5	1.0	3.0
9	3	3	2	$A_3B_3C_2$	2.5	1.5	3.5

（2）实验步骤：

1）配制溶液。用冰醋酸配制 pH＝3.0、3.5、4.0 各 50mL 的醋酸溶液（方法同上）。

2）制作滤纸条。在长 4.0cm、宽 4.5cm 的滤纸条（共 9 张）一面贴上等面积双面胶。按照表 1-6-2 称量不同质量铁粉和碳粉共 9 份，分别在纸上混合均匀，将混匀后的铁粉和碳粉粘贴在滤纸上。

3）采集实验数据。如图 1-6-1 所示连接实验装置，启动数据采集器，打开软件，设置软件菜单栏“实验”项目中“数据采集”为“持续采集数据”。将制作好的滤纸分别放入干燥洁净的自制具支试管底部，连接好气体压力传感器，用量筒依次量取 10mL 不同 pH 的溶液分别倒入自制具支锥形瓶中，迅速插入溶解氧传感器，点击“采集”按钮，开始实验。

4）处理数据。保存实验数据，后期拷贝到 Origin7.5 软件中进行作图。

帮学提升

1. 探究弱酸性条件下铁的吸氧腐蚀

（1）不同 pH 条件下体系压强随时间的变化情况如图 1-6-2 和图 1-6-3 所示。

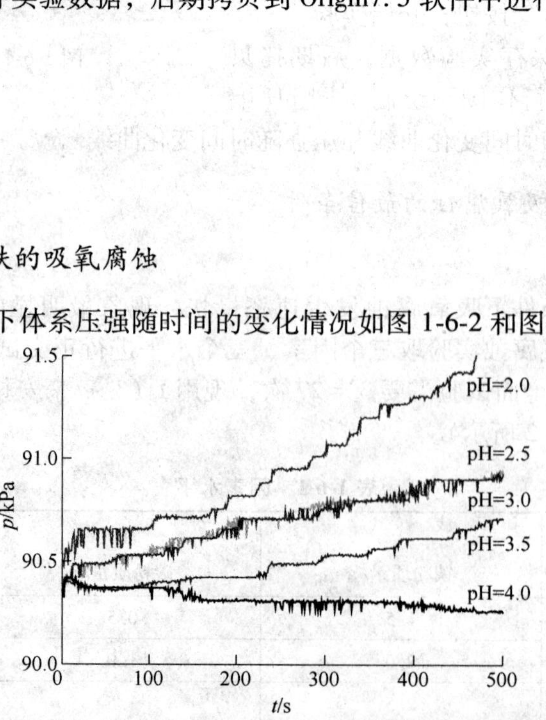

图 1-6-2　pH＝2.0~4.0 体系压强随时间变化图像

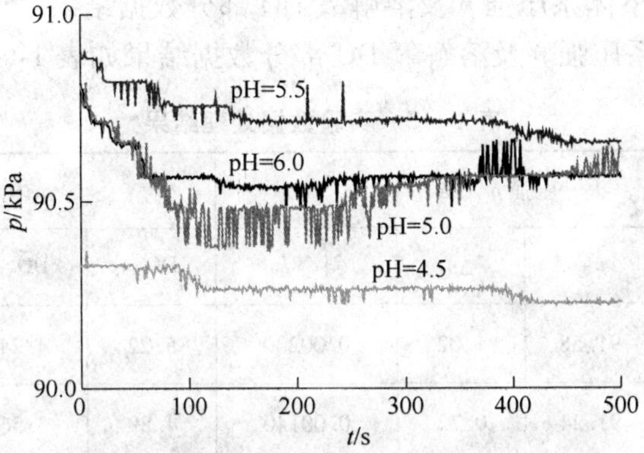

图 1-6-3　pH＝4.5～6.0 体系压强随时间变化图像

由图 1-6-2 和图 1-6-3 可知，当体系 pH 在 2.0～3.5 时，体系压强随时间变化呈上升趋势，说明此时体系主要发生析氢腐蚀 $2H^+ + 2e^- = H_2\uparrow$。当体系 pH 大于等于 4.0 时，体系压强随时间变化呈下降趋势，说明此时体系主要发生吸氧腐蚀 $O_2 + 4H^+ + 4e^- = 2H_2O$。

（2）不同 pH 条件下体系溶解氧随时间变化情况如图 1-6-4 和图 1-6-5 所示。

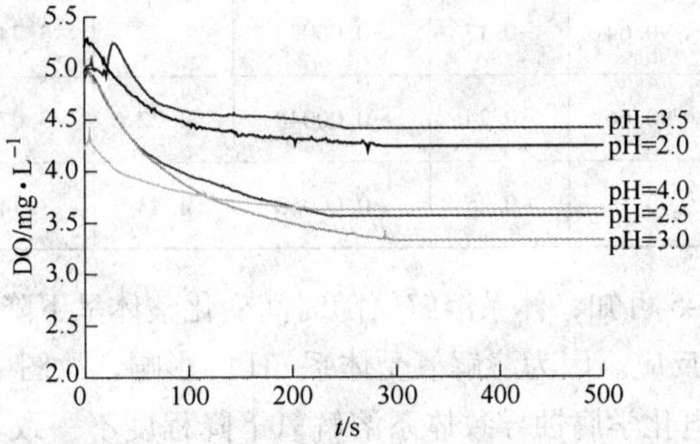

图 1-6-4　pH＝2.0～4.0 体系溶解氧随时间变化图像

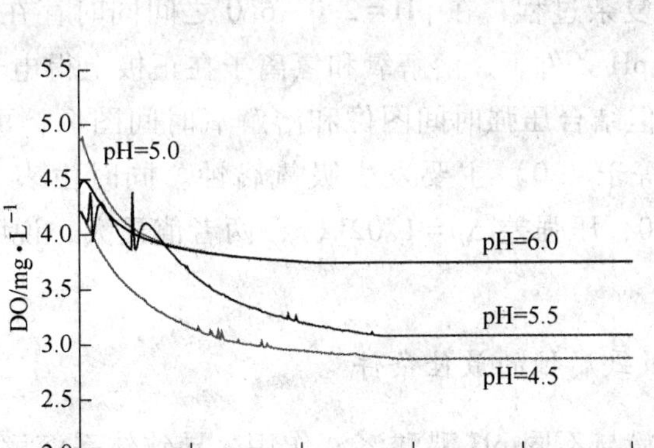

图 1-6-5　pH＝4.5～6.0 体系溶解氧随时间变化图像

（3）不同 pH 条件下体系压强 p 及溶解氧 DO 部分数据结果

不同 pH 条件下体系压强 p 及溶解氧 DO 部分数据结果如表 1-6-3 所示。

表 1-6-3 实验数据处理结果

pH	压强 p/kPa				溶解氧 DO/mg·L^{-1}			
	$p_{前}$	$p_{后}$	Δp	斜率 k_1	$DO_{前}$	$DO_{后}$	ΔDO	斜率 k_2
2.0	90.56	91.58	1.02	0.00200	5.22	4.24	−0.98	−0.0020
2.5	90.52	91.24	0.72	0.00140	4.89	3.56	−1.33	−0.0027
3.0	90.46	91.23	0.77	0.00150	5.01	3.33	−1.68	−0.0034
3.5	90.52	90.95	0.43	0.00086	4.97	4.41	−0.56	−0.0011
4.0	90.48	90.34	−0.14	−0.00028	4.23	3.62	−0.61	−0.0012
4.5	90.49	90.34	−0.15	−0.00030	4.21	2.86	−1.35	−0.0027
5.0	90.81	90.64	−0.17	−0.00034	4.88	3.74	−1.14	−0.0023
5.5	90.90	90.66	−0.24	−0.00048	4.22	3.07	−1.15	−0.0023
6.0	90.81	90.56	−0.25	−0.00050	4.43	3.74	−0.69	−0.0014

由图 1-6-4 和图 1-6-5 可知，体系溶解氧随时间变化整体呈下降趋势，说明弱酸性条件下正极有氧气发生还原反应。因为溶解氧受体系 pH 的影响，故图中曲线的起点几乎不同。不同 pH 条件下，铁的电化学腐蚀导致体系溶解氧下降程度不一致。结合表 1-6-3 可看出，随着 pH 的增大，体系溶解氧变化值的绝对值是先增大再减小等复杂变化。其主要原因是铁的电化学腐蚀是一个复杂过程，在 pH＝2.0～6.0 之间同时存在析氢腐蚀和吸氧腐蚀，二者是竞争关系，不同 pH 条件下，溶解氧和氢离子在正极上得电子能力不同，导致体系溶解氧变化较不均衡。但结合压强时间图像和溶解氧时间图像，可以很清晰地看出，弱酸性条件下（pH 大于等于 4.0）主要发生吸氧腐蚀。同时由表 1-6-3 数据可知，pH＝2.0 时，斜率 $k=0.0020$，压强差 $\Delta p=1.02$kPa，两者值最大，说明此时体系析氢腐蚀发生最显著。

2. 探究弱酸性条件下吸氧腐蚀的最佳条件

不同质量铁粉和碳粉与不同 pH 醋酸溶液作用，导致体系溶解氧开始降低所需时间、降低到最小值所需时间和溶解氧的变化量都会有所不同（如表 1-6-4 所示）。将 9 组实验相应变化数据进行处理得到表 1-6-4，表 1-6-5 中的 K_1、K_2、K_3 为各因素各水平实验结果之和，k_1、k_2、k_3 为其平均值，R 为极差。

表 1-6-4　正交实验数据

试验号	水平组合	A 铁粉质量/g	B 碳粉质量/g	C 醋酸 pH	实验结果 溶解氧开始降低所需时间/s	实验结果 溶解氧降到最小值所需时间/s
1	$A_1B_1C_1$	1.5	0.5	3.0	133	261
2	$A_1B_2C_2$	1.5	1.0	3.5	68	265
3	$A_1B_3C_3$	1.5	1.5	4.0	93	253
4	$A_2B_1C_2$	2.0	0.5	3.5	145	330
5	$A_2B_2C_3$	2.0	1.0	4.0	24	360
6	$A_2B_3C_1$	2.0	1.5	3.0	39	268
7	$A_3B_1C_3$	2.5	0.5	4.0	87	313
8	$A_3B_2C_1$	2.5	1.0	3.0	131	288
9	$A_3B_3C_2$	2.5	1.5	3.5	43	282

表 1-6-5　实验数据处理结果

溶解氧开始降低所需时间正交实验计算结果				溶解氧降到最小值所需时间正交实验计算结果			
项目	A	B	C	项目	A	B	C
K_1	294.00	365.00	303.00	K_1	779.00	905.00	817.00
K_2	208.00	223.00	256.00	K_2	958.00	913.00	877.00
K_3	261.00	175.00	204.00	K_3	883.00	803.00	926.00
k_1	98.00	121.67	101.00	k_1	259.67	301.67	272.33
k_2	69.33	74.33	85.33	k_2	319.33	304.33	292.33
k_3	87.00	58.33	68.00	k_3	294.33	267.67	308.67
R	28.67	63.34	33.00	R	59.66	37.66	36.34

对于正交实验设计，我们试验的只是 $3^3=27$ 中的 9 组，因此，我们尝试从理论角度寻找最优水平组合。在正交试验中，极差 R 可以判断各因素对试验指标的影响大小，R 值越大，影响越大，反之越小。由表 1-6-5 数据可知，3 个因素中，影响吸氧腐蚀开始发生的主要因素是碳粉质量，其次是醋酸 pH，最后是铁粉质量；影响吸氧腐蚀完成主要因素是铁粉质量，其次是碳粉质量，最后是醋酸 pH。

对于各因素在水平上的变动对试验结果的影响，我们可以根据各因素的 k 值来比较。通过表 1-6-5 可以发现，在溶解氧开始降低所需时间正交实验计算结果中：对于 A 因素，

$k_2<k_3<k_1$，A_2 是 A 因素的优水平；对于 B 因素，$k_3<k_2<k_1$，B_3 是 B 因素的优水平；对于 C 因素，$k_3<k_2<k_1$，C_3 是 C 因素的优水平（时间最短即为最优）。因此，从理论的角度，吸氧腐蚀开始发生所需时间最短的最优水平组合是 $A_2B_3C_3$。溶解氧降到最小值所需时间正交实验计算结果中：对于 A 因素，$k_1<k_3<k_2$，A_1是 A 因素的优水平；对于 B 因素，$k_3<k_1<k_2$，B_3 是 B 因素的优水平；对于 C 因素，$k_1<k_2<k_3$，C_1是 C 因素的优水平。因此，从理论角度，吸氧腐蚀几乎进行完全所需时间最短的最优水平组合是 $A_1B_3C_1$。

悟学精谈

1. 实验结论

（1）弱酸性条件下析氢腐蚀和吸氧腐蚀同时发生，但两者存在竞争。pH＝2. 0 时析氢腐蚀现象最明显；pH≥4. 0 时体系溶解氧和压强持续减小，主要发生吸氧腐蚀。

（2）如果教师要在课堂上演示吸氧腐蚀，学生能很快看到溶解氧降低。考虑课堂效果，我们建议选用溶解氧开始降低所需时间最短的最优水平组合 $A_2B_3C_3$，即铁粉 2. 0g、碳粉 1. 5g、醋酸 pH＝4. 0。由图 1-6-2 可知 pH＝3. 0 时主要发生析氢腐蚀。如果教师想在课堂上同时演示吸氧腐蚀和析氢腐蚀，我们建议选用溶解氧降低到最小值所需时间最短的最优水平组合 $A_1B_3C_1$，即铁粉 1. 5g、碳粉 1. 5g、醋酸 pH＝3. 0。

2. 传感器的使用

本实验需要解决“探究弱酸性条件下钢铁能否发生吸氧腐蚀”这一问题。如果发生吸氧腐蚀，体系的溶解氧含量会减少；如果发生析氢腐蚀，会导致密闭体系的压强增大。两种腐蚀可以借助体系溶解氧含量和压强的变化来判断，抓住关键表征量是至关重要的，因此在本实验中主要借助威尼尔溶解氧传感器和气体压力传感器来进行实验。

溶解氧传感器（如图 1-6-6 所示）可以在野外或实验室中对水样本中的溶解氧的浓度进行测量。

气体压力传感器（如图 1-6-7 所示）可以用来监测物理和化学的气体定律实验的压力变化，例如玻意耳定律（压力与体积）和盖-吕萨克定律（压力与绝对温度）。

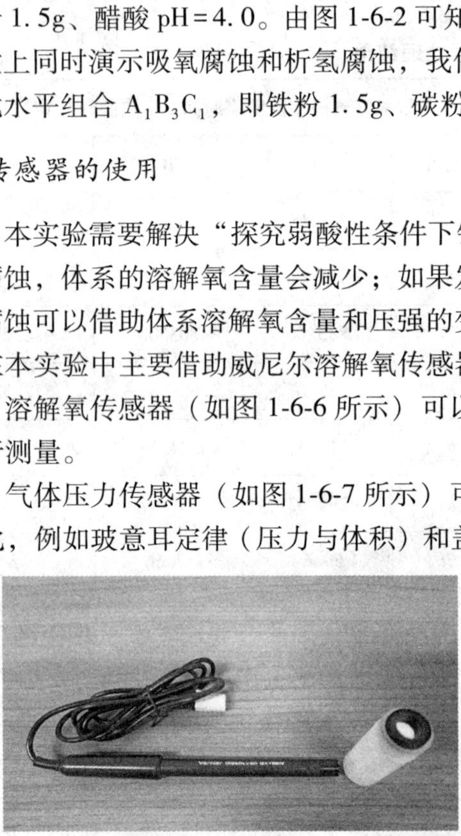

图 1-6-6　溶解氧传感器

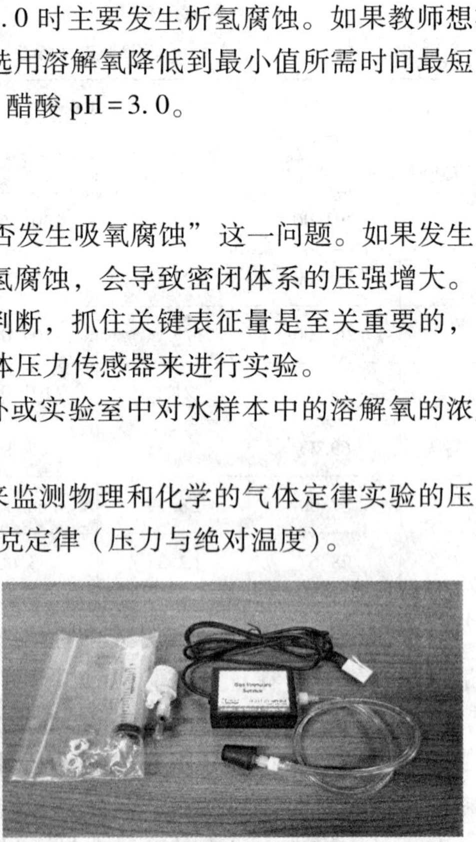

图 1-6-7　气体压力传感器

3. 注意事项

（1）本实验中可以看到溶解氧随时间变化图像，不同 pH 的醋酸溶液中图像起点都不相同，这是因为溶解氧受溶液 pH 影响的关系，但不影响本实验结果的准确性，可由相同时间内溶解氧随时间变化求斜率 k 得知溶解氧在不同 pH 条件下的变化速率。

（2）气体压力传感器和溶解氧传感器的结合很好地解决了钢铁在弱酸性条件下发生吸氧腐蚀的问题探究，进一步培养学生批判性思维和敢于质疑的科学精神。

（3）由本实验引发的其他问题，如钢铁的电化学腐蚀下体系溶解氧变化不规律等问题，后续我们将进一步研究，在本实验中不做介绍。

教学微案

1. 教学目标

（1）核心知识：了解金属腐蚀带来的危害，认识防止金属腐蚀的重要意义；认识钢铁吸氧腐蚀和析氢腐蚀发生的条件及原理，会书写电极反应式和总反应式。

（2）核心能力：通过探究观察铁钉生锈的过程，学会对比、比较认识事物的科学方法和假设验证探究的思维方式；通过观察传感器采集到的实验数据，会通过分析图像变化情况解决问题。

（3）核心品质：通过金属腐蚀与生产生活实际相联系的内容，体会化学知识在生活中的重要性。

2. 教学设计思路图

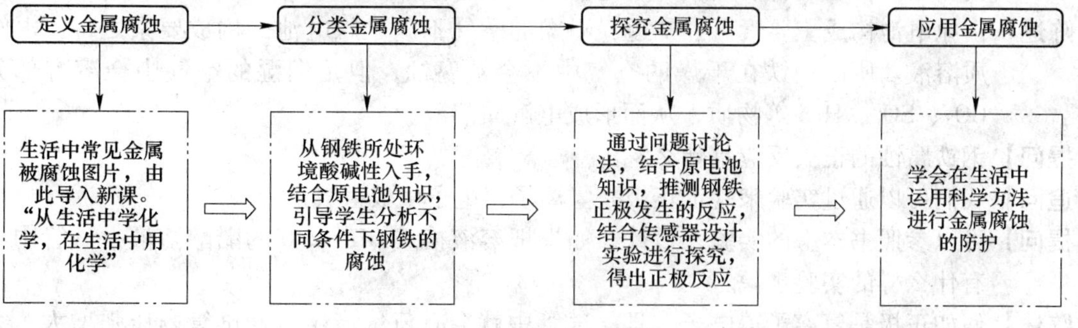

图 1-6-8　设计思路图

3. 教学过程

（1）“析氢腐蚀”

【投影】

【提问】同学们，看到这些图片你们会想到什么？

【追问】金属生锈说明什么问题呢？

【陈述】在生活中，我们常常会看到很多生锈的金属，比如铁、铜等，这就是我们本节课的学习内容：金属的腐蚀。

【板书】一、金属的腐蚀

1. 定义：金属的腐蚀是指金属或合金与周围接触到的气体或液体发生氧化还原反应而引起损耗的现象。

【过渡】由金属的定义我们可以知道，金属的腐蚀有两种情况。

【讲解】第一种情况就是金属和接触到的干燥气体（如 O_2、Cl_2、SO_2 等）或非电解质液体（如石油）等直接发生化学反应而引起的腐蚀，叫做化学腐蚀。第二种就是不纯的金属与电解质溶液接触时，会发生原电池反应，比较活泼的金属失去电子而被氧化，这种腐蚀叫做电化学腐蚀。

【板书】2. 种类：化学腐蚀、电化学腐蚀

【提问】化学腐蚀和电化学腐蚀你们认为哪种对金属的腐蚀造成的影响更大？

【陈述】电化学腐蚀占主要部分。因为生活中运用广泛的是合金，所以，金属的腐蚀主要是电化学腐蚀。

【提问】为什么金属在干燥的空气中不容易腐蚀而在潮湿的空气中容易腐蚀呢？以钢铁为例，大家可以结合前面所学原电池的知识进行分析。

【陈述】由原电池构成三要素可以知道，干燥的空气不满足原电池的构成要素之一：电解质溶液。所以钢铁在干燥的空气中不会被腐蚀，但是潮湿的空气中会溶有部分 CO_2、SO_2、H_2S 等物质，从而形成电解质溶液。

【提问】钢铁腐蚀的正极反应是什么？

【追问】我们可以通过实验来验证正极是氢离子得电子生成氢气的反应吗？

【提问】可以参照书本上的实验来设计，如果把溶液换成 $pH=2.0$ 的醋酸溶液，试管中会有什么样的实验现象？

【陈述】假如正极是氢离子得电子，具支试管中就会有氢气产生，使试管内压强增大，究竟是不是这样呢？

【讲解】气体压力传感器可以用来测量体系中压强的变化。如果密闭容器中产生氢气，则体系压强就会增大。所以可以用气体压力传感器来验证 $pH=2.0$ 醋酸溶液作为电解质溶液时，正极反应是不是氢离子得电子生成氢气。

【实验】药品：铁粉 2.5g、碳粉 2.0g、pH = 2.0 醋酸溶液。

仪器：气体压力传感器、数据采集器、锥形瓶、计算机。

【实验图像】

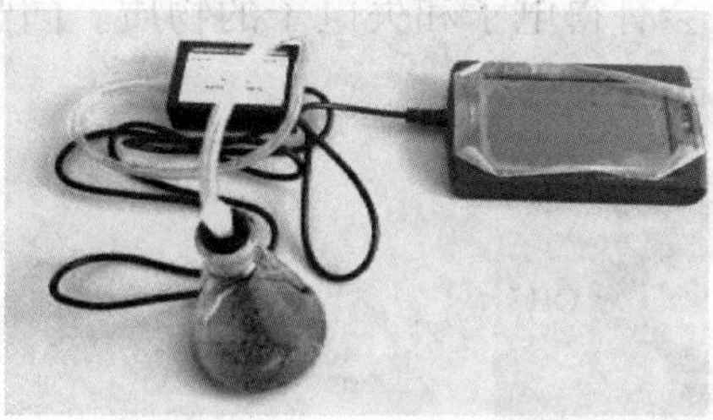

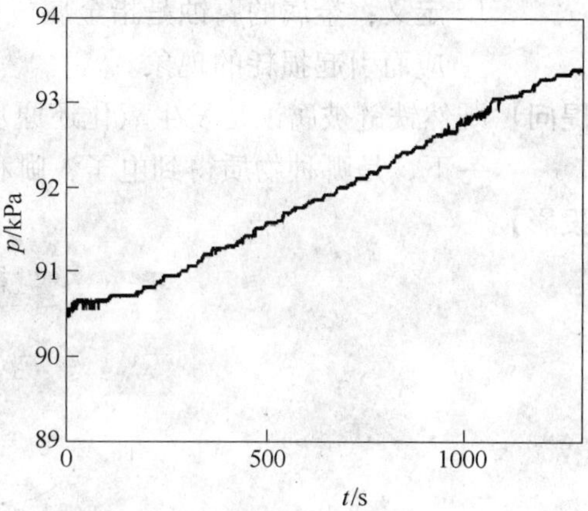

【提问】由实验图像我们可以获得哪些信息？

【讲解】由图可知，体系压强随时间呈上升趋势，由此可知正极发生的反应是氢离子得电子产生氢气，从而导致体系压强增大。

【陈述】像这类正极是氢离子得电子产生氢气的还原反应，在金属的腐蚀中称为析氢腐蚀。

【板书】3. 析氢腐蚀：在酸性较强的溶液中发生电化学腐蚀时放出氢气，这种腐蚀称为析氢腐蚀。

【陈述】请写出钢铁析氢腐蚀的正极反应和负极反应以及总反应方程式。

【过渡】由此可以知道，当合金处在潮湿空气中时，金属会因为发生原电池反应而被腐蚀。金属腐蚀给国家经济造成严重的损失。既然我们知道了金属腐蚀的原因，就可以从根本上来防止金属的腐蚀。

（2）“吸氧腐蚀”

【提问】在之前的学习中我们已经学习了原电池，同学们还记得构成原电池的三要素吗？

【提问】原电池反应的实质是什么呢？

【投影】

【提问】从图片中你们能发现什么呢？

【陈述】这是铁链在河水中腐蚀的图片，并且还可以看到浸在水里的铁链腐蚀程度更大。

浸在水中的铁链与水膜发生了氧化还原反应，在化学上把像铁链这类腐蚀的现象称为金属的腐蚀。

【板书】金属的腐蚀

1. 定义：金属的腐蚀是指金属或合金与周围接触到的气体或液体发生氧化还原反应而引起损耗的现象。

【提问】既然铁链被腐蚀是发生氧化还原反应，就会有得电子和失电子的物质。同学们想一下，是哪种物质得到电子？哪种物质失去电子呢？

【投影】

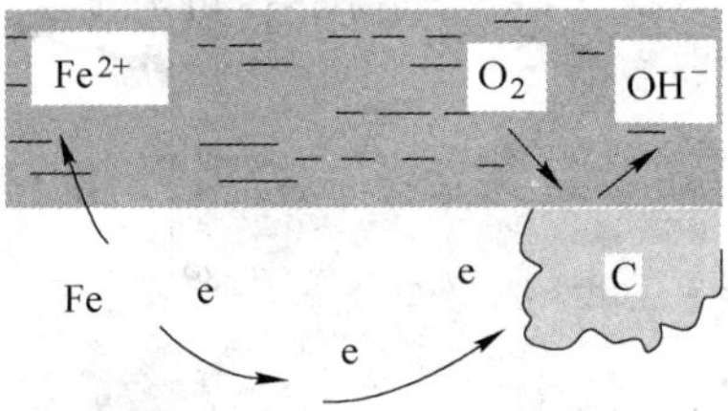

【提问】图片中哪种物质得电子？哪种物质失电子？溶液呈现什么样的酸碱性？

【陈述】化学上把这种钢铁因为发生氧化还原反应，溶液中氧气得到电子产生 OH^- 的腐蚀称为吸氧腐蚀。

【讲解】由图片还可以看到，电子定向移动、形成闭合回路、有电解质溶液，所以构成了原电池。有原电池反应发生的金属腐蚀是金属的电化学腐蚀，没有形成原电池的金属腐蚀称为化学腐蚀。

【板书】2. 种类：化学腐蚀、电化学腐蚀

【提问】由图片可知，碱性环境下钢铁发生的是吸氧腐蚀，正极是氧气得到电子。请思考酸性条件下氧气会得到电子，钢铁发生吸氧腐蚀吗？

【陈述】下面我们对酸性条件下氧气能不能得到电子、会不会发生吸氧腐蚀这两个问题进行实验验证。

【实验】药品：铁粉 2. 0g、碳粉 1. 5g、pH = 4. 0 醋酸溶液。

仪器：溶解氧传感器、自制具支锥形瓶、气体压力传感器、数据采集器、计算机。

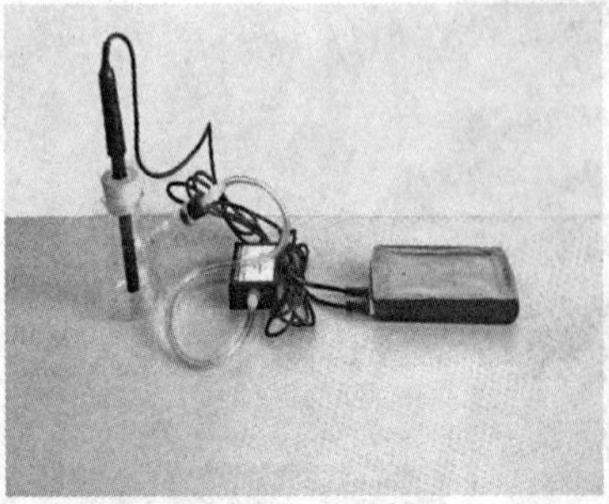

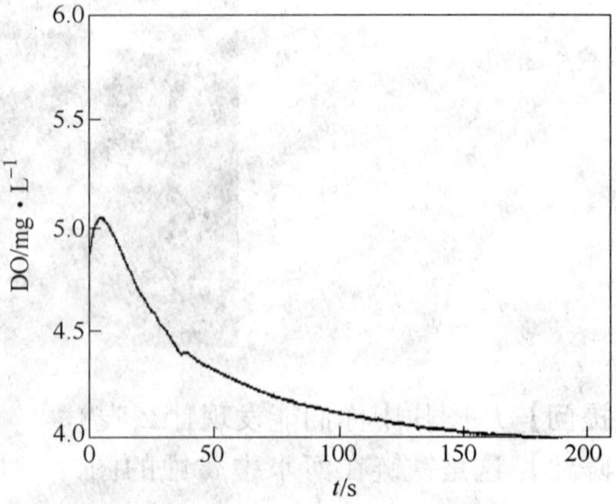

【陈述】请观察图像的变化情况。

【陈述】曲线呈下降趋势后趋于平缓，说明体系溶解氧在逐渐减少。

【讲解】体系溶解氧在减少，说明此时正极是氧气得到电子。

【提问】因为在密闭体系内进行反应，氧气得到电子，体系压强会发生什么变化呢？

【陈述】让我们来进行实验。

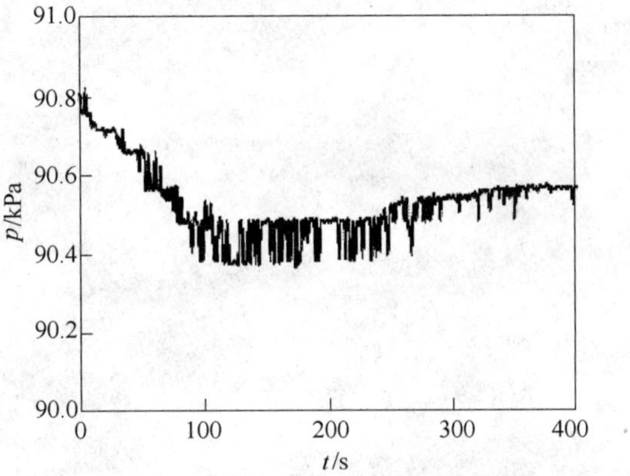

【陈述】由实验可以知道，体系压强减小，所以酸性条件下钢铁也可以发生吸氧腐蚀。

【板书】3. 吸氧腐蚀：在弱酸性或碱性条件下，正极氧气得到电子发生的金属腐蚀叫做吸氧腐蚀。

好学深思

（1）通过实验，你认为钢铁在弱酸性条件下能发生吸氧腐蚀吗？请写出对应的电极反应方程式。

（2）通过实验，你认为在钢铁的电化学腐蚀中，析氢腐蚀和吸氧腐蚀呈现什么关系呢？

（3）如果你想看到钢铁发生比较明显的吸氧腐蚀，你会选择在什么条件下进行实验？

博学多闻

[1] 宋心琦，等．化学选修4化学反应原理［M］．北京：人民教育出版社，2007：84~85.

[2] 陈云．铁的吸氧腐蚀实验的新设计［J］．化学教学，2018（04）：59~61.

[3] 杭伟华，王杰．以疑启思，以行解惑，让学习真正发生-以“探究铁的吸氧腐蚀”为例［J］．中学化学教学参考，2018（07）：42~43.

[4] 刘凯，施志斌．手持技术探究铁钉在不同溶液中的吸氧腐蚀速率［J］．化学教育，2017，38（21）：64~67.

[5] 林建芬. 析氢腐蚀和吸氧腐蚀实验的最佳条件及临界 pH 的探究 [J]. 教育与装备研究，2017，33 (04)：63~66.
[6] 林建芬，钱扬义. 运用数字化手持技术对金属电化学腐蚀探究实验的改进 [J]. 中学化学教学参考，2015 (Z1)：51~52.
[7] 江军. 利用数字化实验系统探究铁的吸氧腐蚀实验 [J]. 化学教育，2014，35 (07)：55~58.

实验七　碳酸钠和碳酸氢钠溶于水后会发生哪些变化？

要点提示：溶解热效应、电离、水解、不锈钢温度传感器、pH 传感器

导学设问

物质溶于水后一般会伴随着能量的变化，而能量的变化一般以吸热（温度降低）或者放热（温度升高）的形式呈现。碳酸钠和碳酸氢钠都是白色粉末状固体，能溶于水，一定条件下，碳酸钠的溶解度大于碳酸氢钠的溶解度。这两种物质溶于水后是吸热还是放热呢？碳酸钠的俗名是苏打或纯碱，而碳酸氢钠的俗名是小苏打。对于“纯碱”这一俗名，需强调说明“纯碱”并非“碱”，而是盐，因为碳酸钠水溶液显碱性，顾名思义叫纯碱。然而碳酸氢钠并没有此俗名，难道它的水溶液不显碱性吗？对于碳酸钠和碳酸氢钠的性质比较，在新课标学习活动建议中有提及，说明该部分的内容是学生应该掌握的。对于二者溶于水后温度的变化，可用手去感知、热胀冷缩等传统方法检验；溶液的酸碱性可用 pH 试纸、酸碱指示剂或酸度计等方法检验。除上述方法外，还可以借助不锈钢温度传感器、pH 传感器进行实验。

备学检查

药品：碳酸钠、碳酸氢钠、蒸馏水。

仪器：磁力搅拌器（附带磁子）、烧杯、量筒、洗瓶、滤纸、分析天平、药匙、纸槽、不锈钢温度传感器、pH 传感器、数据采集器、USB 数据线、电脑和配套软件、Origin7.5 软件。

互学展示

1. 实验设计思路

本实验主要对比碳酸钠和碳酸氢钠固体溶于水后体系 pH、温度的变化情况，可以借助 pH 传感器、不锈钢温度传感器实时采集将固体加入水中 pH 和温度的变化情况，根据各传感器采集到的数据变化进行分析得出相应的结论。

2. 实验步骤

（1）准备药品：分别称取各 1 份 2. 65g 碳酸钠固体和 2. 10g 碳酸氢钠固体待用。

（2）组装仪器：如图 1-7-1 所示组装仪器，将 pH 传感器、不锈钢温度传感器与数据采集器相连，同时将两个传感器插入烧杯中，为防止传感器偏斜，借助夹子固定，传感器位置调整好后放入小磁子，调整磁子位置，以免开动搅拌器时磁子碰到传感器探头，USB 线与数据采集器和电脑相连。

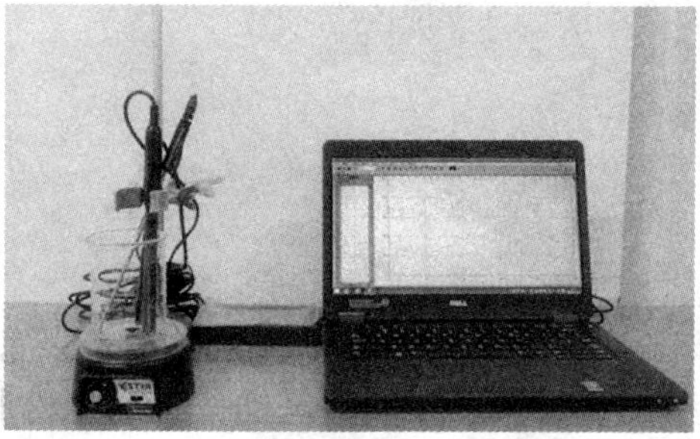

图 1-7-1 实验装置图

（3）开始实验：启动数据采集器，打开软件，设置软件菜单栏“实验”项目中“数据采集”为“持续采集数据”。用量筒量取 50mL 蒸馏水于烧杯中，开动磁力搅拌器，点击“采集”按钮，几秒后向烧杯中投入 2. 10g 碳酸氢钠固体。

（4）停止实验：待曲线变化相对平稳后可停止采集，保存实验数据。

（5）完成碳酸氢钠固体溶于水的实验后，清洗仪器并重新组装，重复以上实验步骤，其中只需将 2. 10g 碳酸氢钠固体更换成 2. 65g 的碳酸钠固体，保存新的实验数据，后期拷贝到 Origin7. 5 软件中进行作图。

帮学提升

1. 碳酸钠固体和碳酸氢钠固体溶于水后体系 pH 的变化情况

碳酸钠固体和碳酸氢钠固体溶于水后体系 pH 的变化情况如图 1-7-2 所示。

图 1-7-2 中上方实线是 2. 65g 碳酸钠固体加入到 50mL 蒸馏水中体系 pH 随时间的变化情况，下方虚线是 2. 10g 碳酸氢钠固体加入到 50mL 蒸馏水中体系 pH 随时间的变化情况。由图 1-7-2 可知两条曲线整体呈上升趋势后趋于平缓，且趋于平缓后体系的 pH 都大于 7. 0，说明二者溶于水后水溶液都显碱性。同时两条曲线存在差异，碳酸钠固体溶于水后体系的 pH 更大些，介于 10~11；碳酸氢钠溶于水后的曲线是先呈短暂的下降趋势后又呈上升趋势最后趋于平缓，趋于平缓时的 pH 介于 7. 5~8。由平缓曲线对应的 pH 可知碳酸钠溶液的碱性强于碳酸氢钠溶液的碱性，所以可以得出 CO_3^{2-} 的水解程度远大于 HCO_3^- 的

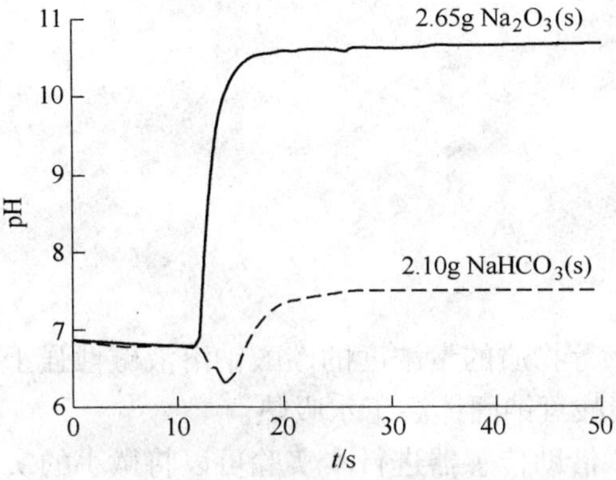

图 1-7-2　实验图像

水解程度。对于碳酸氢钠溶液投入水中后，曲线先下降，是因为碳酸氢钠固体溶于水后，既存在 HCO_3^- 的电离显酸性又存在 HCO_3^- 的水解显碱性，电离和水解的共同作用。最终由碳酸氢钠溶液的酸碱性得出碳酸氢钠溶液中 HCO_3^- 的水解程度大于电离程度，导致溶液显弱碱性。

2. 碳酸钠固体和碳酸氢钠固体溶于水后体系温度的变化情况

碳酸钠固体和碳酸氢钠固体溶于水后体系温度的变化情况如图 1-7-3 所示。

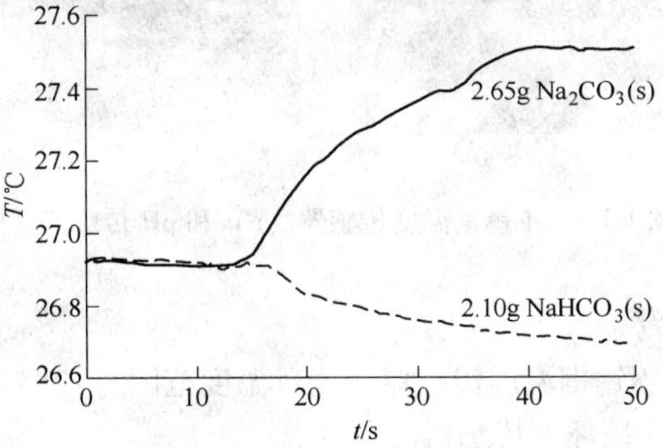

图 1-7-3　实验图像

图 1-7-3 中上方实线是 2. 65g 碳酸钠固体加入到 50mL 蒸馏水中体系温度随时间的变化情况，下方虚线是 2. 10g 碳酸氢钠固体加入到 50mL 蒸馏水中体系温度随时间的变化情况。图 1-7-3 中对应碳酸钠固体溶于水后的曲线呈上升趋势后趋于平缓，说明碳酸钠固体溶于水后放热；碳酸氢钠固体溶于水对应的曲线呈下降趋势，说明碳酸氢钠固体溶于水后吸热。

同时，由图 1-7-3 我们可以看出，碳酸钠和碳酸氢钠固体分别加入到 50mL 蒸馏水中，温度升高和下降的变化量不是很大，都小于 1℃。假如在该实验的条件下直接用手去感知的话，会存在一定的误差，误以为二者溶于水后温度都不发生变化。但是借助不锈钢温度传感器既可以减少实验药品用量，还能将微小的实验变化以图像的形式直观地呈现出来。

悟学精谈

1. 实验结论

（1）通过实验可知，等物质的量浓度的碳酸钠溶液碱性强于碳酸氢钠溶液的碱性；碳酸钠固体溶于水放热，碳酸氢钠固体溶于水吸热。

（2）通过实验可知，借助传感器进行本实验可以将微小的实验变化以图像的形式直观地呈现出来，多角度帮助学生感知化学理论知识的“有形”存在。

2. 传感器的使用

本实验主要用到的传感器为维尼尔不锈钢温度传感器和 pH 传感器（图 1-7-4）。两种传感器主要用于测量与 pH、温度有关的大部分反应。

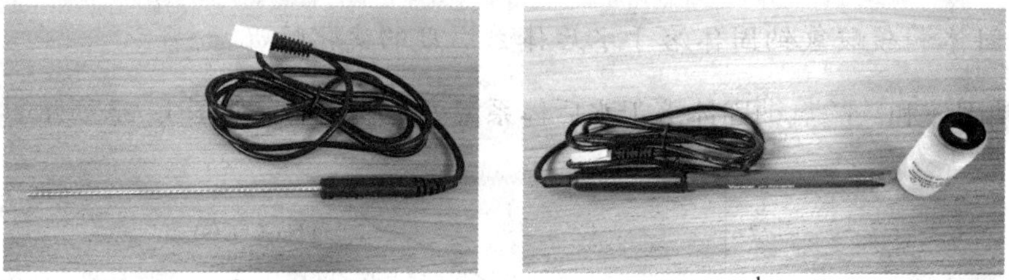

a　　　　　　　　b

图 1-7-4　不锈钢温度传感器（a）和 pH 传感器（b）

3. 注意事项

（1）本实验用到的不锈钢温度传感器，测量温度范围为−25℃～150℃，不可用于超过该温度范围的实验，防止破坏该传感器。

（2）实验过程中的 pH 传感器探头容易被破坏，因此在实验前需要设置好合适的搅拌速度，防止搅拌过程中溶液飞溅、磁子碰到传感器探头。

（3）做完 1 组实验后务必用蒸馏水将传感器清洗干净，以免影响实验数据。

教学微案

1. 教学目标

（1）核心知识：了解碳酸钠和碳酸氢钠的用途；知道碳酸钠和碳酸氢钠鉴别方法；掌握碳酸钠和碳酸氢钠的性质。

（2）核心能力：初步掌握科学探究的基本步骤，学习科学探究的基本方法；提高对比分析实验现象归纳总结的能力。

（3）核心品质：能联系物质的组成和结构解释宏观现象；能分析物质化学变化和伴随的能量转化与物质微观结构之间的关系。

2. 教学设计思路图

图 1-7-5　设计思路图

3. 教学过程

【提问】 碳酸钠的俗名是纯碱，它是碱吗？

【追问】 碳酸氢钠的俗名是小苏打，同时组成里面还有氢离子，是否碳酸氢钠的水溶液显酸性呢？

【陈述】 根据物质的分类，知道碳酸钠和碳酸氢钠都属于盐，而不是碱，为什么碳酸钠存在纯碱这样的俗名呢？是否与它的水溶液酸碱性有关系呢？根据猜想可进行实验。

【过渡】 将碳酸钠和碳酸氢钠固体溶于水后，除了可进行溶液的酸碱性对比外，还可以对比溶液的温度变化。

【实验】 根据“互学展示”中的实验步骤进行实验，得到下图。

（1）碳酸氢钠固体加入到水中。

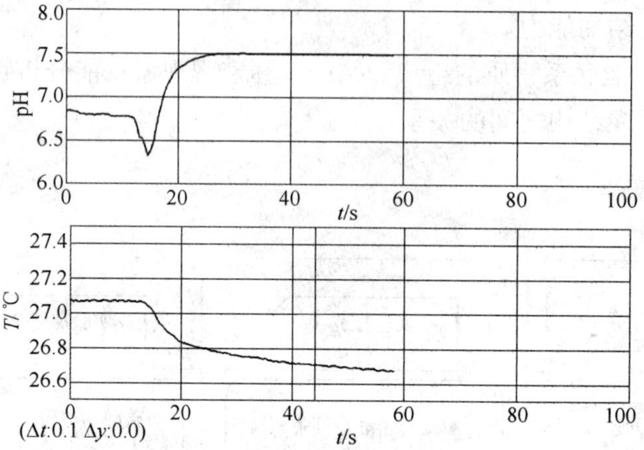

分析：上图是将 2. 10g 碳酸氢钠固体加入 50mL 蒸馏水中得到的 2 条曲线，第一条曲线是体系 pH 随时间的变化情况，加入碳酸氢钠固体后，体系的 pH 随时间整体呈上升趋势，最后趋于平缓，且平缓时 pH 介于 7. 5～8，由此可知碳酸氢钠溶于水显弱碱性，可知碳酸氢钠溶液中碳酸氢根的水解能力强于电离能力，从而导致溶液显弱碱性；第二条曲线是体系温度随时间的变化情况，温度下降，说明碳酸氢钠固体溶于水吸热。

（2）碳酸钠固体加入到水中。

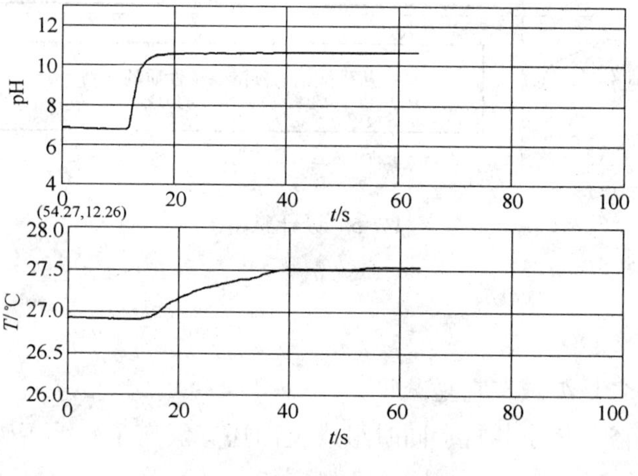

分析：上图是将 2. 65g 碳酸钠固体加入 50mL 蒸馏水中得到的两条曲线，第一条曲线是体系 pH 随时间的变化情况，由图可知，加入碳酸钠固体后，体系的 pH 随时间整体呈上升趋势，最后趋于平缓，且平缓时 pH 介于 10～11，由此可知碳酸钠溶于水显碱性；第二条曲线是体系温度随时间的变化情况，由图可知，温度上升，说明碳酸钠固体溶于水放热。

【总结】 通过实验可以清楚的知道碳酸钠和碳酸氢钠溶液都显碱性，且碳酸钠溶液的碱性强于碳酸氢钠溶液的碱性；碳酸钠溶于水放热，碳酸氢钠溶于水吸热。

好学深思

（1）通过实验，你能总结出碳酸钠和碳酸氢钠溶于水后的异同点吗？

（2）本实验主要探究的是碳酸钠和碳酸氢钠溶于水后的性质，你觉得它们还存在哪些区别，能否借助传感器进行实验设计验证呢？请写出你的想法。

（3）实验中的两种传感器，你觉得还可以用在哪些实验中，请写出你认为能用到的实验，并简单说明原因。

博学多闻

[1] 杨飞，马宏佳．用氯化钙或氯化钡鉴别碳酸钠与碳酸氢钠溶液的再认识［J］．化学教育，2014，35（11）：82~84.

[2] 葛春洋，马宏佳．碳酸钠与碳酸氢钠溶解过程热效应的比较［J］．化学教与学，2012（09）：86-87，94.

[3] 林海龙．基于化学核心素养的问题驱动式教学实践探索——以“碳酸钠和碳酸氢钠的性质”课堂教学为例［J］．化学教与学，2019（01）：38~41，37.

[4] 文继明，于玲玲．碳酸钠和碳酸氢钠热稳定性实验的改进［J］．中学化学教学参考，2018（19）：31.

[5] 王开华，周彦．碳酸钠、碳酸氢钠热稳定性比较实验的改进［J］．实验教学与仪器，2018，35（04）：33.

[6] 庄德刚．基于发展化学学科核心素养的教学设计与反思——以“碳酸钠的性质与应用”为例［J］．化学教与学，2017（07）：77~80.

[7] 史淑凤．碳酸钠与碳酸氢钠鉴别创新实验［J］．中学化学教学参考，2017（12）：44.

[8] 伍强，黄晶，杜金铃．基于对比实验和创新实验的化学教学——以“碳酸钠和碳酸氢钠”的教学为例［J］．化学教学，2017（04）：59~63.

[9] 刘志峰，韩雪松．“先学后教”教学模式在高中化学教学中的应用——“碳酸钠与碳酸氢钠的性质”教学设计［J］．化学教学，2016（10）：35~38.

实验八 盐溶液为什么呈现不同酸碱性？

要点提示：盐类的水解、pH 传感器

导学设问

《普通高中化学课程标准（2017 年版）》在主题 3：“水溶液中的离子反应与平衡”中指出认识盐类水解的原理和影响水解的主要因素。同时人教版高中《化学（选修 4）》“盐类的水解”中也涉及了不同盐溶液 pH 测定的相关实验。由此可知，对于盐类水解的相关实验及其理论知识是高中阶段学生必须掌握的内容。

生活中常用的盐除了氯化钠外，还有碳酸钠、碳酸氢钠等。碳酸钠俗名叫“纯碱”，为什么称它为“纯碱”？原来，盐溶液并不都是呈中性，碳酸钠水溶液显碱性，所以称之为“纯碱”。溶液呈酸碱性取决于溶液中 $c(H^+)$ 和 $c(OH^-)$ 的相对大小，是什么原因造成不同类型的盐溶液中 $c(H^+)$ 和 $c(OH^-)$ 的差异？如何去判断不同盐溶液的酸碱性及其强弱？基于此，设计了以下实验。

备学检查

药品：硅酸钠、硫代硫酸钠、醋酸钠、碳酸钠、亚硫酸钠、蒸馏水。

仪器：烧杯、药匙、电子天平、容量瓶、移液管、玻璃棒、洗瓶、pH 传感器、数据采集器、USB 数据线、电脑和配套软件、Origin7. 5 软件。

互学展示

1. 实验设计思路

人教版高中《化学（选修 4）》“盐类的水解”中不同盐溶液 pH 的测定是利用 pH 计测量的，其测量结果以数据的形式呈现，不利于学生实时进行观察。pH 传感器能够实时准确的测量盐溶液的 pH，以数据和曲线的形式呈现，增强学生的课堂参与度，同时激发

学生的探索欲。因此，借助 pH 传感器分别测定等浓度的 CH_3COONa 溶液、Na_2SiO_3 溶液、$Na_2S_2O_3$ 溶液、Na_2CO_3 溶液、Na_2SO_3 溶液的 pH，由 pH 的大小来判断溶液的酸碱性及其强弱。

2. 实验准备

（1）配制溶液。分别配制各 100mL 浓度为 0.1mol/L 的 CH_3COONa 溶液、Na_2SiO_3 溶液、$Na_2S_2O_3$ 溶液、Na_2CO_3 溶液、Na_2SO_3 溶液待用。

（2）组装仪器。如图 1-8-1 所示组装好仪器。将 pH 传感器与数据采集器相连，USB 线与数据采集器和电脑相连。

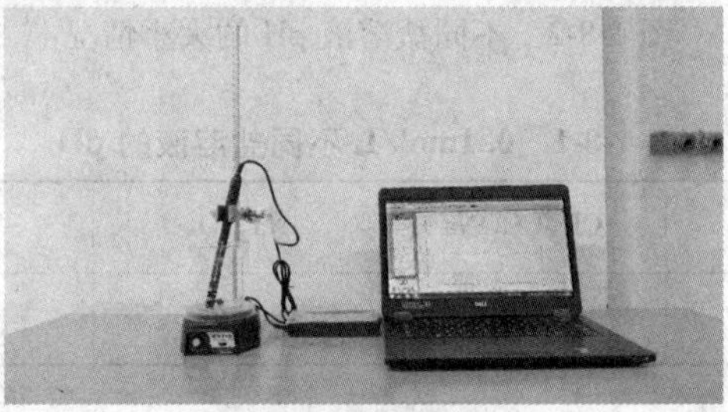

图 1-8-1　实验装置图

3. 开始实验

（1）用量筒量取 50mL 浓度为 0.1mol/L CH_3COONa 溶液于 100mL 的烧杯中，将 pH 传感器插入烧杯中，启动数据采集器，打开软件，设置软件菜单栏“实验”项目中“数据采集”为“持续采集数据”。点击“采集”按钮，待数据稳定后点击“停止”按钮，保存实验数据。

（2）完成实验步骤（1）后清洗传感器和烧杯。重复实验，其中只需将 50mL 浓度为 0.1mol/L CH_3COONa 溶液依次更换为 Na_2SiO_3 溶液、$Na_2S_2O_3$ 溶液、Na_2CO_3 溶液、Na_2SO_3 溶液即可，保存新的 4 组实验数据，后期拷贝到 Origin7.5 软件中进行作图。

帮学提升

1. 分别测定等浓度的不同盐溶液 pH

由图 1-8-2 可知，5 条曲线相对平稳且位于 pH 等于 7 的上方，由此可知，5 种盐溶液都呈碱性。这是因为 5 种盐溶液都属于强碱弱酸盐，弱酸根离子在水溶液中存在水解平衡，破坏了水的电离平衡，导致溶液中 $c(OH^-)$ 大于 $c(H^+)$，所以溶液都呈碱性。由曲线对应的数值整理得到表 1-8-1，由表 1-8-1 溶液 pH 的大小可知，等浓度的 5 种盐溶液 pH 大小顺序是：$Na_2SiO_3>Na_2CO_3>Na_2SO_3>CH_3COONa>Na_2S_2O_3$。

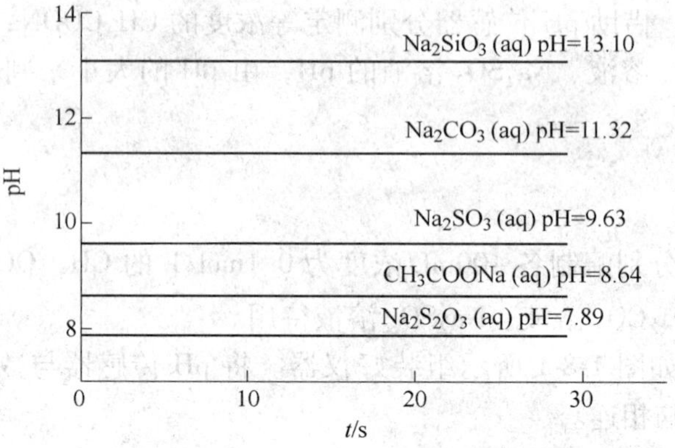

图 1-8-2 不同盐溶液 pH 的大小情况

表 1-8-1 0.1mol/L 不同盐溶液的 pH

盐溶液	$Na_2S_2O_3$	CH_3COONa	Na_2SO_3	Na_2CO_3	Na_2SiO_3
溶液的 pH	7.89	8.64	9.63	11.32	13.10

悟学精谈

1. 实验结论

CH_3COONa、Na_2SiO_3、$Na_2S_2O_3$、Na_2CO_3、Na_2SO_3 这 5 种盐溶液呈碱性。由此可推断，强碱弱酸盐的水溶液都呈碱性。同时由实验可知，强碱弱酸盐水溶液的碱性存在差异性，可借助 pH 传感器测定等浓度盐溶液的 pH 进行区别。

2. 传感器的使用

本实验主要用到的传感器为维尼尔 pH 传感器（图 1-8-3），所有用到 pH 计的实验都可以用 pH 传感器完成。

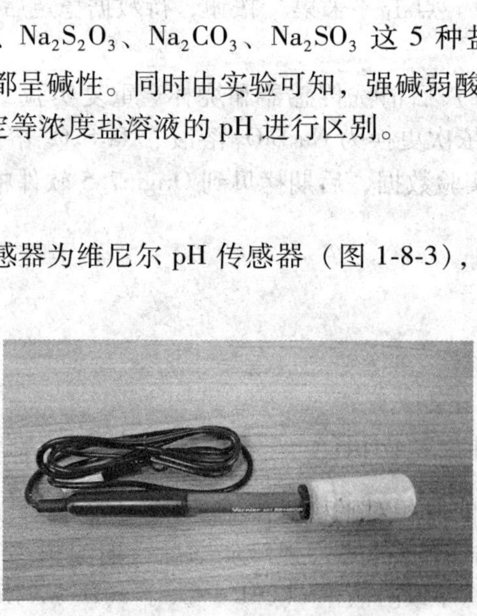

图 1-8-3 pH 传感器

3. 注意事项

（1）在使用 pH 传感器的过程中，每一次测量前，都要用蒸馏水冲洗传感器探头。

（2）实验中所配制的盐溶液必须是等浓度（误差允许范围内），现用现配，且实验时盐溶液必须浸没传感器探头。

教学微案

1. 教学目标

（1）核心知识：理解盐类水解的本质；知道盐类水解对溶液酸碱性的影响；以 CH_3COONa 为例理解强碱弱酸盐水解的原理。

（2）核心能力：能依据物质的微观结构描述或预测物质的性质和在一定条件下可能发生的化学变化，能从宏观与微观结合的视角对物质及其变化进行分类和表征。

（3）核心品质：通过“盐溶液不一定呈中性”的教学，培养学生勇于质疑的辩证思维；增强学生“透过现象看本质”的意识。

2. 教学设计思路图

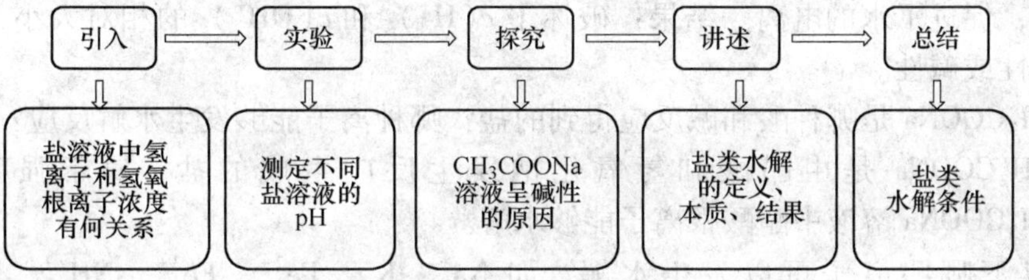

图 1-8-4　设计思路图

3. 教学过程

【引入】在酸性溶液中，$c(H^+) > c(OH^-)$ 使溶液呈酸性；在碱性溶液中，$c(H^+) < c(OH^-)$ 使溶液呈碱性；盐溶液中，$c(H^+)$ 和 $c(OH^-)$ 存在怎样的关系？

【陈述】通过测定盐溶液的 pH，来判断溶液酸碱性。

【实验】按照“互学展示”中的实验步骤进行实验，完成下表。

盐溶液	CH_3COONa	$Na_2S_2O_3$	Na_2SO_3	Na_2CO_3	Na_2SiO_3
溶液的 pH					

【分析】由实验测得数据可知，5 种盐溶液都呈碱性，是因为 5 种盐溶液都属于强碱弱酸盐，弱酸根离子在水溶液中存在水解平衡，破坏了水的电离平衡，溶液中

$c(OH^-)$ 大于 $c(H^+)$，所以溶液都呈碱性。由表中溶液 pH 的大小可知，等浓度的 5 种盐溶液 pH 大小顺序是 $Na_2SiO_3>Na_2CO_3>Na_2SO_3>CH_3COONa>Na_2S_2O_3$。

【总结】盐溶液不一定都呈中性，以上 5 种盐溶液都呈碱性。

【讨论】请分析上述实验结果，盐溶液的酸碱性与生成该盐的酸和碱的强弱有什么关系？

【陈述】上述 5 种盐都是强碱弱酸盐，其水溶液都显碱性。

【探究】以 CH_3COONa 溶液为代表，分析强碱弱酸盐溶液呈碱性的原因。

【分析】CH_3COONa 溶液（显碱性）：

$$CH_3COONa = CH_3COO^- + Na^+$$

$$+$$

$$H_2O \rightleftharpoons H^+ + OH^-$$

$$\Downarrow$$

$$CH_3COOH$$

【讲解】醋酸钠在水溶液中完全电离，电离出的醋酸根离子发生水解，生成弱电解质醋酸，破坏了水的电离平衡，使得溶液中 $c(OH^-)$ 大于 $c(H^+)$，所以溶液呈碱性。

【定义】在溶液中盐电离出来的离子跟水电离出来的 H^+ 或 OH^- 结合生成弱电解质的反应，叫做盐类的水解。

【拓展】从 CH_3COONa 水解的化学反应方程式中，可以发现盐的水解可看作是酸碱中和反应的逆反应。

【提问】以 CH_3COONa 溶液显碱性为例，请思考盐类水解的本质和结果是什么？

【陈述】本质：盐电离出的离子与水电离出的离子反应生成弱电解质，破坏了水的电离平衡，促进了水的电离。结果：破坏了 $c(H^+)$ 和 $c(OH^-)$ 的相对大小，使溶液呈酸性或碱性。

【提问】CH_3COONa 是哪种酸和碱反应得到的盐？哪种离子能够发生水解反应？

【陈述】CH_3COONa 是由醋酸和氢氧化钠发生反应生成的盐，属于强碱弱酸盐。CH_3COONa 溶液中醋酸根离子能够水解。

【提问】以下哪些离子可以发生水解？如 Na^+、K^+、Fe^{2+}、Fe^{3+}、NH_4^+、SO_4^{2-}、Cl^-、CH_3COO^-、CO_3^{2-}。

【陈述】弱酸阴离子和弱碱阳离子能够发生水解。

【总结】盐类水解的条件：

（1）必须溶于水。

（2）必须含弱酸阴离子或弱碱阳离子。

好学深思

（1）本实验主要探究强碱弱酸盐溶液的酸碱性，因此，你会设计实验探究强酸弱碱盐溶液的酸碱性吗？请写出你想探究的物质及其实验步骤。

（2）对于盐类的水解，你认为还可以从哪些角度借助不同的传感器进行实验设计，得到不一样的结果，请写出你的实验设计方案（如盐溶液的电导率值、溶液的温度变化、水解平衡移动的影响因素等）。

博学多闻

[1] 张金伟．引导探究法在“盐类水解”教学中的运用［J］．中小学实验与装备，2018，28（05）：30~31.

[2] 王萍，王丽丽，张艳华，等．基于认知模型建构的“盐类水解程度大小内因分析”的教学实验设计［J］．化学教育，2018，39（13）：50~53.

[3] 张奉生．盐类水解实验的微型化设计［J］．中学化学教学参考，2018（06）：64.

[4] 徐宇峰，彭小平．促进学生知识结构化的盐类水解复习教学研究［J］．化学教学，2017（11）：49~52.

[5] 吴勇飞．高中盐类水解与应用教学微探［J］．中学化学教学参考，2017（14）：34~35.

[6] 朱志法．观念建构：盐类水解的课例研究［J］．化学教与学，2017（04）：20~22.

[7] 王紫遥，占小红．盐类水解的疑难问题探析［J］．化学教学，2017（03）：93~97.

[8] 张杨，郭晓丽，王澜，魏锐．“温度对盐类水解影响”的实验探讨与设计［J］．化学教育，2016，37（23）：68~72.

[9] 邵正亮，王磊．素材的选择和运用对化学核心概念建构的影响——“盐类的水解”同课异构的实证研究［J］．化学教育，2016，37（11）：17~23.

实验九 影响盐类水解的因素有哪些？

要点提示：物质本身性质、浓度、溶液酸碱性、pH 传感器

导学设问

研究化学反应时，一般会从两个方面考虑，一是反应物本身的性质，二是反应的条件。从反应物考虑，盐类水解反应的发生是由于其能与水作用生成弱电解质（弱酸或弱碱），生成弱电解质的倾向越大，对水电离平衡的影响越大，溶液中 $c(H^+)$ 和 $c(OH^-)$ 的差别越大，即水解程度越大。从反应条件考虑，水解反应是可逆反应，影响水解程度的因素可以从引起水解平衡的因素分析、寻找[1]。

《普通高中化学课程标准（2017 年版）》在主题 3：“水溶液中的离子反应与平衡”在“水解平衡”的相关内容做出明确要求，要求学生认识盐类水解的原理和影响盐类水解的因素。影响盐类水解的因素到底有哪些？可以设计哪些实验去探究影响盐类水解的因素？

备学检查

药品：醋酸钠固体、碳酸钠固体、浓盐酸、氢氧化钠固体、蒸馏水。

仪器：烧杯、量筒、药匙、电子天平、容量瓶、洗瓶、pH 传感器、数据采集器、USB 数据线、电脑和配套软件、Origin7.5 软件。

互学展示

1. 实验设计思路

影响盐类水解的因素，主要有物质本身性质、浓度、溶液酸碱性。根据物质本身性质，可以借助 pH 传感器测定相同浓度的碳酸钠和醋酸钠溶液的 pH，由 pH 的大小来推测物质本身性质对水解的影响；根据浓度，可以借助 pH 传感器测定不同浓度醋酸钠溶液的 pH，由 pH 的大小来推测浓度对醋酸钠水解的影响；根据溶液酸碱性，可以借助

pH 传感器测定分别往同一浓度的醋酸钠溶液中滴加酸和碱时体系 pH 的变化，由 pH 的变化情况来推测溶液酸碱性对醋酸钠水解的影响。围绕这 3 个方面，设计如下实验。

2. 实验准备

（1）配制溶液。配制各 200mL 0.1mol/L 的醋酸钠和碳酸钠溶液；配制各 100mL 浓度分别为 0.075mol/L、0.15mol/L、0.3mol/L、0.6mol/L 的醋酸钠溶液；在烧杯中加适量的蒸馏水，取适量的氢氧化钠固体于烧杯中，搅拌冷却后，用 pH 传感器测量，调至 100mL pH=13.00 的氢氧化钠溶液待用。同理，用 pH 传感器测量得到 100mL pH=1.00 的盐酸待用。

（2）组装仪器。如图 1-9-1 所示组装好仪器。将 pH 传感器与数据采集器相连，USB 线与数据采集器和电脑相连。

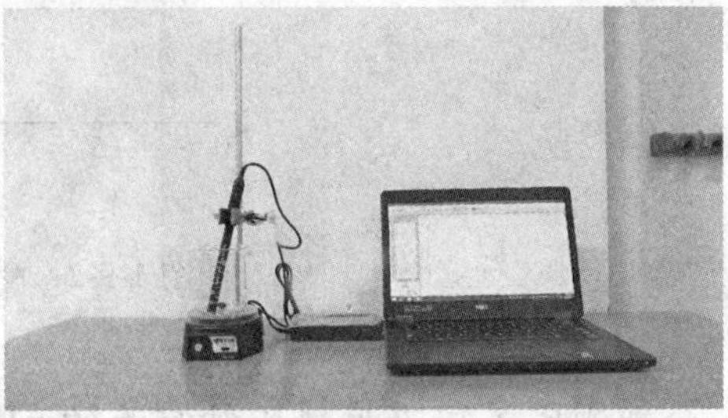
图 1-9-1　实验装置图

3. 开始实验

（1）实验 1：取 20mL 0.1mol/L 的 CH_3COONa 溶液于 100mL 的烧杯中，将 pH 传感器插入烧杯中，启动数据采集器，打开软件，设置软件菜单栏“实验”项目中“数据采集”为“持续采集数据”。点击“采集”按钮，采集数据，待数据稳定后点击“停止”按钮，保存实验数据。完成醋酸钠溶液的测定后，清洗仪器，将醋酸钠溶液更换成 20mL 浓度为 0.1mol/L 的 Na_2CO_3 溶液，重复上述实验步骤，保存新的数据。

（2）实验 2：完成实验 1 后清洗传感器和烧杯。分别用量筒量取 20mL 0.075mol/L、0.15mol/L、0.3mol/L、0.6mol/L 的 CH_3COONa 溶液于 100mL 的烧杯中，将 pH 传感器插入烧杯中，点击“采集”按钮，采集数据，待数据稳定后点击“停止”按钮，保存实验所得 4 组数据。

（3）实验 3：完成实验 2 后清洗传感器和烧杯。用量筒量取 100mL 0.1mol/L 的 CH_3COONa 溶液于 200mL 的烧杯中，将 pH 传感器插入烧杯中，点击“采集”按钮，采集数据，几秒后向溶液中加入 1 滴 pH=1.0 的 HCl 溶液，继续采集数据，待数据稳定后点击“停止”按钮，保存实验数据。清洗仪器，重复实验 3，其中只需将 pH=1.0 的 HCl 溶液更换成 pH=13.0 的 NaOH 溶液即可，保存新的实验数据，后期拷贝到 Origin7.5 软件中进行作图。

帮学提升

1. 分别测定等浓度的醋酸钠和碳酸钠溶液的 pH

由图 1-9-2 可知，0.1mol/L 的醋酸钠溶液的 pH 近似为 8.64，0.1mol/L 的碳酸钠溶液的 pH 近似为 11.32，由 pH 大小可知等浓度条件下碳酸钠溶液的碱性强于醋酸钠溶液的碱性，进一步说明 CO_3^{2-} 的水解能力强于 CH_3COO^- 离子的水解能力，二者水解能力的区别在于物质本身性质的差异。

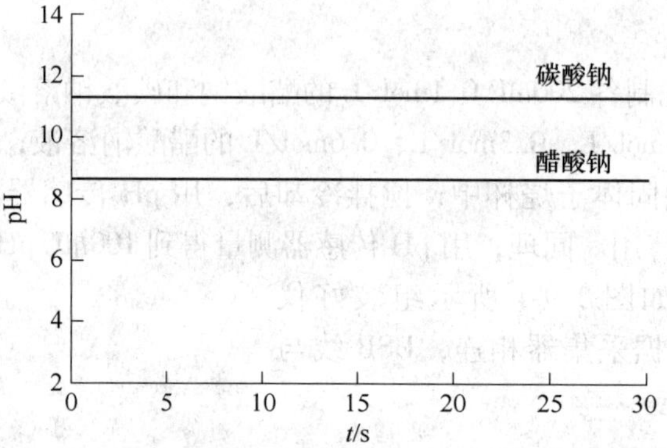

图 1-9-2 醋酸钠和碳酸钠溶液的 pH

2. 分别测定不同浓度醋酸钠溶液的 pH

由图 1-9-3 可知，分别测定 20mL 浓度分别为 0.075mol/L、0.15mol/L、0.3mol/L、0.6mol/L 的醋酸钠溶液的 pH，得到 4 条较为平缓的曲线。由曲线对应 pH 的大小可知：随着醋酸钠浓度的增大，对应醋酸钠溶液的 pH 也增大，说明增加醋酸钠溶液的浓度能够促进 CH_3COO^- 离子的水解。

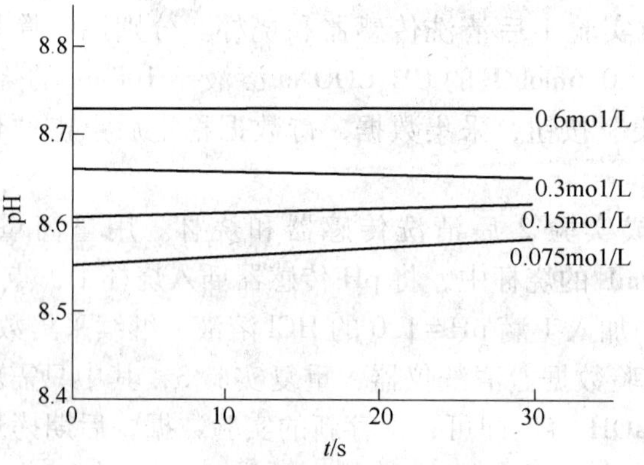

图 1-9-3 不同浓度醋酸钠溶液的 pH

3. 向醋酸钠溶液中滴加 1 滴 pH=1.0 盐酸时体系 pH 的变化

图 1-9-4 是向醋酸钠溶液中滴加 1 滴盐酸后体系 pH 的变化情况，由图可知，曲线先急剧下降后缓慢上升最后趋于平缓，平缓时溶液对应的 pH 小于起始值。曲线急剧下降是因为向醋酸钠溶液中加入了 pH=1.0 的盐酸所致，最后缓慢上升是因为醋酸根离子消耗体系中微量的氢离子，但消耗的这部分氢离子不能抵消向体系中所加入的盐酸中的氢离子，由最终平缓时体系 pH 的大小可知，加入盐酸会抑制醋酸根离子的水解。

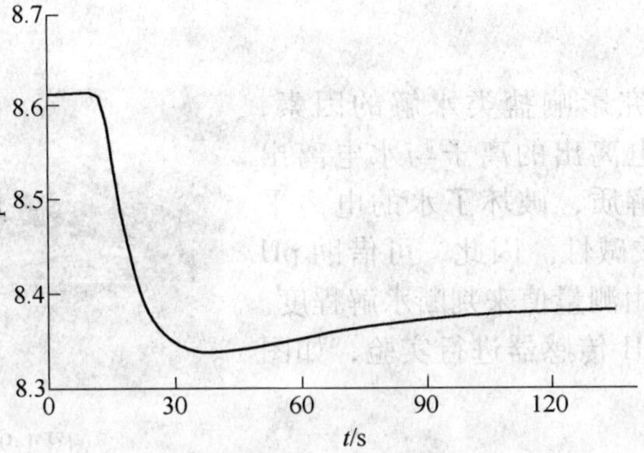

图 1-9-4　实验图像

4. 向醋酸钠溶液中滴加 2 滴 pH = 13.0 氢氧化钠溶液时体系 pH 的变化

图 1-9-5 是向醋酸钠溶液中滴加 2 滴氢氧化钠溶液后体系 pH 的变化情况。图 1-9-5 中曲线先急剧上升后缓慢下降最后趋于平缓，平缓时溶液对应的 pH 大于起始值。曲线急剧上升是因为向醋酸钠溶液中加入了 pH = 13.0 的氢氧化钠溶液，最后缓慢下降是由醋酸根离子水解所致，由最终平缓时体系 pH 的大小可知，加入氢氧化钠溶液会促进醋酸根离子的水解。

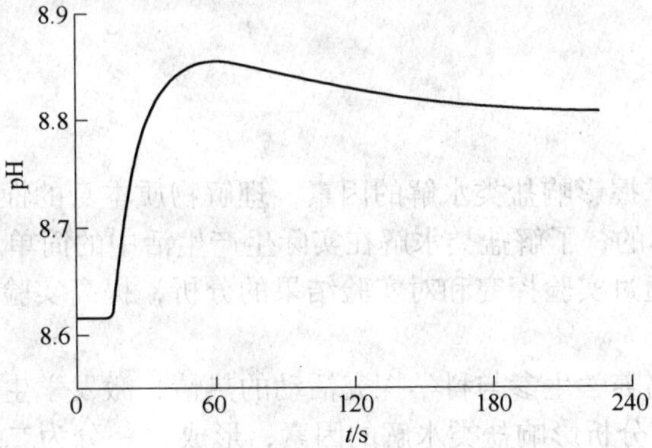

图 1-9-5　实验图像

悟学精谈

1. 实验结论

通过实验可知，影响盐类水解的因素有物质本身的性质、浓度、溶液酸碱性。其中盐溶液浓度越大，其水解程度越大；溶液的酸碱性对盐溶液水解程度的影响，需要综合盐溶液本身的酸碱性考虑。

2. 传感器的使用

本实验主要是探究影响盐类水解的因素，水解反应的实质是盐电离出的离子与水电离出的离子反应生成弱电解质，破坏了水的电离平衡，溶液呈现不同的酸碱性。因此，可借助 pH 传感器测量溶液 pH，由测量值来判断水解程度。本实验主要用维尼尔 pH 传感器进行实验，如图 1-9-6 所示。

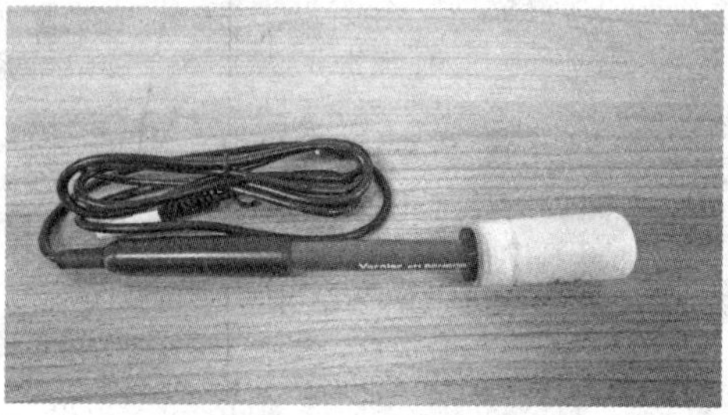

图 1-9-6 pH 传感器

3. 注意事项

（1）在完成实验 2 测定不同浓度醋酸钠溶液的 pH 时，应遵循浓度由低到高的顺序依次进行实验，以减少实验误差。

（2）在完成实验 3 向醋酸钠溶液中滴加盐酸和氢氧化钠溶液时，注意滴加量的多少，1~2 滴即可。

（3）本实验溶液浓度对实验结果有很大影响，所以每次实验前 pH 传感器务必清洗干净。

教学微案

1. 教学目标

（1）核心知识：掌握影响盐类水解的因素，理解物质本身的性质、浓度、溶液酸碱性是如何影响盐类的水解的；了解盐类水解在实际生产生活中的简单应用。

（2）核心能力：通过实验探究和对实验结果的分析，提高实验操作、科学探究、分析问题、解决问题的能力。

（3）核心品质：培养学生参与科学探究活动的热情，激发学生学习化学的兴趣；通过从内因和外因两个角度分析影响盐类水解的因素，形成“一分为二地看待事物”的辩证唯物主义思想。

2. 教学设计思路图

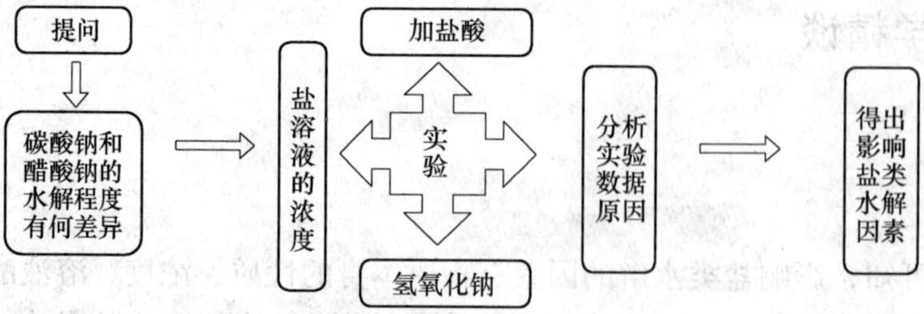

图 1-9-7 设计思路图

3. 教学过程

【导入】碳酸钠和醋酸钠都属于强碱弱酸盐，这两种物质都能够在水中发生水解反应。等浓度的碳酸钠和醋酸钠溶液，水解能力是否一致？如何设计实验进行验证？

【实验】按照“互学展示”中的实验 1 完成实验，可得到下图。

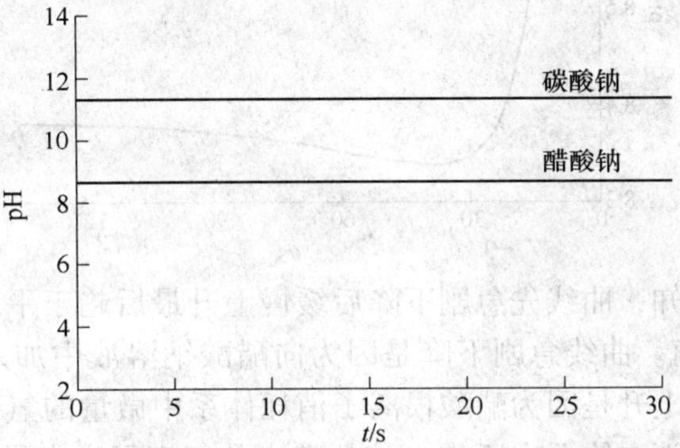

【分析】由上图可知，0.1mol/L 的醋酸钠溶液的 pH 近似为 8.64，0.1mol/L 的碳酸钠溶液的 pH 近似为 11.32。由 pH 大小可知等浓度条件下碳酸钠溶液的碱性强于醋酸钠溶液的碱性，进一步说明 CO_3^{2-} 的水解能力强于 CH_3COO^- 离子的水解能力，二者水解能力的区别在于物质本身性质的差异。

【陈述】盐类水解的本质是盐电离出的离子与水发生了反应，从而改变了水的电离平衡，引起溶液中 $c(H^+)$ 和 $c(OH^-)$ 浓度发生变化，使溶液显酸性或碱性。

【提问】不同浓度的醋酸钠溶液，其 pH 的大小有什么不同？

【实验】按照“互学展示”中的实验 2 完成实验，并填写下表。

$c(CH_3COONa)$	0.075mol/L	0.15mol/L	0.3mol/L	0.6mol/L
pH				

【总结】由图 1-9-3 可知：随着醋酸钠溶液浓度的增大，对应醋酸钠溶液的 pH 也增大，说明增加醋酸钠溶液的浓度能够促进 CH_3COO^- 离子的水解。

【追问】是什么原因导致了这样的结果？

【分析】由醋酸钠的电离反应方程式可以看出，随着醋酸钠溶液浓度的增加，溶液中 $c(CH_3COO^-)$ 的浓度增大，消耗 $c(H^+)$ 的量增加，溶液中 $c(OH^-)$ 增大，所以溶液的 pH 增大。

$$CH_3COONa = CH_3COO^- + Na^+$$
$$+$$
$$H_2O \rightleftharpoons H^+ + OH^-$$
$$\Downarrow$$
$$CH_3COOH$$

【提问】溶液酸碱性对醋酸钠的水解有什么影响？

【实验】按照“互学展示”中的实验 3 完成实验，可得到下图。

（1）向醋酸钠溶液中滴加 1 滴 pH = 1.0 盐酸时体系 pH 的变化

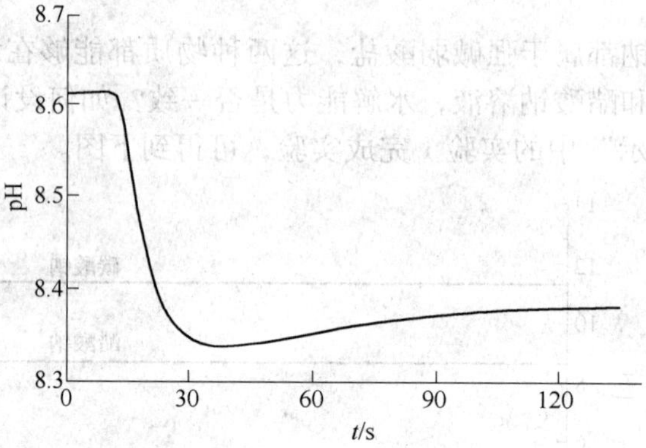

分析：由图可知，曲线先急剧下降后缓慢上升最后趋于平缓，平缓时溶液对应的 pH 小于起始值。曲线急剧下降是因为向醋酸钠溶液中加入了 pH = 1.0 的盐酸所致，最后缓慢上升是因为醋酸根离子消耗体系中微量的氢离子，但消耗的这部分氢离子不能抵消向体系中所加入的盐酸中的氢离子，由最终平缓时体系 pH 大小可知，加入盐酸会抑制醋酸根离子的水解。

（2）向醋酸钠溶液中滴加 2 滴 pH = 13.0 氢氧化钠溶液时体系 pH 的变化

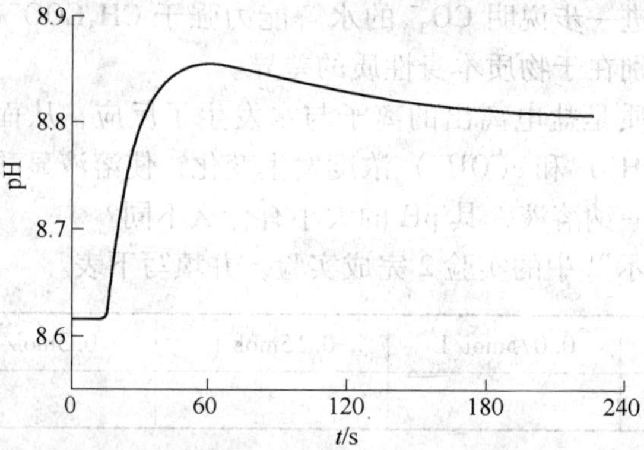

分析：由图可知，曲线先急剧上升后缓慢下降最后趋于平缓，平缓时溶液对应的 pH 大于起始值。曲线急剧上升是因为向醋酸钠溶液中加入了 pH = 13.0 的氢氧化钠溶液，最后缓慢下降是由醋酸根离子水解所致。由最终平缓时体系 pH 大小可知，加入氢氧化钠溶液会促进醋酸根离子的水解。

【总结】 通过实验可知，影响盐类水解的因素有物质本身的性质、浓度、溶液酸碱性。其中盐溶液浓度越大，其水解程度越大；溶液的酸碱性对盐溶液水解程度的影响，需要综合盐溶液本身的酸碱性考虑。

好学深思

（1）通过本实验，可以知道物质本身的性质、浓度、溶液酸碱性对盐溶液的水解有一定的影响，除此之外，你觉得还有哪些因素能够影响盐类的水解？如何借助传感器进行实验设计，请简要说明。

（2）对于此实验得到的图像，如图 1-9-3、图 1-9-5 的曲线，会出现一些微小波动，对于这些波动，你觉得可能是哪些原因引起的？

博学多闻

[1] 宋心琦．普通高中课程标准实验教科书　化学　选修 4（第 3 版）[M]．北京：人民教育出版社，2007：56.

[2] 闫云龙．合理设计探究活动　培养学生创新素养——以“盐类的水解”教学为例 [J]．化学教与学，2016（05）：26~27，17.

[3] 叶林美．基于“动手学”理念的“盐溶液的酸碱性”教学实录 [J]．化学教学，2016（04）：51~54.

[4] 庄晓文，姜建文．“电解质溶液”核心概念的学习进阶研究 [J]．化学教学，2016（02）：28~33.

[5] 陈丹，刘补云．数字化手持技术在影响盐类水解因素中的应用研究——以 CH_3COONa 溶液水解受浓度、酸碱度影响为例 [J]．化学教学，2016（02）：51~53.

第二章　课堂教学改进实验

本章节共包含8个实验，利用传感器对实验进行改进，将实验观察角度从颜色、气味、状态、温度等转变为分析实验变化曲线，较好地实现了“宏观”与“微观”的联系，以及“定性”与“定量”的转变。如实验十“物质溶解过程中体系温度会发生变化吗?”借助了不锈钢温度传感器进行实验，实时采集物质溶解过程中温度的变化，相比较温度计和用手感知温度的变化更为准确；如实验十二“浑浊度可以表征化学反应速率的快慢吗?”借助了浑浊度传感器进行实验，相比较观察记录出现浑浊时间更为准确；如实验十三“铜锌单液原电池电流大小与酸的浓度有什么关系?”借助了电流传感器进行实验，相比较观察电流表指针的偏转更好地扩大了实验现象。

实验过程中涉及的温度、电流、pH、压强、颜色等细微变化，借助传感器能够较好地将这些变化扩大化，具体如何呈现呢？下面我们一起带着疑问进入本章的学习。

实验十　物质溶解过程中体系温度会发生变化吗?

要点提示：放热现象、吸热现象、不锈钢温度传感器

导学设问

人教版九年级化学第九单元课题一“溶液的形成”第2课时“溶解时的吸热或放热现象”是对溶液形成的延伸，同时为溶解度的学习奠定基础。教材中设计实验引导学生探究不同物质（主要是 NaOH、NaCl、NH_4NO_3）在水中溶解时的温度变化。传统实验是先测量加入溶质前水的温度，然后测量溶质溶解后溶液的温度，对比前后温度来判断物质溶于水时是否吸热或放热。实验中的测温方式为用手感触温度或者用温度计测量温度。用手感触温度时存在偏差，测得的实验数据不准确，同时对于一些放热（吸热）现象不明显的物质，学生很难感受到温度的变化。而使用温度计测量温度时不便于学生观察实验现象，不能实时地读取实验数据。基于此，借助不锈钢温度传感器进行实验，可以实时定量地测量溶解过程中溶液温度的变化，温度的变化以数据和图像的形式呈现。一方面实验现象和实验数据更加直观准确地呈现给学生，使得实验更加准确化、简单化。另一方面新型数字化仪器不锈钢温度传感器的使用，会激发初中学生的学习兴趣，有利于学生进行科学探究。

备学检查

药品：氢氧化钠、氯化钠、硝酸铵、蒸馏水。

仪器：烧杯、量筒、玻璃棒、分析天平、纸槽、不锈钢温度传感器、数据采集器、USB 线、计算机及配套软件、Origin7.5 软件。

互学展示

实验步骤为：

(1) 准备药品。分别称取约 0.5g 的氢氧化钠、氯化钠、硝酸铵固体各1份待用。

(2) 固定装置。将不锈钢温度传感器插入烧杯中（图 2-10-1 中烧杯是 100mL 小烧杯

置于 250mL 大烧杯中，中间空隙用泡沫填充，尽可能防止热量扩散），调整高度固定传感器，将不锈钢温度传感器与数据采集器相连，USB 线与数据采集器和电脑相连，装置如图 2-10-1 所示。

图 2-10-1 实验装置图

（3）开始实验。用量筒量取 50mL 蒸馏水倒入烧杯中，启动数据采集器，打开软件，设置软件菜单栏“实验”项目中“数据采集”为“持续采集数据”。点击“采集”按钮，几秒后向烧杯中加入氯化钠，待曲线变化相对平缓后停止采集，保存实验数据。清洗烧杯和传感器，重复实验，其中只需将氯化钠固体依次更换成硝酸铵固体和氢氧化钠固体，保存新的实验数据，后期拷贝到 Origin7. 5 软件中进行作图。

帮学提升

不同物质溶于水体系温度随时间变化情况，如图 2-10-2 所示。

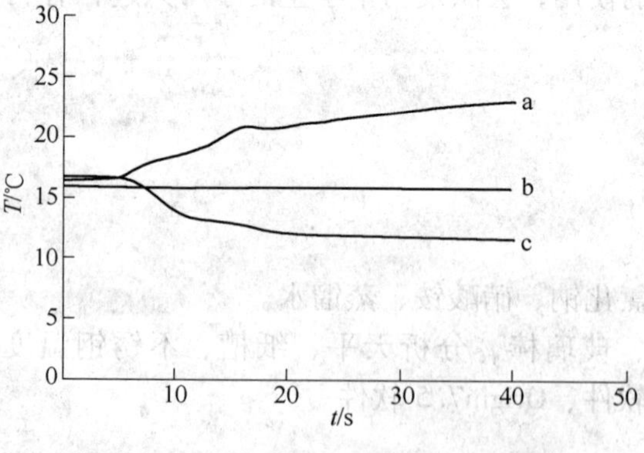

图 2-10-2 体系温度随时间变化情况

图 2-10-2 中 3 条曲线为 3 种不同固体溶解在水中温度变化曲线图，曲线 a 是氢氧化钠溶解于水的温度曲线；曲线 b 是氯化钠溶解于水的温度曲线；曲线 c 是硝酸铵溶解于水的温度曲线。曲线 a 呈上升趋势，可知氢氧化钠固体溶解时温度不断上升，溶解过程放热；曲线 b 趋于平稳，可知氯化钠固体溶解时温度几乎不变，溶解过程既不吸热也不放热；曲线 c 呈下降趋势，可知硝酸铵固体溶解时温度逐渐下降，溶解过程吸热。由此说明不同物质溶解时体系温度变化不同。

悟学精谈

1. 实验结论

（1）NaOH 固体溶解时放热，使体系温度升高；NaCl 固体溶解在水中既不吸热也不放热，体系温度几乎不变；NH_4NO_3 固体溶解时吸热，使体系温度降低。

（2）物质在溶解过程中通常伴随着温度的变化。不同物质溶解时温度变化是不同的，有些物质溶解时放热，有些物质溶解时吸热，而有些物质溶解时既不吸热也不放热。

（3）不锈钢温度传感器的使用使得实验过程简单化、准确化。

2. 传感器的使用

本实验主要用到的传感器为维尼尔不锈钢温度传感器（图 2-10-3）。不锈钢温度传感器是一个通用的实验室温度传感器，测量温度范围是-25～150℃，因此本实验过程中注意温度变化，防止破坏传感器。

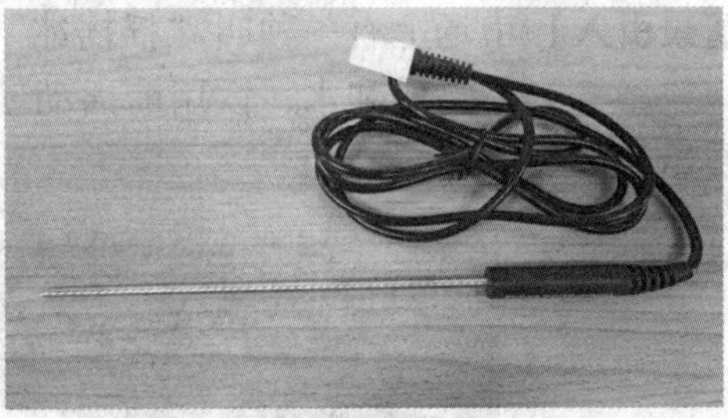

图 2-10-3　不锈钢温度传感器

3. 注意事项

（1）为了便于比较，NaCl、NH_4NO_3、NaOH 三种物质和水的用量应该相等。

（2）NaOH 有强烈的腐蚀性，使用时要十分小心，不要把 NaOH 的溶液沾到皮肤或衣服上，特别要防止 NaOH 溶液溅入眼中。

（3）先采集蒸馏水的温度，再加入固体，继续采集固体溶解时温度的变化。

教学微案

1. 教学目标

（1）核心知识：知道不同物质溶解时温度变化是不同的；掌握几种常见物质溶解时的温度变化。

（2）核心能力：在实验探究过程中分析实验数据和曲线的变化，提升学生定量分析得出结论的能力。

（3）核心品质：传感器实验的引入激发学生学习化学的兴趣，培养学生的探究精神，同时帮助学生体会现代技术辅助化学实验的优势。

2. 教学设计思路图

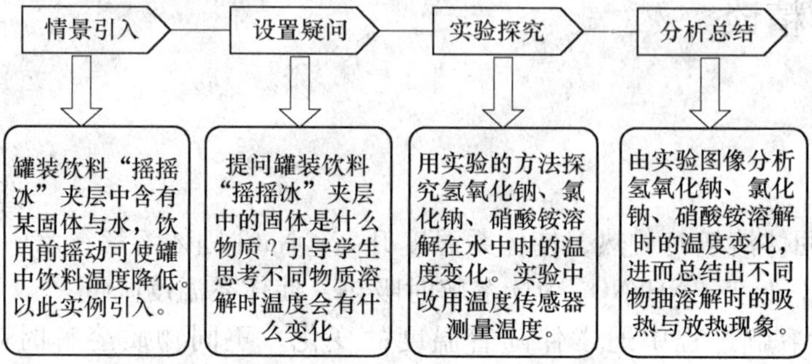

图 2-10-4 设计思路图

3. 教学过程

【情景引入】市场上有一种叫“摇摇冰”的罐装饮料。在饮料罐的夹层中分别装入一种固体物质和水，饮用前摇动使它们混合，罐内的饮料温度就会降低。

【展示】

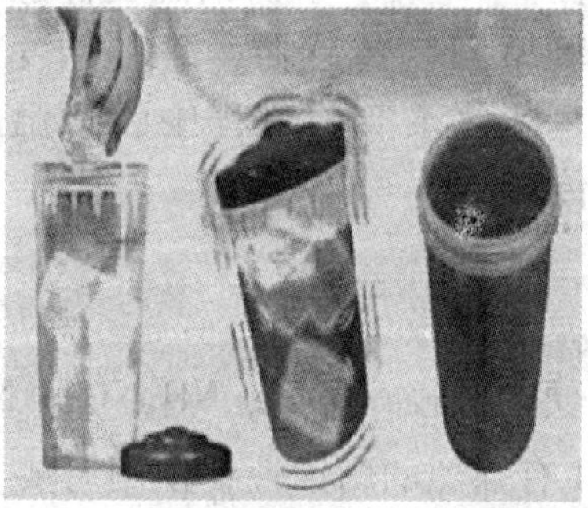

【讲解】经查阅得知罐内饮料温度降低是因为摇动时饮料罐的夹层中固体物质溶于水使得温度降低。

【提问】大家猜想一下饮料罐内的固体物质可能是什么？哪些物质溶于水后会使得温度降低？

【讲述】通过实验探究不同物质溶解时温度的变化。准备 3 种常见固体（氢氧化钠、氯化钠、硝酸铵各 0. 5g）和蒸馏水。

【讲解】测定不同物质溶解时的温度变化，首先测定水的温度，然后将固体溶于水后继续测固体溶解时的温度，再对比两次温度的变化。如果温度升高，说明固体溶解时放热；如果温度降低，说明固体溶解时吸热；如果温度不变，则说明固体溶解时既不吸热也不放热。

【提问】测量温度，可以借助哪些方法进行测量？

【回答】学生甲：可以用温度计测量温度。

学生乙：可以用手来感受温度变化。

【讲解】温度计可以用于检测温度，但是温度计测温时不便于观察。而且如果物质溶于水后温度变化很微小，可能用手感受不到。为了解决这个问题，引进新仪器-不锈钢温度传感器，测量结果和过程相比较普通仪器更加准确和简便。

【实验演示】按照“互学展示”进行实验，得到以下实验图像。

【实验1】氢氧化钠溶于水过程中温度的变化情况

【实验图像】

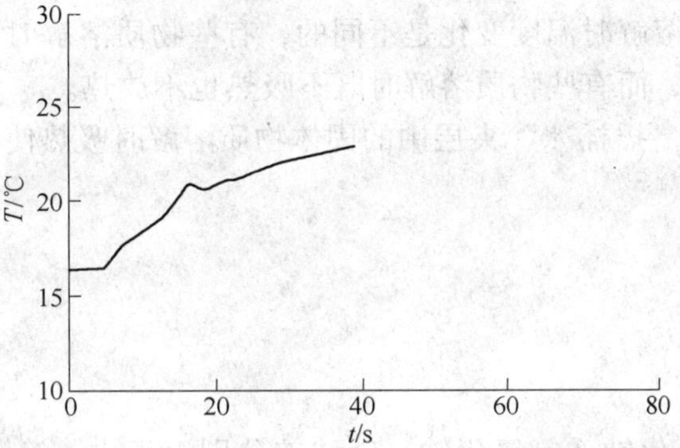

【小结】从图像我们可以看出氢氧化钠溶于水过程中温度曲线呈上升趋势，说明氢氧化钠溶于水时放热。

【实验2】氯化钠溶于水过程中温度的变化情况

【实验图像】

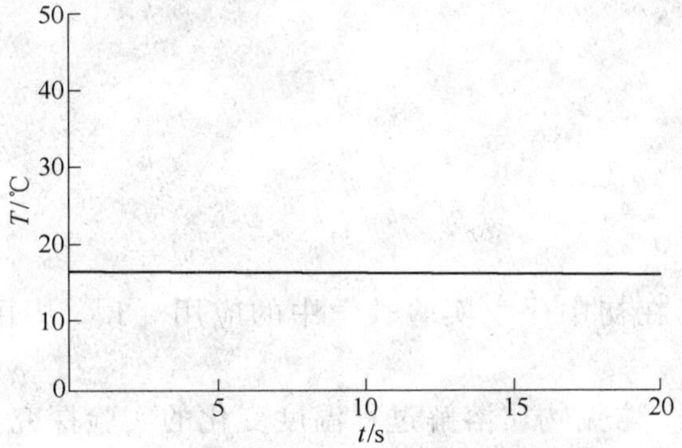

【小结】从图像可以看出氯化钠溶于水过程中温度曲线平缓，说明氯化钠溶于水时既不吸热也不放热。

【实验3】硝酸铵溶于水过程中温度的变化情况

【实验图像】

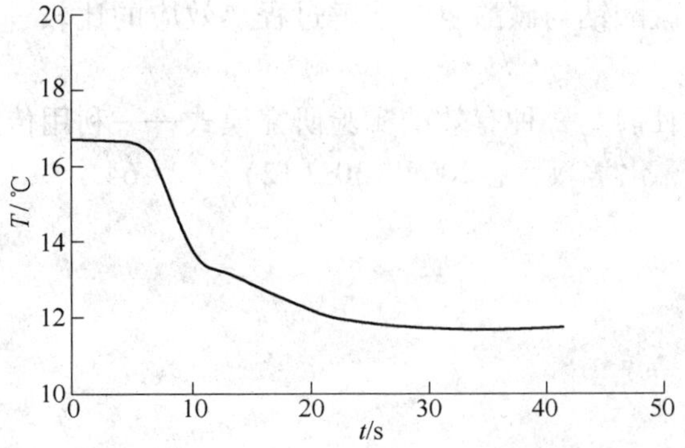

【小结】从图像可以看出硝酸铵溶于水过程中温度曲线呈下降趋势，说明硝酸铵溶于水时吸热。

【总结】

（1）NaOH 溶于水放热，NaCl 溶于水既不吸热也不放热，NH_4NO_3 溶于水吸热。

（2）物质在溶解过程中通常伴随着温度的变化。

（3）不同物质溶解时温度变化是不同的，有些物质溶解时会放热，有些物质溶解时会吸热，而有些物质溶解时既不吸热也不放热。

（4）罐装饮料“摇摇冰”夹层中的固体物质溶解时吸热使得饮料温度降低。

好学深思

（1）通过实验可知，氯化钠、氢氧化钠、硝酸铵分别溶于水，溶液温度会发生怎样的变化，你是如何得知的？你觉得还有哪些固体溶于水现象与氢氧化钠、硝酸铵相似呢？请举例说明。

（2）通过本实验，你是否会借助不锈钢温度传感器设计不同类型的实验，请写出你想进行的实验。

博学多闻

[1] 王寿红．手持技术在初中化学实验教学中的应用［J］．中国现代教育装备，2014（14）：31~33.

[2] 孙影，信欣，许敏．常见物质溶解过程温度变化的实验探究［J］．化学教学，2018（02）：75~78.

[3] 严宣申．溶解过程的热效应［J］．化学教育，2007，28（05）：59.

[4] 陈国爱．溶解热的趣味实验［J］．化学教学，1997（05）：48.

[5] 汪成范．硫酸的溶解热及其演示实验［J］．化学教育，1981，2（05）：33~34.

[6] 葛春洋，马宏佳．碳酸钠与碳酸氢钠溶解过程热效应的比较［J］．化学教与学，2012（09）：86~87，94.

[7] 朱鹏飞，马宏佳，杜静．一种有效的实验研究模式——利用传感技术对吸热反应热效应的实验研究［J］．化学教育，2009，30（12）：62~64.

实验十一　哪些物质能够加快过氧化氢的分解？

要点提示：过氧化氢、化学反应速率、催化剂、氧气传感器

导学设问

过氧化氢作为学习对象，首次出现在九年级化学教材上册制取氧气章节中。人教版教材重点介绍了加热高锰酸钾法、过氧化氢分解法和加热氯酸钾法，这 3 种方法中都有同一种物质二氧化锰，二氧化锰作为催化剂加快了化学反应速率，教材中除二氧化锰作催化剂之外，还提到硫酸铜溶液也可以作为过氧化氢分解的催化剂[1]。鲁教版教材与人教版教材不同之处在于其并没有写出过氧化氢的具体浓度，同时对于催化剂的教学并没有再举例其他能够加快过氧化氢分解的催化剂[2]。沪教版教材与人教版教材非常接近，不同之处在于过氧化氢溶液的浓度是 6%，同时并没有再介绍其他能够催化分解过氧化氢的催化剂[3]。科普版与其他 3 个版本教材不同之处在于加热氯酸钾制取氧气的方法和“催化剂”相关知识点教材中都没有呈现[4]。科粤版不同之处在于实验的顺序呈现不一样，且更偏向于加热高锰酸钾法，同时过氧化氢的浓度选择的是 10%，催化剂的介绍只呈现了教材中出现的二氧化锰[5]。

5 个版本教材中对于制取氧气所选择的药品大多数为过氧化氢和高锰酸钾，更偏向于绿色环保的过氧化氢，同时都提到需要加入少量的二氧化锰以加快化学反应速率，选择过氧化氢的浓度有 5%、6%、10%。本实验主要探究不同类型的物质对过氧化氢分解速率的影响，在传统实验的基础上，借助氧气传感器进行了实验设计。

备学检查

药品：30%过氧化氢溶液、氯化铁固体、氯化铜固体、硫酸铁固体、硫酸铜固体、胡萝卜、土豆、氢氧化钠固体、蒸馏水。

仪器：三颈圆底烧瓶、量筒、容量瓶、洗瓶、药匙、夹子、分析天平、称量纸、刀具、铁架台、镊子、标签纸、氧气传感器、数据采集器、USB 数据线、电脑和配套软件、Origin7. 5 软件。

互学展示

1. 实验设计思路

本实验主要探究催化剂种类对过氧化氢分解速率的影响。催化剂种类除了教材上提到的氯化铁溶液、硫酸铜溶液之外，还增加了硫酸铁溶液、氯化铜溶液和氢氧化钠固体，同时拓展了用土豆和胡萝卜进行实验，土豆和胡萝卜中存在过氧化氢酶（CAT），能够催化过氧化氢的分解，借助氧气传感器进行实验。

2. 实验内容

（1）准备药品：

1）用30%的过氧化氢溶液配制200mL 5%的过氧化氢溶液；

2）分别配制饱和氯化铁溶液、饱和硫酸铁溶液、饱和氯化铜溶液、饱和硫酸铜溶液各50mL；

3）将洗净的土豆和胡萝卜切成丁，大小如图2-11-1所示；

4）称取0.5g氢氧化钠固体。

（2）组装仪器：如图2-11-2所示，组装好仪器后，将氧气传感器与数据采集器相连，USB线与数据采集器和电脑相连。

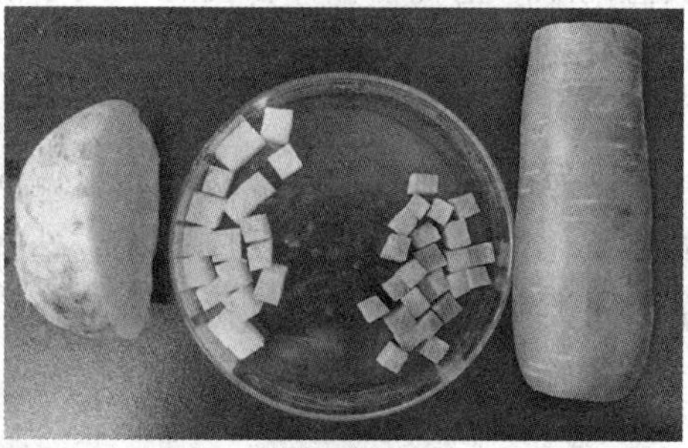

图2-11-1　胡萝卜丁和土豆丁

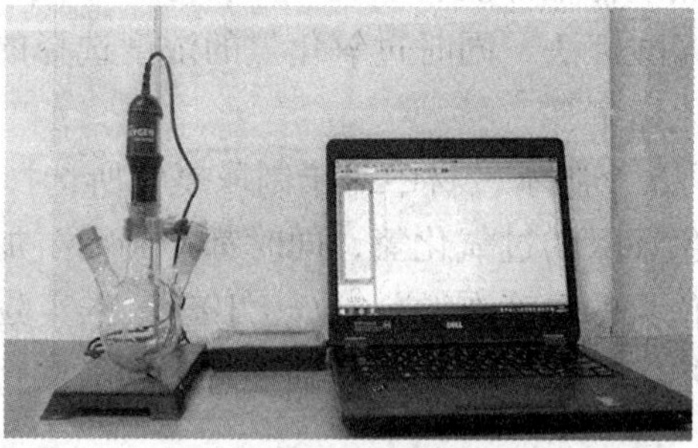

图2-11-2　实验装置图

（3）装液：用50mL量筒取20mL 5%过氧化氢溶液于三颈圆底烧瓶内，侧口塞上橡胶塞。

（4）开始实验：三颈圆底烧瓶正上方插入氧气传感器，启动数据采集器，打开软件，设置软件菜单栏“实验”项目中“数据采集”为“持续采集数据”。点击“采集”按钮，几秒后用5mL量筒量取1mL饱和氯化铁溶液从三颈圆底烧瓶一侧口迅速倒入，然后塞上橡胶塞。

（5）停止实验：观察实验曲线变化，待曲线变化比较平缓后点击“停止”按钮，保存实验数据。

（6）清洗三颈圆底烧瓶并干燥，重复实验步骤（3）、（4）、（5），其中只需将步骤

(4) 中的溶液依次更换为各 1mL 的饱和硫酸铁溶液、饱和氯化铜溶液、饱和硫酸铜溶液，实验后分别保存 3 组实验数据，以便后期进行处理。

(7) 完成 4 种溶液的实验后，清洗三颈圆底烧瓶并干燥，重复实验步骤 (3)、(4)、(5)，其中只需将步骤 (4) 中的溶液依次更换为 0.5g 氢氧化钠固体、5 块胡萝卜丁和 5 块土豆丁，实验后分别保存 3 组实验数据，后期拷贝到 Origin7.5 软件中进行作图。

帮学提升

1. 不同种类催化剂对过氧化氢分解速率影响的图像变化

(1) 探究部分饱和铁盐溶液和铜盐溶液对过氧化氢分解速率的影响

图 2-11-3 中共 4 条曲线，分别是将饱和氯化铁溶液、硫酸铁溶液、氯化铜溶液以及硫酸铜溶液各取 1mL 加入到 20mL 5%过氧化氢溶液中反应后得到的体系氧气随时间变化图像。由图 2-11-3 可知，4 条曲线在一定时间内都呈上升趋势，说明 4 种无机盐溶液都能加快过氧化氢溶液的分解。由曲线的上升趋势可以看出，相同时间内，4 种无机盐溶液对过氧化氢溶液催化效果依次为：饱和氯化铁溶液、饱和硫酸铁溶液、饱和氯化铜溶液、饱和硫酸铜溶液。同时可以知道，在本实验条件下，饱和氯化铁溶液和饱和硫酸铁溶液的催化剂效果相当，催化效果较差的是硫酸铜溶液。本实验可说明部分铁盐溶液的催化效果比部分铜盐溶液好。

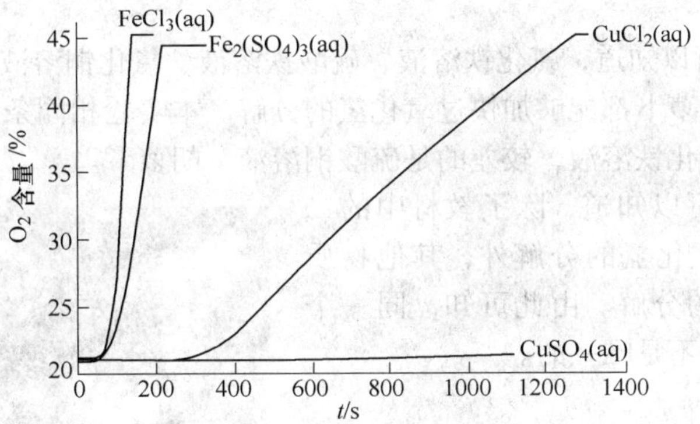

图 2-11-3　实验曲线

(2) 氢氧化钠固体对过氧化氢分解速率的影响

由图 2-11-4 可知，曲线呈上升趋势，说明向 5%过氧化氢溶液中加入约 0.5g 氢氧化钠固体后能够加快过氧化氢溶液的分解，由此可知氢氧化钠也能催化过氧化氢的分解。

(3) 胡萝卜丁和土豆丁对过氧化氢分解速率的影响

图 2-11-5 曲线 a 是向 20mL 5%过氧化氢溶液中加入 5 块土豆丁（注：大小约为 $2cm^3$），采集体系氧气随时间变化数据得到的图像。曲线 b 是向 20mL 5%过氧化氢溶液中加入 5 块胡萝卜丁（注：大小约为 $2cm^3$），采集体系氧气随时间变化数据得到的图像。由

图 2-11-5 可知，2 条曲线在一定时间内都呈上升趋势，说明土豆和胡萝卜也能加快过氧化氢的分解。本实验条件下，2 条曲线在约 325s 附近存在相交点 *A*，点 *A* 前曲线 a 位于曲线 b 下方，说明一开始胡萝卜催化过氧化氢分解速率快于土豆的催化。点 *A* 后曲线 a 位于曲线 b 上方，两条曲线之间的距离逐渐增大，说明到达一定时间后土豆的催化效果强于胡萝卜。总的来说，土豆催化效果更好一些。

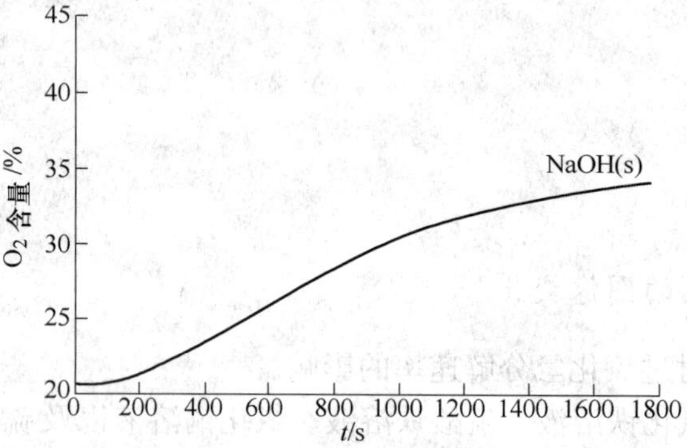

图 2-11-4　实验曲线

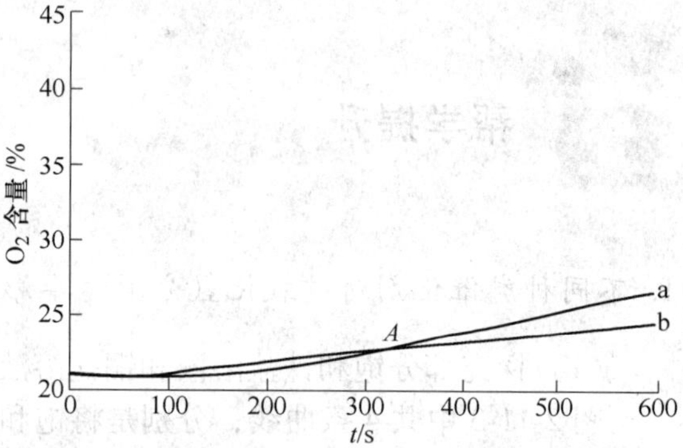

图 2-11-5　实验曲线

悟学精谈

1. 实验结论

（1）通过实验可以知道，氯化铁溶液、硫酸铁溶液、氯化铜溶液、硫酸铜溶液、氢氧化钠固体、土豆、胡萝卜都能够加快过氧化氢的分解。本实验相同条件下，这几种物质中催化效果最好的是氯化铁溶液，较差的是硫酸铜溶液、胡萝卜。

（2）通过实验可以知道，除了教材中的二氧化锰能够加快过氧化氢的分解外，其他物质也能加快过氧化氢的分解。由此可知，同一个化学反应的催化剂并不是唯一的。

2. 传感器的使用

本实验主要用维尼尔氧气传感器（图 2-11-6）监测不同条件下过氧化氢在一定时间内分解产生氧气的情况。

图 2-11-6　氧气传感器

3. 注意事项

（1）过氧化氢具有强氧化性，配制不同浓度过氧化氢溶液时一定戴上手套。

（2）实验过程中的土豆和胡萝卜需要现用现切，防止被空气氧化对实验造成影响。

（3）配制饱和氯化铁、氯化铜、硫酸铁、硫酸铜溶液时，需戴手套，同时根据实验需要量进行配制，以防浪费。

（4）氧气传感器在不使用的时候要垂直放置。这对存放和维护传感器来说是非常重要的，不正确的放置方法将减少传感器的使用寿命。

教学微案

1. 教学目标

（1）核心知识：了解不同催化剂对过氧化氢分解速率的影响；知道除了二氧化锰还有其他物质能够加快氧化氢的分解。

（2）核心能力：能够根据教材中给出的问题设计简单的实验方案完成实验探究；能够根据实验现象和数据进行分析并得出结论。

（3）核心品质：培养学生逐步养成严谨求实的科学态度；借助传感器进行实验，帮助学生了解传统实验和现代工具的区别与联系。

2. 教学设计思路图

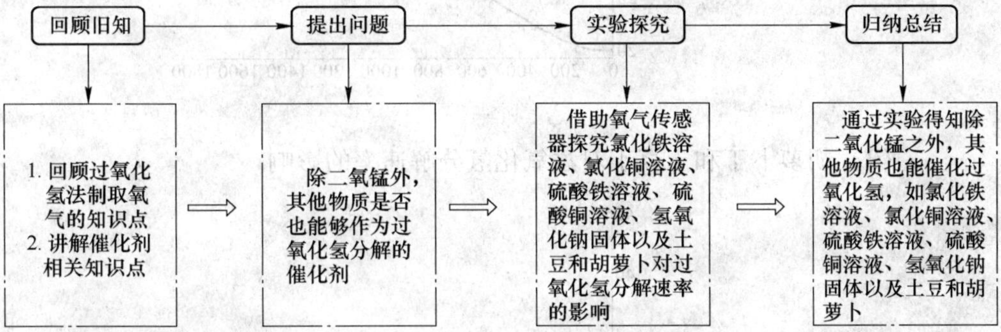

图 2-11-7　设计思路图

3. 教学过程

【复习】 通过学习过氧化氢分解法制取氧气，我们接触到了一个新名词，就是“催化剂”。在化学反应里能够改变（加快或减慢）其他物质的化学反应速率，而本身的质量和化学性质在反应前后（反应过程中可能会改变）都没有发生变化的物质叫做催化剂。

【提问】 为了加快过氧化氢的分解，使用了二氧化锰。除了二氧化锰，其他物质能够加快过氧化氢的分解吗？

【引导】 查阅教材、小组讨论。

【实验演示】 根据“互学展示”中实验步骤进行实验，对实验数据进行处理得到下图。

（1）探究部分饱和铁盐溶液和铜盐溶液对过氧化氢分解速率的影响

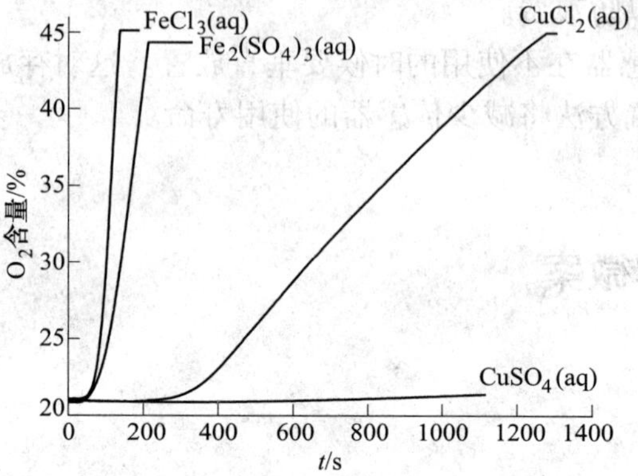

（2）氢氧化钠固体对过氧化氢分解速率的影响

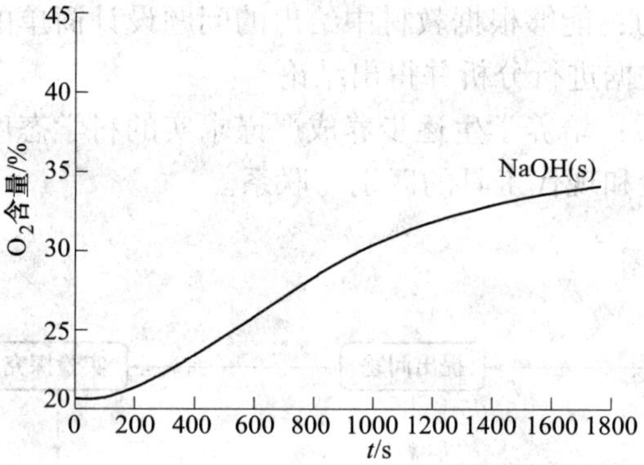

（3）胡萝卜丁和土豆丁对过氧化氢分解速率的影响

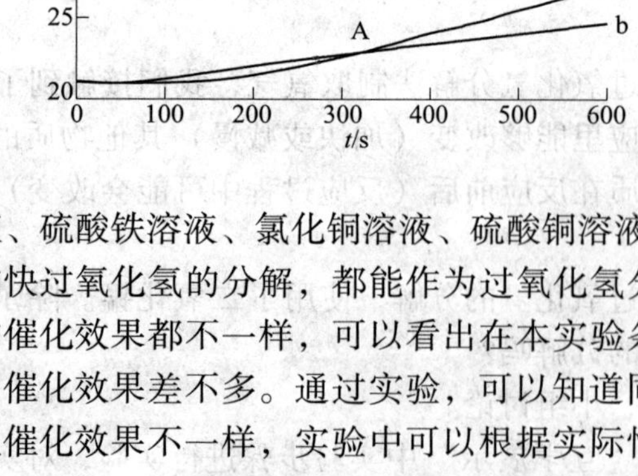

【总结】 由图可知，氯化铁溶液、硫酸铁溶液、氯化铜溶液、硫酸铜溶液、氢氧化钠固体、土豆和胡萝卜都能够加快过氧化氢的分解，都能作为过氧化氢分解的催化剂。同时可知，这些催化剂的催化效果都不一样，可以看出在本实验条件下，硫酸铜溶液的催化效果和胡萝卜催化效果差不多。通过实验，可以知道同一个化学反应可以有不同的催化剂，且催化效果不一样，实验中可以根据实际情况，选择合适的催化剂进行实验。

好学深思

（1）根据文中图 2-11-3 曲线变化的趋势，你觉得饱和硝酸铁溶液和饱和硝酸铜溶液能否催化过氧化氢的分解？如果能，效果怎么样？你该如何设计实验进行验证？根据你的实验结果，你会发现什么规律？

（2）根据碱的通性，你认为氢氧化钾能够催化过氧化氢的分解吗？如何设计实验进行验证？

（3）你认为氢氧化钠固体加快过氧化氢溶液的分解除了催化性能之外还有什么原因呢？

（4）除了本实验中补充的土豆和胡萝卜外，你觉得还有哪些动植物组织能够加快过氧化氢的分解？它们为什么能够加快过氧化氢的分解呢？

博学多闻

[1] 王晶，郑长龙．义务教育教科书化学九年级上册［M］．北京：人民教育出版社，2012：37~39.

[2] 毕华林，卢巍．义务教育教科书化学九年级上册［M］．济南：山东教育出版社，2012：87~88.

[3] 中学化学国家课程标准研制组．义务教育教科书化学九年级上册［M］．上海：上海教育出版社，2014：36.

[4] 沈怡文，陈德余．义务教育教科书化学九年级上册［M］．北京：科学普及出版社，2013：36~37.

[5] 江林才．义务教育教科书化学九年级上册［M］．北京：科学出版社；广州：广东教育出版社，2012：73~78.

实验十二　浑浊度可以表征化学反应速率的快慢吗？

要点提示：温度、浓度、化学反应速率、浑浊度传感器

导学设问

《普通高中化学课程标准（2017 年版）》在主题 2“化学反应的方向、限度和速率”内容要求中提出：通过实验探究，了解温度、浓度、压强和催化剂对化学反应速率的影响。在“学习活动建议”中提出学生必做的实验有：浓度、温度对硫代硫酸钠溶液与稀硫酸反应速率的影响，基于此我们有必要展开对此实验的进一步探究。“浑浊”二字出现在人教版高中《化学（选修 4）》第二章“化学反应速率和化学平衡”第 2 节“影响化学反应速率的因素”中。教材在探究温度对化学反应速率的影响时用硫代硫酸钠溶液与稀硫酸反应，通过记录出现浑浊的时间来判断化学反应速率的快慢。化学反应速率是从定量的角度来判断化学反应的快慢，传统方法在记录出现浑浊的时间时，因为存在个人对颜色识别的差异性，会导致记录时间存在一定的差别。因此，我们借助浑浊度传感器进行实验，在条件一定的情况下，可以实时准确的测量出反应过程中体系浑浊度随时间的变化情况，对曲线进行线性拟合，即可表征化学反应速率的快慢，实验过程如下。

备学检查

药品：硫代硫酸钠固体、浓硫酸、蒸馏水。

仪器：烧杯、容量瓶、量筒、玻璃棒、移液管、洗耳球、洗瓶、浑浊度传感器、数据采集器、USB 数据线、电脑和配套软件、Origin7.5 软件。

互学展示

1. 实验设计思路

传统的实验是通过记录硫代硫酸钠溶液与稀硫酸反应出现浑浊的时间去判断化学反应

速率的快慢。我们将此实验进行改进，在原来实验的基础上，借助浑浊度传感器进行实验，通过分析实验数据从而更好地表征化学反应速率。

2. 实验步骤

（1）准备药品。配制各 100mL 0.1mol/L $Na_2S_2O_3$、1mol/L $Na_2S_2O_3$ 和 0.1mol/L H_2SO_4、1mol/L H_2SO_4溶液待用；各取 10mL 0.1mol/L $Na_2S_2O_3$ 溶液于 3 支试管中分别进行 25℃、35℃、45℃热水浴，同理各取 10mL 0.1mol/L H_2SO_4溶液于 3 支试管中分别进行 25℃、35℃、45℃热水浴，待用。

（2）组装仪器。如图 2-12-1 所示组装好仪器。将浑浊度传感器与数据采集器相连，USB 线与数据采集器和电脑相连。

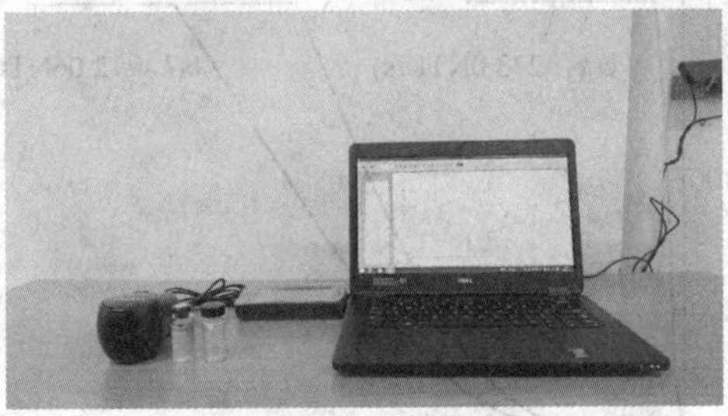

图 2-12-1　实验装置

3. 开始实验

（1）实验 1：启动数据采集器，打开软件，设置软件菜单栏“实验”项目中“数据采集”为“持续采集数据”。用移液管分别量取 10mL 0.1mol/L $Na_2S_2O_3$ 溶液和 10mL 0.1mol/L H_2SO_4 溶液于浑浊度传感器配套使用的空瓶子中，迅速将瓶子放入浑浊度传感器凹槽中，点击“采集”按钮，开始实验，待曲线呈平稳趋势后，点击“停止”按钮，保存实验数据。

（2）实验 2：清洗实验瓶子，重复实验 1 步骤，其中只需将 10mL 0.1mol/L $Na_2S_2O_3$ 溶液和 10mL 0.1mol/L H_2SO_4 溶液更换成 10mL 0.1mol/L $Na_2S_2O_3$ 溶液和 10mL 1mol/L H_2SO_4 溶液即可，保存新的实验数据待用。

（3）实验 3：清洗实验瓶子，重复实验 1 步骤，其中只需将 10mL 0.1mol/L $Na_2S_2O_3$ 溶液和 10mL 0.1mol/L H_2SO_4 溶液更换成 10mL 1mol/L $Na_2S_2O_3$ 溶液和 10mL 0.1 mol/L H_2SO_4 溶液即可，保存新的实验数据待用。

（4）实验 4：清洗实验瓶子，重复实验 1 步骤，其中只需将 10mL 0.1mol/L $Na_2S_2O_3$ 溶液和 10mL 0.1mol/L H_2SO_4 溶液更换成 25℃的 10mL 0.1mol/L $Na_2S_2O_3$ 溶液和 10mL 0.1mol/L H_2SO_4 溶液即可，保存新的实验数据待用。

（5）实验 5：清洗实验瓶子，重复实验 1 步骤，其中只需将 10mL 0.1mol/L $Na_2S_2O_3$ 溶液和 10mL 0.1mol/L H_2SO_4溶液更换成 35℃的 10mL 0.1mol/L $Na_2S_2O_3$ 溶液和 10mL 0.1mol/L H_2SO_4溶液即可，保存新的实验数据待用。

（6）实验 6：清洗实验瓶子，重复实验 1 步骤，其中只需将 10mL 0.1mol/L $Na_2S_2O_3$ 溶液和 10mL 0.1mol/L H_2SO_4 溶液更换成 45℃的 10mL 0.1mol/L $Na_2S_2O_3$ 溶液和 10mL

0.1mol/L H_2SO_4 溶液即可，保存新的实验数据，后期拷贝到 Origin7.5 软件中进行作图。

帮学提升

1. 不同浓度组合下体系浑浊度随时间变化情况

不同浓度组合下体系浑浊度随时间变化情况如图 2-12-2 所示。

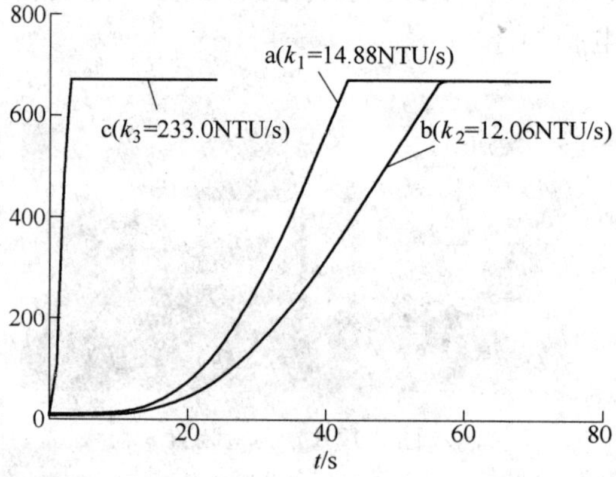

图 2-12-2　3 组不同浓度组合体系浑浊度变化情况

由图 2-12-2 可知，三条曲线均呈上升趋势后趋于平缓，说明反应后体系浑浊度都在增大。

曲线 a 是 10mL 0.1mol/L $Na_2S_2O_3$ 溶液和 10mL 0.1mol/L H_2SO_4 溶液反应后所得体系浑浊度随时间变化情况，单位时间内浑浊度变化值 k_1 约为 14.88NTU/s；曲线 b 是 10mL 0.1mol/L $Na_2S_2O_3$ 溶液 10mL 1mol/L H_2SO_4 溶液反应后所得体系浑浊度随时间变化情况，单位时间内浑浊度变化值 k_2 约为 12.06NTU/s；曲线 c 是 10mL 1.0mol/L $Na_2S_2O_3$ 溶液 10mL 0.1mol/L H_2SO_4 溶液反应后所得体系浑浊度随时间变化情况，单位时间内浑浊度变化值 k_3 约为 233.0NTU/s。由 3 组不同浓度组合的反应斜率可知：10mL 1.0mol/L $Na_2S_2O_3$ 溶液和 10mL 0.1mol/L H_2SO_4 溶液组合化学反应速率更快，改变 $Na_2S_2O_3$ 溶液的浓度对化学反应速率的影响更大。

2. 不同温度下体系浑浊度随时间变化情况

不同温度下体系浑浊度随时间变化情况如图 2-12-3 所示。

3 条曲线是 10mL 0.1mol/L $Na_2S_2O_3$ 溶液和 10mL 0.1mol/L H_2SO_4 溶液在不同温度下反应所得到的体系浑浊度随时间变化情况。由图可知，3 条曲线均呈上升趋势后趋于平缓，说明反应后体系浑浊度都在增大。曲线 a 是 25℃时 $Na_2S_2O_3$ 溶液和 H_2SO_4 溶液反应后所得体系浑浊度随时间变化情况，单位时间内浑浊度变化值 k_1 约为 14.88NTU/s；曲线 b 是 35℃时 $Na_2S_2O_3$ 溶液和 H_2SO_4 溶液反应后所得体系浑浊度随时间变化情况，单位时间内浑浊度变化值 k_2 约为 19.46NTU/s；曲线 c 是 45℃时 $Na_2S_2O_3$ 溶液和 H_2SO_4 溶液反应后所

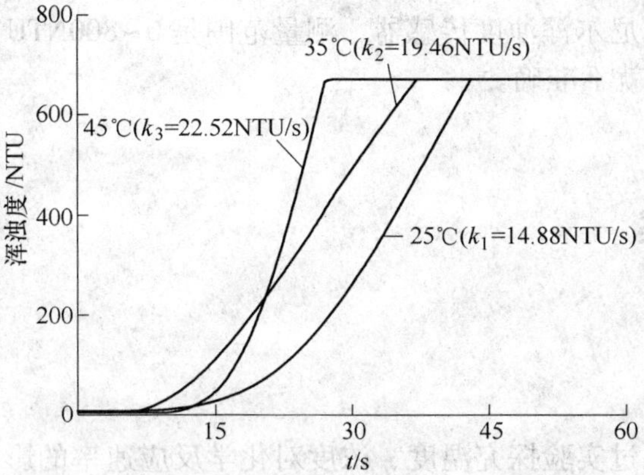

图 2-12-3　25~45℃下体系浑浊度变化情况

得体系浑浊度随时间变化情况，单位时间内浑浊度变化值 k_3 约为 22.52NTU/s。由此可知，温度越高，单位时间内浑浊度变化值越大，化学反应速率越快。

悟学精谈

1. 实验结论

（1）通过实验可知，浓度和温度对 $Na_2S_2O_3$ 溶液与 H_2SO_4 溶液的反应有一定的影响，借助浑浊度传感器进行实验，可将实验结果以曲线和数据的形式呈现，更能直观、实时、准确的记录实验现象。在传统实验的基础上，运用此方法进行实验，拓展了学生对实验方法的了解和选择。

（2）在本实验中，通过实验数据可知，浓度变化较温度变化对该反应的反应速率影响更大。同时可知，改变 $Na_2S_2O_3$ 溶液的浓度比改变 H_2SO_4 溶液的浓度对此实验化学反应速率影响更大。

2. 传感器的使用

本实验用 $Na_2S_2O_3$ 溶液与 H_2SO_4 溶液的反应来探究外界条件对化学反应速率的影响，该实验中有淡黄色硫单质生成，会改变溶液的浑浊度，由此可借助浑浊度传感器（图 2-12-4）进行实验探究。

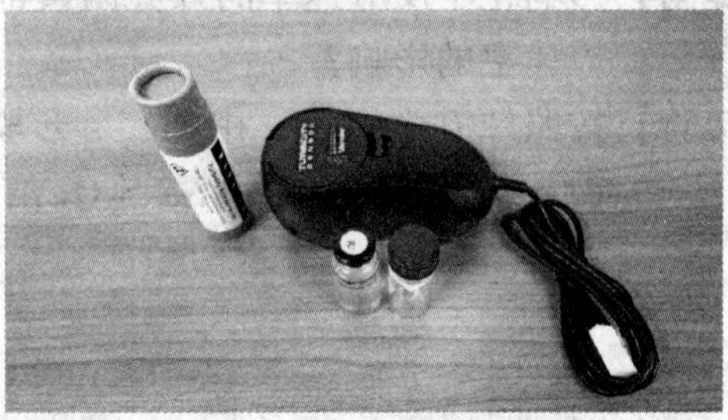

图 2-12-4　浑浊度传感器

3. 注意事项

（1）此实验在进行的过程中，将装有反应溶液的瓶子一定要注意快速放入浑浊度传感器的凹槽内，以避免反应开始后采集不到实验数据。

（2）每次使用浑浊度传感器时都要对传感器进行校准。

（3）该传感器为维尼尔浑浊度传感器，测量范围是 0~800NTU，如果待测液超过了量程范围，那么所测数据就不准确。

教学微案

1. 教学目标

（1）核心知识：通过实验探究温度、浓度对化学反应速率的影响，帮助学生更好地掌握外界条件对化学反应速率的影响。

（2）核心能力：根据实际需要能够提出综合性的探究问题，根据假设提出多种探究方案，优化实验方案。

（3）核心品质：帮助学生体验科学探究的喜悦，培养实事求是的科学态度和积极探索的科学精神。

2. 教学设计思路图

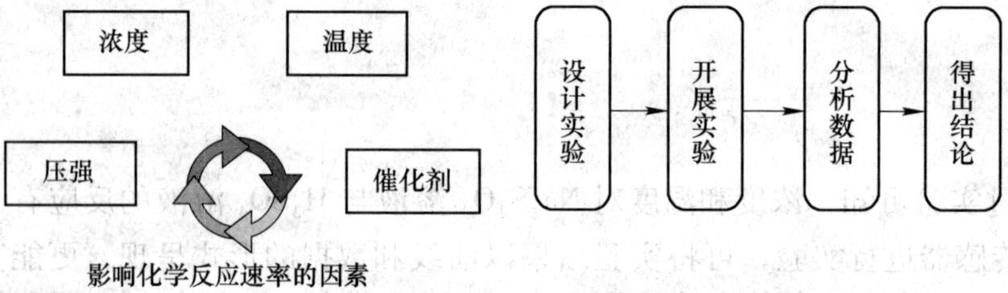

图 2-12-5　设计思路图

3. 教学过程

【提问】影响化学反应速率的外界因素都有哪些？如何设计实验探究浓度和温度对化学反应速率的影响？

【实验】按照“互学展示”中的实验步骤进行实验，得到如下图所示的图像。

（1）10mL 0.1mol/L $Na_2S_2O_3$ 溶液和 10mL 0.1mol/L H_2SO_4 溶液反应图像

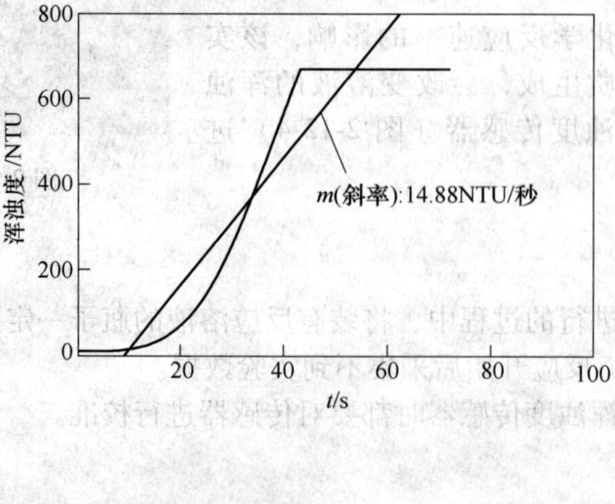

（2）10mL 1mol/L $Na_2S_2O_3$ 溶液和 10mL 0.1mol/L H_2SO_4 溶液反应图像

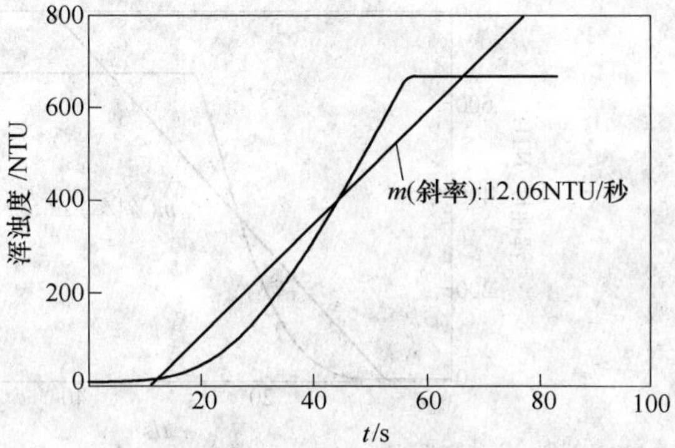

（3）10mL 0.1mol/L $Na_2S_2O_3$ 溶液和 10mL 1mol/L H_2SO_4 溶液反应图像

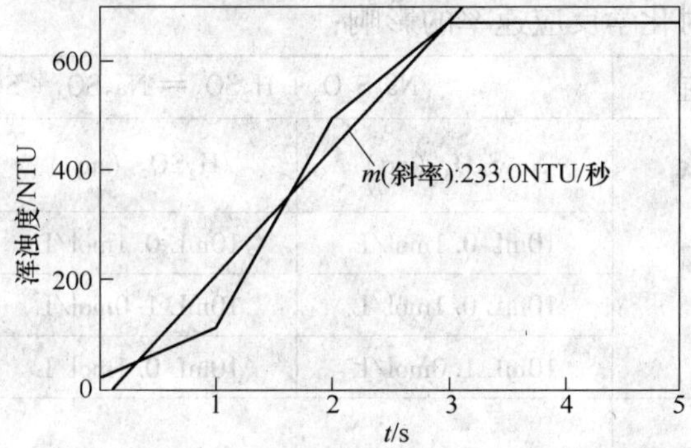

（4）25℃的 10mL 0.1mol/L $Na_2S_2O_3$ 溶液和 10mL 0.1mol/L H_2SO_4 溶液反应图像

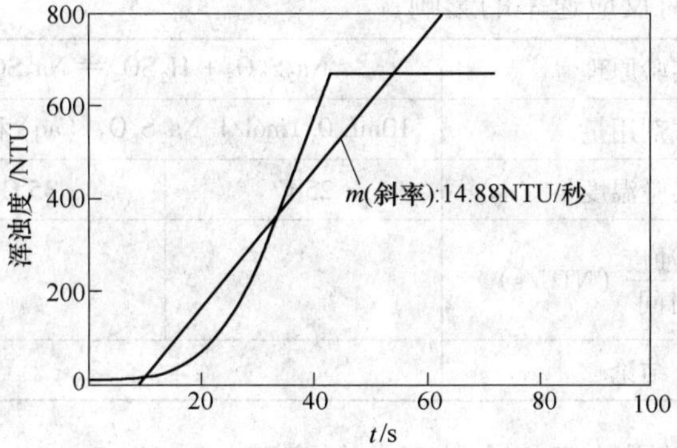

（5）35℃的 10mL 0.1mol/L $Na_2S_2O_3$ 溶液和 10mL 0.1mol/L H_2SO_4 溶液反应图像

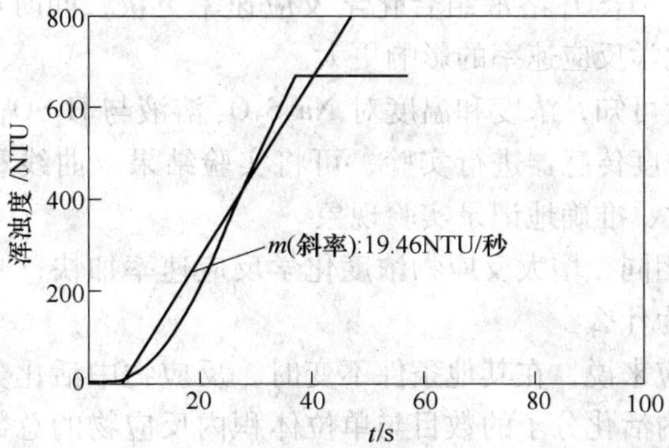

（6）45℃的 10mL 0.1mol/L $Na_2S_2O_3$ 溶液和 10mL 0.1mol/L H_2SO_4 溶液反应图像

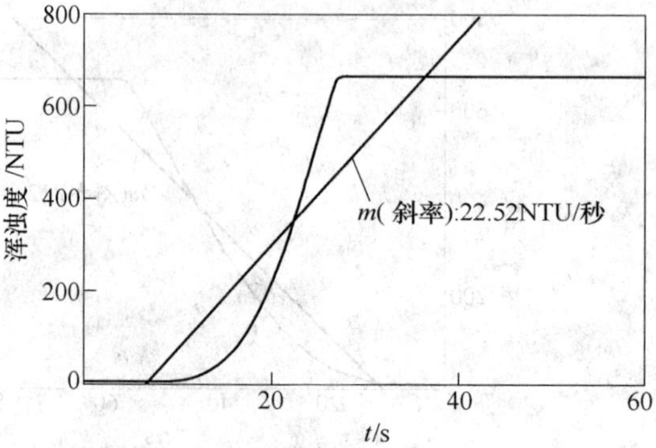

【分析】通过实验图像，请同学们完成以下表格。

（1）浓度对化学反应速率的影响：

实验原理	$Na_2S_2O_3 + H_2SO_4 = Na_2SO_4 + SO_2\uparrow + S\downarrow + H_2O$		
试剂用量	$Na_2S_2O_3$（aq）	H_2SO_4（aq）	$k=\frac{\Delta 浑浊度}{\Delta 时间}$（NTU/s）
	10mL 0.1mol/L	10mL 0.1mol/L	
	10mL 0.1mol/L	10mL 1.0mol/L	
	10mL 1.0mol/L	10mL 0.1mol/L	
结论			

（2）温度对反应速率的影响：

实验原理	$Na_2S_2O_3 + H_2SO_4 = Na_2SO_4 + SO_2\uparrow + S\downarrow + H_2O$		
试剂用量	10mL 0.1mol/L $Na_2S_2O_3$（aq）和 10mL 0.1mol/L H_2SO_4（aq）		
实验温度	25℃	35℃	45℃
$k=\frac{\Delta 浑浊度}{\Delta 时间}$（NTU/s）			
结论			

【总结1】由 3 组不同浓度组合的反应斜率可知：10mL 1.0mol/L $Na_2S_2O_3$ 溶液和 10mL 0.1mol/L H_2SO_4 溶液组合化学反应速率更快，同时可知，改变 $Na_2S_2O_3$ 溶液的浓度对化学反应速率的影响更大。

【总结2】通过实验可知，浓度和温度对 $Na_2S_2O_3$ 溶液与 H_2SO_4 溶液的反应有一定的影响，借助浑浊度传感器进行实验，可将实验结果以曲线和数据的形式呈现，更能直观、实时、准确地记录实验现象。

【提问】其他条件相同，增大反应物浓度化学反应速率加快，减小反应物浓度化学反应速率减慢，为什么？

【陈述】对某一反应来说，在其他条件不变时，反应物中活化分子的百分数是一定的，而单位体积内活化分子的数目与单位体积内反应物的总数成正比，即与反应物的浓度成正比。反应物浓度增大，活化分子数增多，有效碰撞的几率增加，反应速率增大。

【提问】其他条件相同，升高温度化学发应速率加快，降低温度化学反应速率减慢，为什么?

【陈述】加热的作用可以归纳为两个方面：一方面通过提高温度使分子获得更高的能量，活化分子百分数提高；另一个是因为含有较高能量的分子间的碰撞频率也随之提高。这两个原因使分子间有效碰撞的几率提高，反应速率因此增大。

【提问】除了浓度和温度，还有哪些因素会对化学反应速率造成影响?

好学深思

(1) 对于硫代硫酸钠与硫酸的反应，还能借助哪些传感器进行实验来表征化学反应速率的快慢?（提示：从反应产物思考。）

(2) 对于此实验中温度的控制与改变，你有没有其他更好的想法?

博学多闻

[1] 陈燕，梁瑞峰，洪冬梅. 美国NGSS科学与工程实践构架与化学教学案例——影响化学反应速率的因素 [J]. 化学教育，2018，39 (21)：23~27.

[2] 孙黎颖，张国华. 英美中学化学实验教学案例分析——探究浓度对化学反应速率的影响 [J]. 化学教育，2018，39 (19)：47~51.

[3] 张越，丁伟. 基于简易光敏传感器探究温度和浓度对化学反应速率影响之教学活动设计 [J]. 化学教与学，2018 (05)：79~82.

[4] 胡江山. 探究影响化学反应速率的因素实验演示器 [J]. 化学教与学，2018 (04)：97.

[5] 刘婷，林鸿锦，钱扬义，等. 应用数字化手持技术实验探究“浓度对化学反应速率影响”的教学实践 [J]. 中学化学教学参考，2012 (08)：10~13.

实验十三　铜锌单液原电池电流大小与酸的浓度有什么关系？

要点提示：原电池、氧化还原反应、电流传感器

导学设问

本实验主要基于铜锌原电池进行探究，相关实验在人教版高中《化学（必修2）》“化学能与电能”中有所涉及，所用电解质溶液是稀硫酸，借助电流表来观察反应中所产生的电流。铜锌原电池中，因为锌与铜的活动性不同，锌容易失去电子，被氧化成 Zn^{2+} 进入溶液，电子由锌片通过导线流向铜片，溶液中的 H^+ 从铜片获得电子被还原成氢原子，氢原子再结合成氢分子从铜片上逸出[1]。产生的电流通过电流表指针的偏转指向来读取，但是实验过程中会发现产生的电流很微弱，在课堂上进行实验时，学生看不清电流表指针的偏转，对于部分学生在理解原电池工作原理上存在困难。因此，我们借助电流传感器代替电流表，优势在于能够实时检测到很微弱的电流，同时能够将电流数据以图像的形式呈现，课堂上演示实验时就能兼顾所有学生，共同参与到实验中来，提高学生学习兴趣。

备学检查

药品：浓硫酸、浓盐酸、铜片、锌片、蒸馏水。

仪器：烧杯、量筒、玻璃棒、洗瓶、橡胶手套、口罩、标签纸、剪刀、直尺、砂纸、滤纸、电流传感器、数据采集器、USB 数据线、电脑和配套软件、Origin7.5 软件。

互学展示

1. 实验设计思路

本实验主要以硫酸、盐酸作为铜锌原电池的电解质溶液，改变硫酸和盐酸的浓度，借助电流传感器分别进行实验，观察实验数据变化情况，寻找电流较大、相对安全的合适浓度电解质溶液，为课堂教学提供参考。实验安排具体见表 2-13-1。

表 2-13-1　实验安排表

序号	$V_{酸}:V_{水}$	$V_{酸}$/mL	$V_{水}$/mL
1	1 : 1	25.0	25.0
2	1 : 2	16.7	33.3
3	1 : 3	12.5	37.5
4	1 : 4	10.0	40.0
5	1 : 5	8.3	41.7
备注	酸分别是指浓硫酸和浓盐酸，且酸与水混合共 50mL 进行实验		

2. 实验步骤

（1）准备药品：

1）根据表 2-13-1 数据，用浓硫酸和浓盐酸分别稀释配制不同体积比各 50mL 的硫酸、盐酸。量取浓硫酸和浓盐酸时需在通风橱内进行，且戴上橡胶手套和口罩，稀释过程中将酸缓慢注入到水中，并不断搅拌，冷却至室温后再进行实验。

2）用砂纸将铜片和锌片打磨，再借助直尺和剪刀剪取各 10 片长约 4cm、宽约 2cm 的铜片和锌片待用。

（2）组装仪器：如图 2-13-1 所示，将电流传感器的红色接线柱和铜片相连，黑色接线柱和锌片相连，再将铜片和锌片竖直放置在烧杯内侧，两者位置相对，实验前选择好放置位置。最后将电流传感器与数据采集器相连，USB 线与数据采集器和电脑相连。

图 2-13-1　实验装置图

（3）开始实验：启动数据采集器，打开软件，设置软件菜单栏“实验”项目中“数据采集”为“持续采集数据”。先从烧杯内取出铜片和锌片，然后用量筒量取 50mL 1 : 1 的硫酸于烧杯中，再次将铜片、锌片插入烧杯内，插入的同时点击“采集”按钮。

（4）停止实验：大约 20s 内数据呈稳定趋势，根据自身对实验的观察选择 8~20s 内停止实验即可，保存实验数据。

（5）重复实验：更换干净的烧杯、铜片和锌片，重复实验步骤（3）、步骤（4），其中只需将 50mL 1 : 1 的硫酸依次换为 1 : 2、1 : 3、1 : 4、1 : 5 的硫酸即可。完成实验后分别命名保存实验数据，以便后期处理。

（6）完成硫酸溶液的实验后，重复实验步骤（3）、步骤（4），其中只需将不同体积比的硫酸换成不同体积比的盐酸，共5组实验，每组实验都采用干净的铜片和锌片，完成后保存实验数据，后期拷贝到Origin7.5软件中进行作图。

帮学提升

1. 硫酸作电解质溶液时，铜锌原电池电流的变化情况

图2-13-2中5条曲线都是描述铜锌单液原电池中电流随时间的变化情况，其中电解质溶液是不同浓度的硫酸，其浓度依次是 $V_{H_2SO_4}:V_{H_2O}=1:1\sim1:5$。5条曲线表示的铜锌单液原电池电流变化相对稳定，同时可以发现，随着浓硫酸与水的体积比值降低（硫酸浓度减小），对应的电流在增大。当 $V_{H_2SO_4}:V_{H_2O}=1:1$ 时，产生很微弱的电流，其主要原因是浓硫酸具有强氧化性，可使锌表面形成致密氧化膜而发生钝化；当 $V_{H_2SO_4}:V_{H_2O}=1:5$ 时对应电流较大。

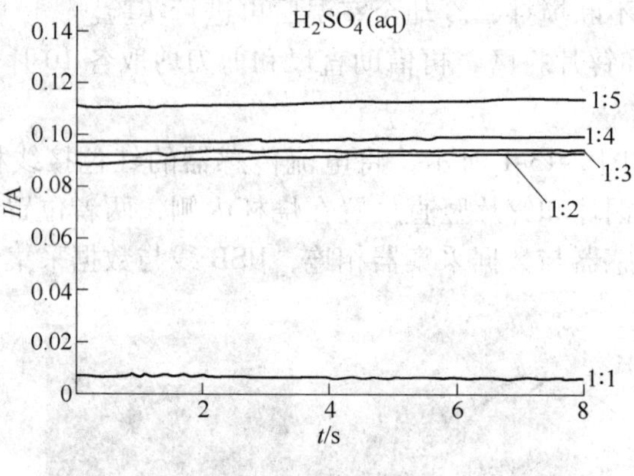

图2-13-2 实验图像

此外，在实验过程中发现除铜片产生大量气泡外，锌片上也能产生气泡，其原因在于这是铜锌单液原电池，锌片直接与硫酸接触，实验过程中除了锌失去电子，部分电子通过外电路进行定向移动之外，余下的锌失去的电子直接转给氧化剂氢离子，所以能在锌片上看到气泡。在进行原电池实验时，更希望电子全部经外电路转移到铜片上，氢离子再到铜片上获得电子，单液原电池在这方面就很难避免，所以教师在课堂演示该实验时，不能忽略锌片上产生气泡这一现象，而应该给学生解释清楚，同时可进行双液原电池的演示加以区别。

通过该实验，建议选择 $V_{H_2SO_4}:V_{H_2O}=1:5$ 的硫酸进行课堂实验演示，首先该浓度的硫酸较为安全，同时产生的电流较大，除了通过观察电流数值之外，教师可增添音乐小卡片或小灯泡等工具辅助教学，激发学生学习兴趣。

2. 盐酸作电解质溶液时，铜锌原电池电流的变化情况

图 2-13-3 中 5 条曲线都是描述铜锌单液原电池中电流随时间的变化情况。其中电解质溶液是不同浓度的盐酸，其浓度依次是 $V_{HCl}:V_{H_2O}=1:1\sim1:5$。由图 2-13-3 可知，5 条曲线中除 $V_{HCl}:V_{H_2O}=1:1$ 对应的曲线不稳定之外，其余曲线对应的铜锌单液原电池电流变化相对稳定。同时可以发现，随着浓盐酸与水的体积比值降低（盐酸浓度减小），对应的电流在减小。当 $V_{HCl}:V_{H_2O}=1:1$ 时，起始电流值最大，但是非常不稳定，随时间呈下降趋势，产生的电流在减小；当 $V_{HCl}:V_{H_2O}=1:2\sim1:5$ 时，随着盐酸浓度的降低，电流值约降低了 0.02A，本实验条件下，电流值最大时的盐酸浓度是 $V_{HCl}:V_{H_2O}=1:2$。

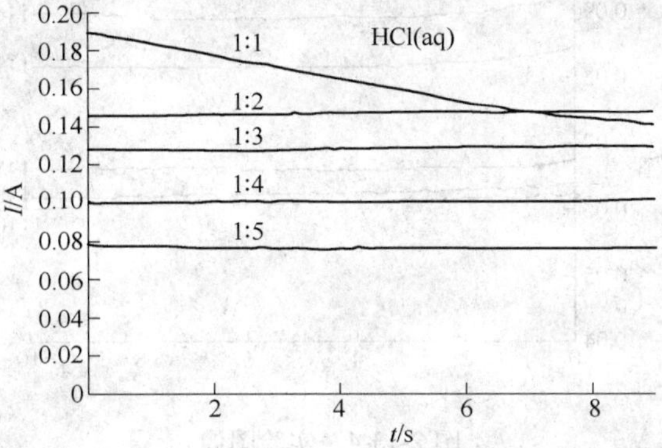

图 2-13-3　实验图像

此外，在实验过程中发现除铜片产生大量气泡外，锌片上也能产生气泡，其原因与硫酸溶液中的原因一样。通过该实验，建议选择 $V_{HCl}:V_{H_2O}=1:2$ 的盐酸进行课堂实验演示。

3. 铜锌单液原电池中电流的变化情况

通过实验可以知道，硫酸、盐酸作为铜锌单液原电池电解质溶液时都能产生不同的电流，对比发现，相同条件下以盐酸作为电解质溶液产生的电流较相同条件下的硫酸作电解液产生的电流更大些，且变化梯度较为明显和有规律。随着盐酸浓度的减小，原电池产生的电流也在减小，但浓硫酸却相反，主要原因是浓硫酸具有强氧化性，可使锌表面形成致密氧化膜而发生钝化。为进一步理清浓硫酸浓度对铜锌原电池电流大小的影响，再次进行如下实验。

4. 再探硫酸作为电解质时铜锌单液原电池中电流的变化情况

根据硫酸浓度减小电流反而增大这一现象，进一步设计实验，实验步骤同上，其中只需将硫酸的稀释倍数扩大，再做 5 组实验，实验安排见表 2-13-2。

表 2-13-2　实验安排表

序号	$V_{H_2SO_4}:V_{水}$	$V_{H_2SO_4}$/mL	$V_{水}$/mL
1	1∶6	7.1	42.9
2	1∶7	6.3	43.7

续表 2-13-2

序号	$V_{H_2SO_4}$: $V_水$	$V_{H_2SO_4}$/mL	$V_水$/mL
3	1 : 8	5.6	44.4
4	1 : 9	5.0	45.0
5	1 : 10	4.5	45.5

依据实验步骤结合表 2-13-2 进行实验，保存数据后在 Origin7.5 软件中作图，得到图 2-13-4。

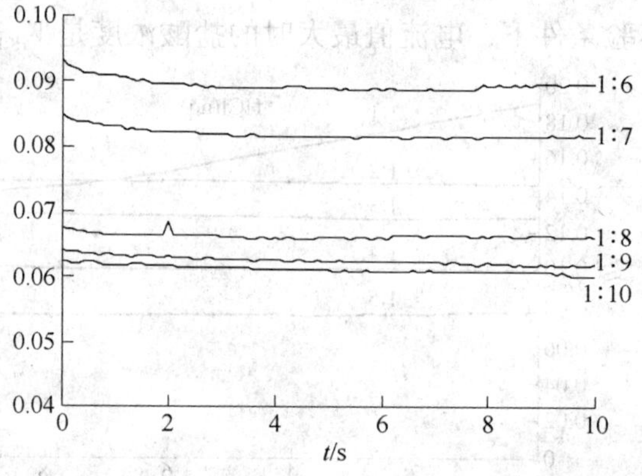

图 2-13-4　实验图像

图 2-13-4 中 5 条曲线都是描述铜锌单液原电池中电流随时间的变化情况，其中电解质溶液是不同浓度的硫酸，依次是 $V_{H_2SO_4}$: V_{H_2O} = 1 : 6~1 : 10。由图 2-13-4 可知，5 条曲线表示的铜锌单液原电池电流变化相对稳定，同时可以发现，随着浓硫酸与水的体积比值降低（硫酸浓度减小），对应的电流在减小。综合 $V_{H_2SO_4}$: V_{H_2O} = 1 : 1 ~ 1 : 10 时对应单液原电池电流大小，作折线图，如图 2-13-5 所示。

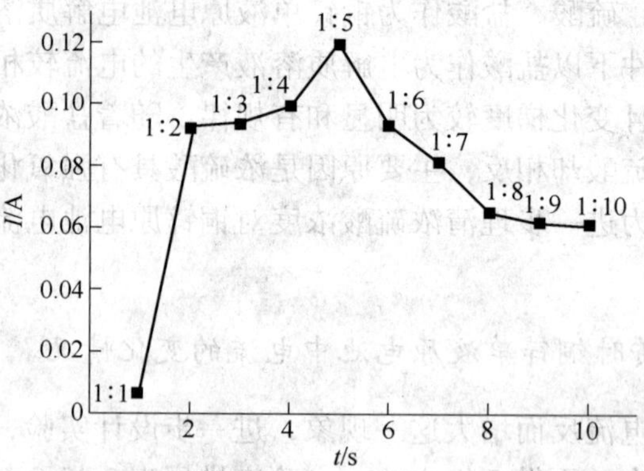

图 2-13-5　实验图像

由折线图可知，对于浓硫酸而言，当其作为铜锌单液原电池的电解质溶液时，原电池电流大小随着浓硫酸浓度呈现这样的规律：电流随浓硫酸浓度减小而增大，增大到某一值时随浓硫酸浓度减小而减小，本实验中当 $V_{H_2SO_4}$: V_{H_2O} = 1 : 5 时，对应原电池电流最大。

悟学精谈

1. 实验结论

（1）通过实验可知，电解质溶液的浓度能够影响原电池产生电流的大小，并且根据电解质本身的性质，浓度大小与原电池产生电流的大小不一定成正相关。本实验中，随着浓硫酸与水的体积比值减小，对应铜锌单液原电池产生的电流先增大后减小；随着浓盐酸与水的体积比值减小，对应铜锌单液原电池产生的电流也减小。

（2）根据实验现象和数据，教师在进行铜锌单液原电池的实验演示时，如果以硫酸作为电解质溶液，可选择 $V_{H_2SO_4}:V_{H_2O}=1:5$ 的硫酸进行实验；若以盐酸作为电解质溶液，可选择 $V_{HCl}:V_{H_2O}=1:2$ 的盐酸进行实验。

2. 传感器的使用

本实验用到的传感器为维尼尔电流传感器（图 2-13-6）。该传感器在本实验中的作用主要是实时监测铜锌单液原电池中电流的变化情况，比电流表更容易观察和读数，且能够检测到很微弱的电流，提高学生参与度。该传感器除用在化学中与电流相关的实验上，也可以用在物理电学实验中。

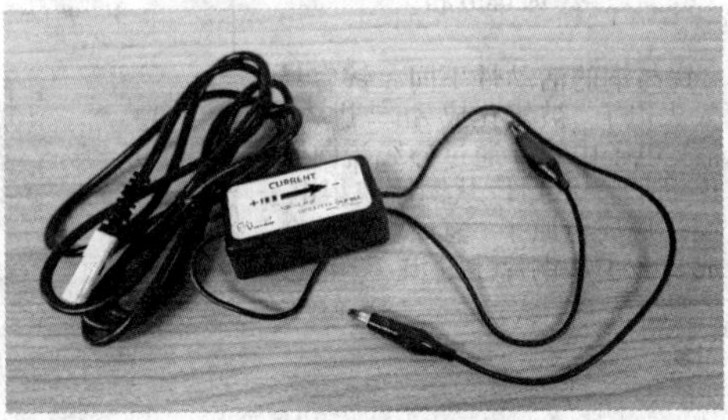

图 2-13-6　电流传感器

3. 注意事项

（1）对于原电池的实验，电极材料的表面积、电极插入溶液的深度和位置、电解质溶液的浓度和种类等，都会影响电流的大小。所以本实验中铜片和锌片大小、插入溶液中的位置、电流传感器两个接线柱夹住铜片和锌片的深度都要一致，尽可能减少实验误差。

（2）在对浓硫酸和浓盐酸稀释过程中必须在通风橱内进行，必须配戴手套和口罩，待溶液冷却至室温后方可进行实验，为避免实验过程中拿错溶液，配制后必须贴上标签纸。

教学微案

1. 教学目标

（1）核心知识：会判断原电池的正负极；会判断外电路中电子的流向、电流的流向和内电路中离子定向移动的方向；会分析和书写电极反应方程式。

（2）核心能力：能根据教材中给出的问题设计简单的实验方案，完成实验操作，观察物质及其变化，客观地进行记录，对实验现象做出解释，发现和提出需要进一步研究的问题。

（3）核心品质：能依据科学理论知识对某一个化学反应进行分析，作出合理的决策，提出处理或解决问题的具体方案，培养学生严谨求实的科学态度。

2. 教学设计思路图

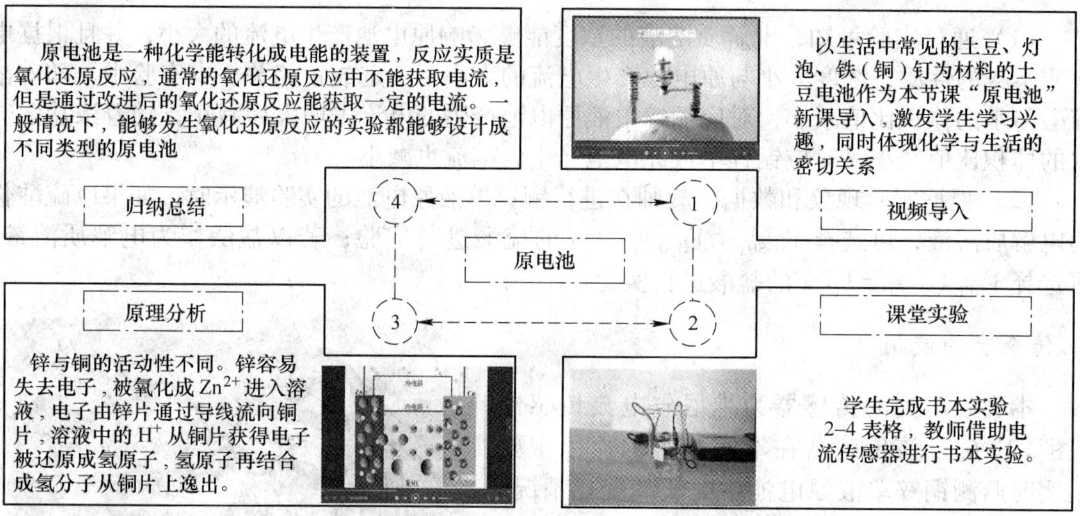

图 2-13-7 设计思路图

3. 教学过程

【视频】播放一段“土豆电池”的视频，通过视频进行新课的导入。

【提问】请同学们观察土豆电池中都有哪些材料？

【回答】小灯泡、铁钉、铜钉、铁丝、铜丝、土豆。

【导入】把这种将化学能转化为电能的装置叫做原电池。

【追问】请同学们结合所学知识，思考为什么土豆原电池能给小灯泡供电？

【讲解】土豆电池的工作原理主要是两个电极一边是铜，一边是铁（锌，锡都行），土豆提供化学反应需要的电解质溶液，金属铁的化学性质比铜更活泼。当这两种金属同时处在电解质溶液中时，铁就会失去电子，这些失去的电子沿着导线传到铜片上，形成电流。土豆提供反应所需要的电解质溶液，使得电子从铜到铁的运动能够进行，作为电池两极的铜和铁分别来自铜钉和铁钉。每个土豆能产生大约0.5V的电压，电流0.2mA左右。通过串联增加电流，从而使一定规格的小灯泡发亮。

【任务1】通过讲解，结合氧化还原反应知识，请同学们试着写出土豆电池中对应的离子反应方程式。

【导入】生活中存在的趣味“水果电池”能否转移到我们的化学药品实验中呢？如果我们将土豆提供的电解质溶液换成实验室中的硫酸或盐酸，现象又会怎样呢？

【阅读】请同学们阅读课本40~41页，完成实验2-4对应的表格。

	现　象
铜片	
锌片	
电流表	

【陈述】教材上的实验是借助电流表来获取实验中的电流，除此之外，还可以借助电流传感器进行实验。电流传感器的工作原理与电流表一致，只不过在数据的呈现上存在不同，现在开始实验。

【实验】根据“互学展示”中实验步骤完成1组铜锌硫酸（1∶5）原电池实验，得到下图。

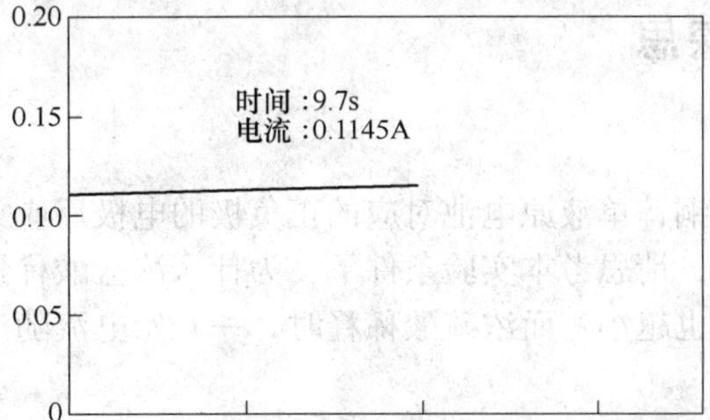

【分析】由图可知，在硫酸浓度为1∶5时，铜锌原电池产生的电流约为0.11A，即110mA，产生电流较土豆电池产生的电流大，因此可以知道，电流强弱与电解质溶液的种类有关系。

【任务2】结合土豆电池的工作原理，请同学们试着分析铜锌硫酸原电池中的工作原理，并用离子方程式表示。

【视频】根据同学们的回答，播放铜锌原电池工作原理的微观动画图，辅助学生理解。

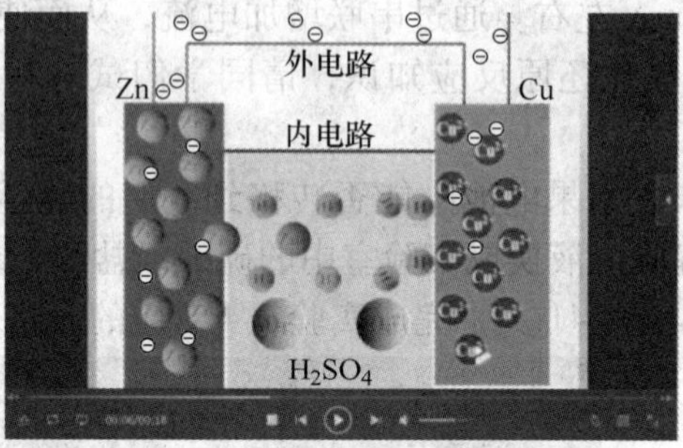

【讲解】铜锌原电池中，因为锌和铜的活动性不同，锌容易失去电子，被氧化成 Zn^{2+} 进入溶液，电子由锌片通过导线流向铜片，溶液中的 H^+ 从铜片获得电子被还原成氢原子，氢原子再结合成氢气分子从铜片上逸出。

【任务 3】根据微观动画图，请同学们说出外电路电子和电流的流向，以及内电路离子的移动方向。同时结合物理知识指出该原电池的正极和负极，写出正极和负极对应的电极反应方程式。

【板书】锌片（负极）：$Zn-2e^- \!=\!=\!= Zn^{2+}$（氧化反应）

铜片（正极）：$2H^++2e^- \!=\!=\!= H_2\uparrow$（还原反应）

【讲解】原电池对应的反应其实质是氧化还原反应，合并正负极反应后就是锌片与稀硫酸的离子反应方程式。

【总结】原电池是一种将化学能转化成电能的装置，其反应实质是氧化还原反应，通常的氧化还原反应中不能获取电流，但是改进后的氧化还原反应如实验中的锌和稀硫酸的反应，设计成原电池就能获得电流。一般情况下，能够发生氧化还原反应的实验都能够设计成不同类型的原电池。

好学深思

（1）请写出本实验铜锌单液原电池对应的正负极的电极反应方程式。

（2）结合所学知识，请思考本实验条件下，为什么浓盐酸稀释得到的浓度越小，对应铜锌原电池的电流也越小？而浓硫酸稀释时，一开始电流随浓度减小而增大，增大到一定值后又减小？

博学多闻

[1] 宋心琦主编．普通高中课程标准实验教科书化学必修 2（第 3 版）[M]．北京：人民

教育出版社，2007：41.
[2] 张娜波，陈勇敏．简易铜锌原电池装置能使 LED 发光吗？[J]. 中学化学教学参考，2017（Z1）：50~51.
[3] 王金龙，鞠东胜．有关铜锌原电池的问题讨论 [J]. 化学教育，2016，37（21）：75~77.
[4] 盛晓婧，林建芬，钱扬义．利用数字化手持技术探究原电池电流和温度的变化 [J]. 化学教育，2016，37（5）：61~66.
[5] 张艳．铜锌原电池演示实验装置改进 [J]. 化学教育，2013，34（8）：63.

实验十四　盐桥和导线在铜锌双液原电池中导电效果一样吗?

要点提示：原电池、氧化还原反应、盐桥、导线、电流传感器

导学设问

原电池属于电化学中的一部分，在人教版高中《化学（必修2)》和《化学（选修4)》中都有涉及，新课标中也提出“充分利用铜-锌双液原电池等案例素材，组织学生开展分析解释、推论预测、设计评价等学习活动”[1]，可见该部分内容在高中化学的重要性。《化学（必修2)》中主要介绍的是铜锌硫酸单液原电池，单液原电池中锌片很容易与硫酸发生氧化还原反应，将电子直接转移给氢离子，电子经由外电路流向铜片的量较少，所以单液原电池的效率不高且电流在较短时间内衰减。在此基础引进铜锌双液原电池，将原有的一个原电池分成两个半电池，为形成闭合回路，借助含有琼脂的 KCl 饱和溶液的盐桥作为连接，盐桥中的 Cl^-会移向 $ZnSO_4$ 溶液，K^+移向 $CuSO_4$ 溶液，使 $ZnSO_4$ 溶液和 $CuSO_4$ 溶液都保持电中性，氧化还原反应才能继续进行，从而使得原电池不断产生电流[2]，效率较单液原电池高且产生的电流相对更稳定。除了盐桥能将两个半电池连接起来之外，假如用简单快速且易得的导线作为铜锌双液原电池的连接线，效果又会怎样呢？基于此设计了实验，分别对盐桥、导线作为连接线时，铜锌双液原电池产生电流的大小和稳定性进行探究，具体过程如下。

备学检查

药品：硫酸铜、硫酸锌、铜片、锌片、蒸馏水。

仪器：烧杯、量筒、容量瓶、玻璃棒、洗瓶、标签纸、导线、直尺、剪刀、盐桥、电流传感器、数据采集器、USB 数据线、电脑和配套软件、Origin7.5 软件。

互学展示

1. 实验设计思路

本实验是区别盐桥和导线对铜锌双液原电池的影响，假如导电效果相似，在使用传统盐桥的同时也可借助导线进行实验，发散学生思维。除了使用盐桥和导线之外，本实验对硫酸铜和硫酸锌溶液的浓度也作适当改变，选择 0.1mol/L、0.3mol/L、0.5mol/L 的硫酸铜、硫酸锌溶液依次进行实验，这样不仅可区别盐桥和导线的效果，还能知道电解质溶液浓度对电流产生效率的影响。

2. 实验步骤

（1）准备药品：

1）配制浓度分别为 0.1mol/L、0.3mol/L、0.5mol/L 的硫酸铜、硫酸锌溶液各 100mL。

2）用砂纸将铜片与锌片打磨，再借助直尺和剪刀剪取长约 4cm、宽约 2cm 的铜片和锌片各 3 片待用。

（2）组装仪器：如图 2-14-1 所示，将电流传感器的红色接线柱和铜片相连，黑色接线柱和锌片相连，再将铜片竖直放置在烧杯内，锌片竖直放置在另一个烧杯内，实验前选择好放置位置。将电流传感器与数据采集器相连，USB 线与数据采集器和电脑相连。

（3）开始实验：启动数据采集器，打开软件，设置软件菜单栏“实验”项目中“数据采集”为“持续采集数据”。从烧杯内取出铜片和锌片，用量筒量取 50mL 0.1mol/L 的硫酸铜溶液于之前放置铜片的烧杯中，另外量取 50mL 0.1mol/L 的硫酸锌溶液于另一烧杯中。两烧杯可尽量靠拢，插入事先制作好的盐桥，按照之前选取好的铜片、锌片位置再次将二者插入烧杯内，插入的同时点击“采集”按钮。

（4）停止实验：大约 20s 内数据呈稳定趋势，根据自身对实验的观察选择 10~20s 内停止实验即可，保存实验数据。

（5）重复实验：更换干净的烧杯、铜片和锌片，重复实验步骤（3）、步骤（4），其中只需将铜片和锌片中的 50mL 0.1mol/L 硫酸铜溶液和硫酸锌溶液依次更换为浓度为 0.3mol/L、0.5mol/L 即可。完成实验后分别命名保存实验数据。

（6）完成以盐桥作为外电路连接线的实验后，重复实验步骤（3）、步骤（4），其中只需将盐桥更换成一根适宜长度的导线（见图 2-14-2），借助导线代替外电路形成闭合回路，共 3 组实验，每组实验都采用干净的铜片和锌片，完成后保存实验数据，后期拷贝到 Origin7.5 软件中进行作图。

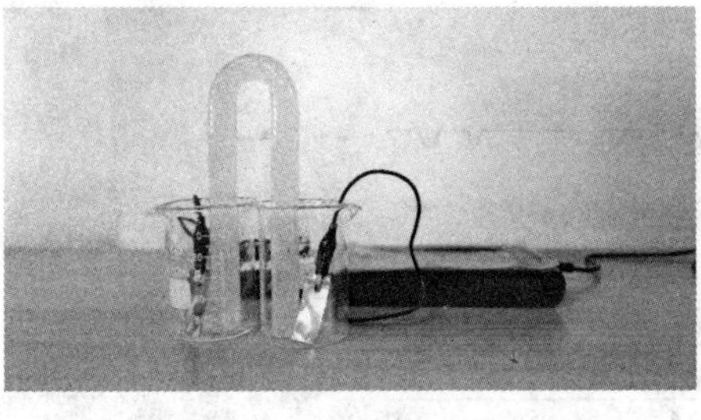

图 2-14-1　实验装置图

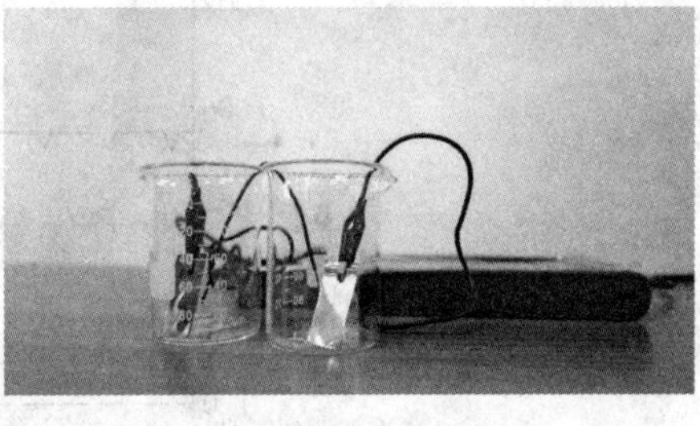

图 2-14-2　实验装置图

帮学提升

1. 盐桥和导线作为连接线时，铜锌双液（0.1mol/L）原电池中电流变化情况

盐桥和导线作为连接线时，铜锌双液（0.1mol/L）原电池中电流变化情况如图 2-14-3 所示。

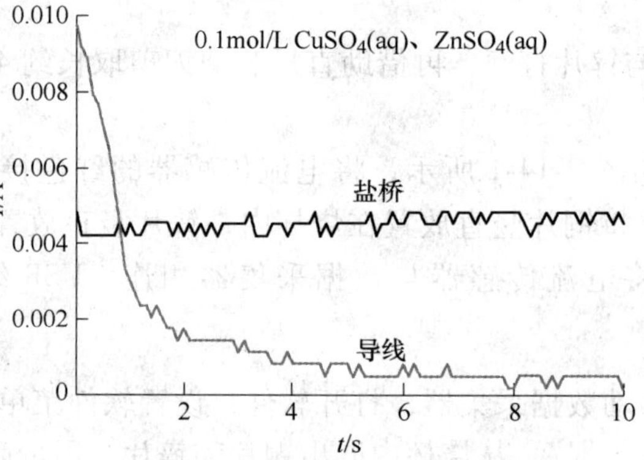

图 2-14-3　实验图像

图 2-14-3 中共 2 条曲线，都是借助电流传感器采集的铜锌双液原电池中的电流变化情况，其中 $ZnSO_4$ 溶液和 $CuSO_4$ 溶液都是 0.1mol/L。图 2-14-3 中较为平缓的曲线是用盐桥作为锌半电池和铜半电池连接线时对应的电流变化；一开始呈急剧下降后趋于平缓的曲线是用导线作为锌半电池和铜半电池连接线时对应的电流变化。由此可知，该浓度下，导线作为连接线对应的铜锌双液原电池产生的电流十分不稳定且化学能转化成电能的效率低，而盐桥作为连接线时产生的电流更稳定，且电流较大，说明盐桥效果较导线更好些。

2. 盐桥和导线作为连接线时，铜锌双液（0.3mol/L）原电池中电流变化情况

盐桥和导线作为连接线时，铜锌双液（0.3mol/L）原电池中电流变化情况如图 2-14-4 所示。

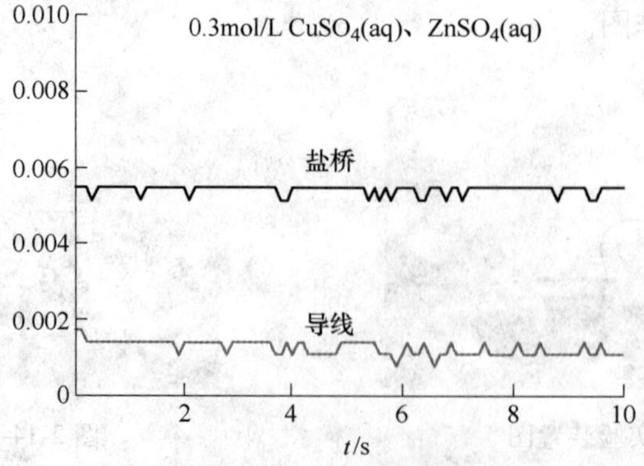

图 2-14-4　实验图像

图 2-14-4 中共 2 条曲线，都是借助电流传感器采集的铜锌双液原电池中的电流变化情况，其中 $ZnSO_4$ 溶液和 $CuSO_4$ 溶液都是 0.3mol/L。图 2-14-4 中两条曲线都呈现相对稳定的趋势，使用盐桥的曲线整体较使用导线的曲线偏高，产生的电流偏大。由此可知在该浓度条件下，导线也能作为较好的锌半电池和铜半电池的连接线。

3. 盐桥和导线作为连接线时，铜锌双液（0.5mol/L）原电池中电流变化情况

盐桥和导线作为连接线时，铜锌双液（0.5mol/L）原电池中电流变化情况如图 2-14-5 所示。

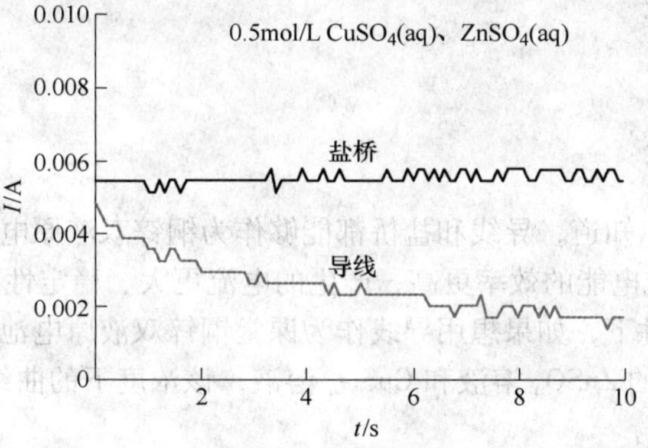

图 2-14-5　实验图像

图 2-14-5 中共 2 条曲线，都是借助电流传感器采集的铜锌双液原电池中的电流变化情况，其中 $ZnSO_4$ 溶液和 $CuSO_4$ 溶液都是 0.5mol/L。图 2-14-5 中较为平缓的曲线是用盐桥作为锌半电池和铜半电池连接线时对应的电流变化；开始呈缓慢下降后趋于平缓的曲线是用导线作为锌半电池和铜半电池连接线时对应的电流变化。由此可知，该浓度下，盐桥和导线能产生不一样的电流效果，但导线作连接线时产生的电流不稳定，盐桥效果更好些。

4. 汇总曲线

汇总曲线如图 2-14-6 所示。

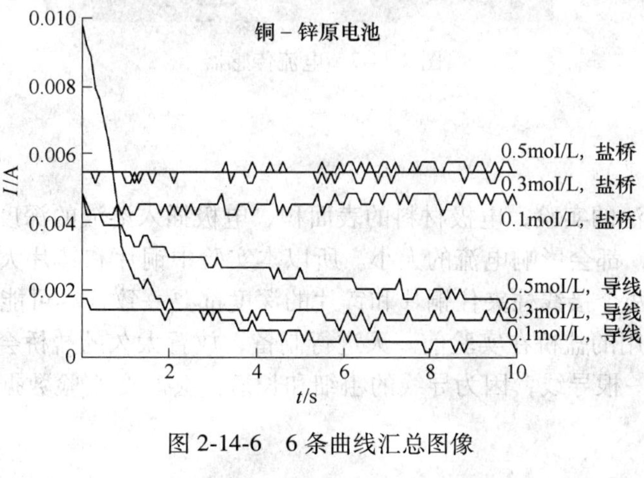

图 2-14-6　6 条曲线汇总图像

图 2-14-6 中共 6 条曲线，是将盐桥和导线分别作为不同浓度铜锌双液原电池连接线时产生电流的变化曲线汇总在一起，这样形成鲜明对比，便于分析。

由图 2-14-6 可知，不同浓度下，盐桥对铜锌双液原电池产生的电流效果较导线产生的好，曲线都呈现一定的稳定趋势，而导线对应的电流稳定性就稍微差些。同时可以发现，无论是导线还是盐桥作为连接线，铜锌双液原电池产生的电流的大小随着 $ZnSO_4$ 溶液和 $CuSO_4$ 溶液浓度的增加而增大，成正相关。

悟学精谈

1. 实验结论

（1）通过实验可以知道，导线和盐桥都能够作为铜锌双液原电池的连接线，盐桥作为连接线时化学能转化成电能的效率更高、产生的电流更大、稳定性更好。

（2）在本实验条件下，如果想用导线作为课堂铜锌双液原电池实验演示的仪器，建议选择浓度为 0. 3mol/L 的 $ZnSO_4$ 溶液和 $CuSO_4$ 溶液，该浓度下的曲线较为稳定。

2. 传感器的使用

本实验主要用到的传感器为维尼尔电流传感器（图 2-14-7）。该传感器在本实验中的作用主要是实时监测铜锌双液原电池中电流的变化情况，较电流表更容易观察与读数，且能够检测到很微弱的电流。

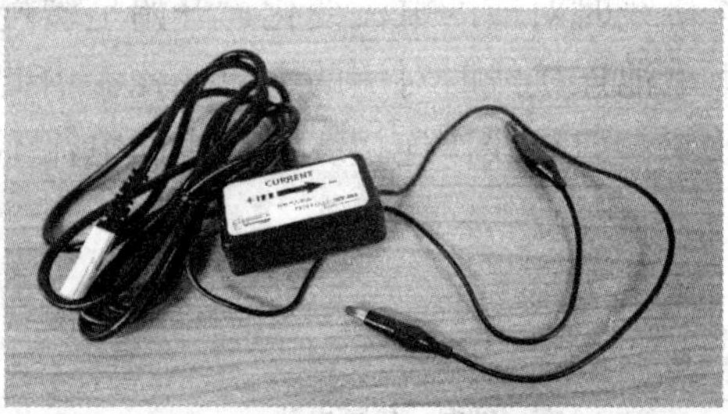

图 2-14-7　电流传感器

3. 注意事项

（1）对于原电池的实验，电极材料的表面积、电极插入溶液的深度和位置、电解质溶液的浓度和种类等，都会影响电流的大小。所以本实验中铜片和锌片大小、插入溶液中的位置、电流传感器两个接线柱夹住铜片和锌片的深度都要一致，尽可能减少实验误差。

（2）实验中使用的盐桥在实验前一天进行制备，放置太久的盐桥会影响实验效果。实验过程中请使用同一根导线，因为导线的粗细和长短都会改变实验数据，使得实验数据没有可比性。

教学微案

1. 教学目标

（1）核心知识：了解盐桥的作用；知道原电池的工作原理和原电池的形成条件；会书写电极反应方程式和电池总反应方程式。

（2）核心能力：能根据教材中给出的问题设计简单的实验方案，完成实验操作，观察物质及其变化的现象，客观地进行记录，对实验现象作出解释，发现和提出需要进一步研究的问题。

（3）核心品质：能依据科学理论知识对某一个化学反应进行分析，作出合理的决策，提出处理或解决问题的具体方案，培养学生严谨求实的科学态度。

2. 教学设计思路图

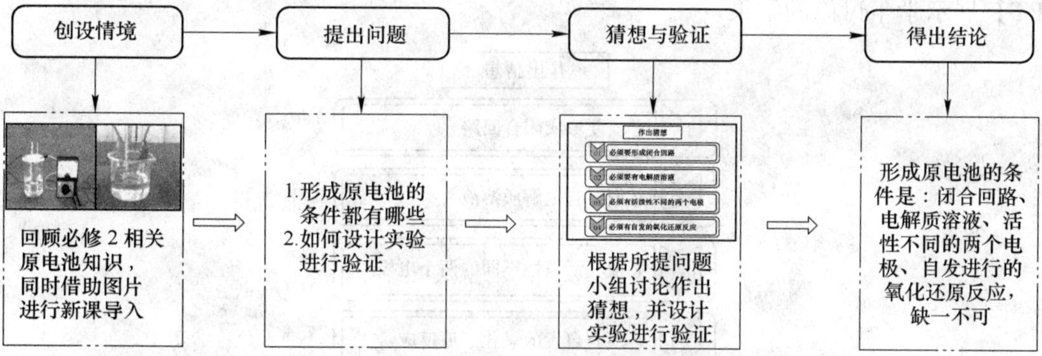

图 2-14-8　设计思路图

3. 教学过程

【回顾】 回顾原电池的定义，并展示图片。

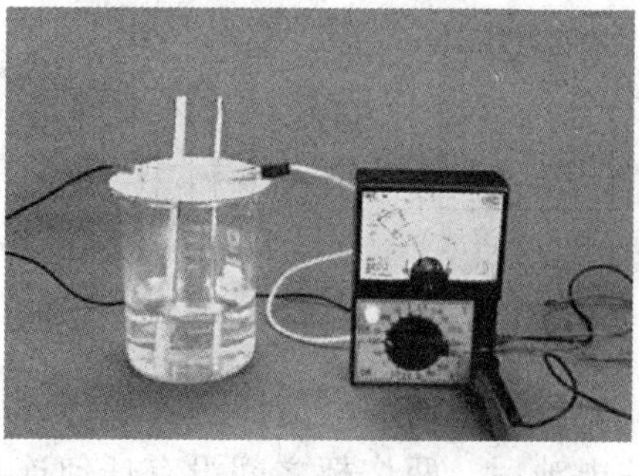

【导入】展示学生实验图片。

【提问】某学生在实验过程中使用了该装置，但是电流表指针没有偏转，请同学们对比两幅图片，说出这两幅装置图存在的不同点，思考究竟是什么原因导致该同学实验失败？

【回答】该同学用的电极都是银白色的锌片，左边红色接线柱连接的不是铜片，所以没有形成原电池，没有产生电流。

【合作】由图片作为切入点分析原电池的形成条件。

【讨论】学生之间进行小组合作讨论形成原电池的条件。

【PPT】展示学生讨论的结果。

作出猜想

01 必须要形成闭合回路

02 必须要有电解质溶液

03 必须有活泼性不同的两个电极

04 必须有自发的氧化还原反应

【实验】根据学生的猜想依次进行实验来验证，实验过程中采用反证法。

【实验 1】依据猜想进行实验设计，如下图。

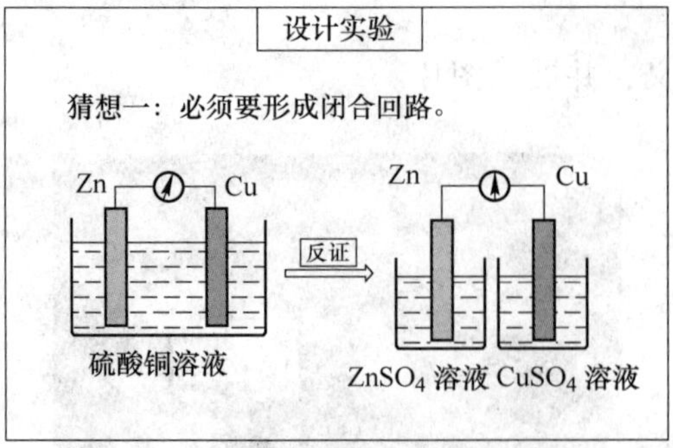

【实验】根据学生的猜想和实验设计，借助电流传感器进行实验，发现将铜锌硫酸铜单液原电池转化为双液原电池后，两烧杯之间没有任何连接时，不产生电流，当在两

烧杯之间插入盐桥后立即产生电流，移开盐桥后电流消失。具体图像如下图所示。

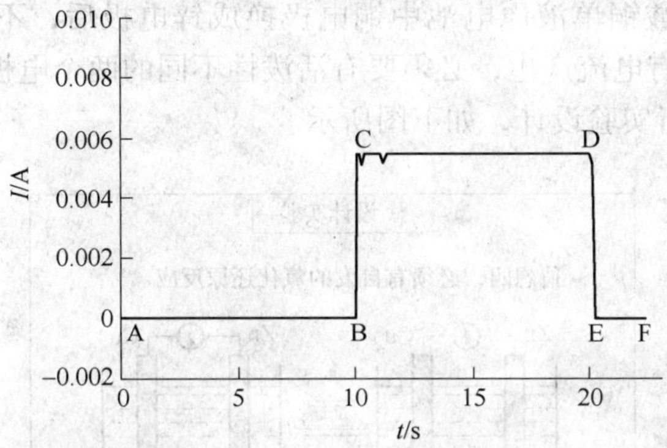

【分析】 图中 AB 段曲线是将铜锌原电池分成两个半电池后，烧杯之间没有任何连接时电流传感器采集到的数据，由图可知，电流值几乎为零；B 点后在两个小烧杯之间插入盐桥，可以发现电流值瞬间增大到达 C 点，CD 段数据是插入盐桥后对应的电流，由图可知，电流值相对稳定；D 点后是从烧杯中取出盐桥，可以发现，电流值瞬间降到 E 点，EF 段数据是取走盐桥后对应的电流，可知几乎为零，EF 曲线与 AB 曲线在一条直线上。

【小结】 通过实验可知，形成原电池，有电流产生，必须要形成闭合回路。

【实验 2】 依据猜想进行实验设计，如下图所示。

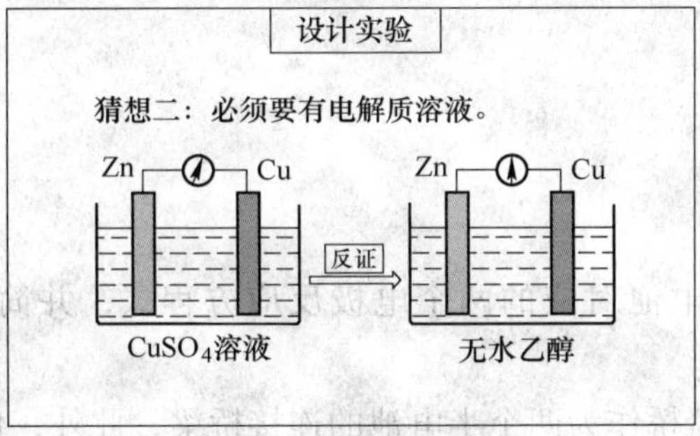

【实验】 根据学生的猜想和实验设计，借助电流传感器进行实验。

【结论】 发现将铜锌硫酸铜单液原电池中硫酸铜溶液换成无水乙醇后，不产生电流。由此可知，形成原电池，有电流产生，必须要有电解质溶液。

【实验 3】 依据猜想进行实验设计，如下图所示。

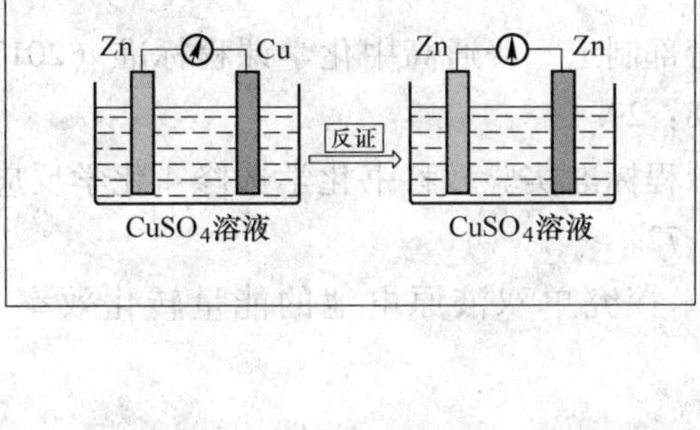

【实验】根据学生的猜想和实验设计，借助电流传感器进行实验。

【结论】发现将铜锌硫酸铜单液原电池中铜电极换成锌电极后，不产生电流。由此可知，形成原电池，有电流产生，必须要有活泼性不同的两个电极。

【实验 4】依据猜想进行实验设计，如下图所示。

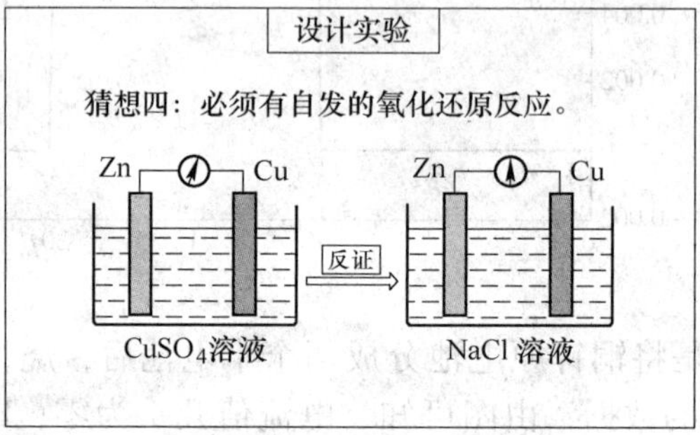

【实验】根据学生的猜想和实验设计，借助电流传感器进行实验。

【结论】发现将铜锌硫酸铜单液原电池中硫酸铜溶液换成氯化钠溶液后，不产生电流。虽然氯化钠溶液属于电解质溶液，但是氯化钠溶液与金属锌不发生氧化还原反应，由此可知，形成原电池，有电流产生，必须要有自发进行的氧化还原反应。

【总结】通过实验可知，形成原电池，4 个条件缺一不可。

好学深思

（1）请写出铜锌双液原电池对应的两个电极反应方程式，并简单说明盐桥在实验中的作用。

（2）本实验采用导线和盐桥作为两个半电池的连接桥梁，此外，你觉得还可以用什么工具进行连接？比如铜丝、铁丝等，如果想检验它们能否作为连接线，你会怎样设计实验进行验证？请写下你设计的实验步骤。

博学多闻

[1] 中华人民共和国教育部制定．普通高中化学课程标准（2017 年版）［M］．北京：人民教育出版社，2018：29.

[2] 宋心琦．普通高中课程标准实验教科书化学选修 4 化学反应原理［M］．北京：人民教育出版社，2007：72.

[3] 王春．运用手持技术探究单双液原电池的能量转化效率［J］．教育与装备研究，

2017，33（10）：71~73.

［4］王泽飞．铜锌原电池实验的简单处理［J］．中学化学教学参考，2015（20）：48.

［5］张婷，杨飞．铜锌原电池中氯离子迁移实验［J］．化学教与学，2015（4）：21，96~97.

［6］杨砚宁．营造一个对话的课堂-《铜锌原电池原理》微课程赏析［J］．中国信息技术教育，2015（3）：62~63.

实验十五　中和反应中溶液温度和 pH 如何变化？

要点提示：中和反应、pH 传感器、不锈钢温度传感器

导学设问

人教版九年级化学下册中介绍了酸碱中和反应，教材中设计的实验方案是向滴有酚酞的氢氧化钠溶液中逐滴滴加盐酸，当溶液逐渐由红色变成无色，证明所加的稀盐酸和氢氧化钠溶液发生了化学反应。这个实验的设置帮助学生从宏观的角度理解酸和碱发生了中和反应，但学生对于中和反应的实质并不理解。接着在高中《化学（必修 2）》第二章第一节“化学能与热能”中设计实验探究中和反应过程中温度的变化，实验中先分别测定反应物盐酸和氢氧化钠的温度，再测定两者反应中温度的变化，教学过程中一般会选择让学生用手感知温度的变化或者用温度计测量。在稀溶液中温度变化微弱，学生很难用手感受到温度的变化，而使用温度计测量温度时不便于学生观察实验现象，不能实时地读取实验数据。因此，借助不锈钢温度传感器和 pH 传感器探究中和反应，通过反应过程中 pH 的变化，帮助学生从定量的角度理解酸碱中和反应的实质是酸中氢离子与碱中氢氧根离子反应生成水。

备学检查

药品：氢氧化钠、盐酸、蒸馏水。

仪器：烧杯、量筒、磁力搅拌器、滴管、不锈钢温度传感器、pH 传感器、数据采集器、USB 线、计算机及配套软件、Origin7.5 软件。

互学展示

1. 实验步骤

（1）配制溶液。准备 pH≈1.0 的盐酸和 pH≈13.0 的氢氧化钠溶液各 50mL 待用。

（2）固定装置。将 pH 传感器和不锈钢温度传感器插入烧杯中（图 2-16-1 中烧杯是 100mL 小烧杯置于 250mL 大烧杯中，中间空隙用泡沫填充，尽可能防止热量扩散），烧杯置于磁力搅拌器正中央。盐酸浸没传感器探头，调整高度固定滴管，将 pH 传感器、温度传感器与数据采集器相连，USB 线与数据采集器和电脑相连。装置如图 2-15-1 所示。

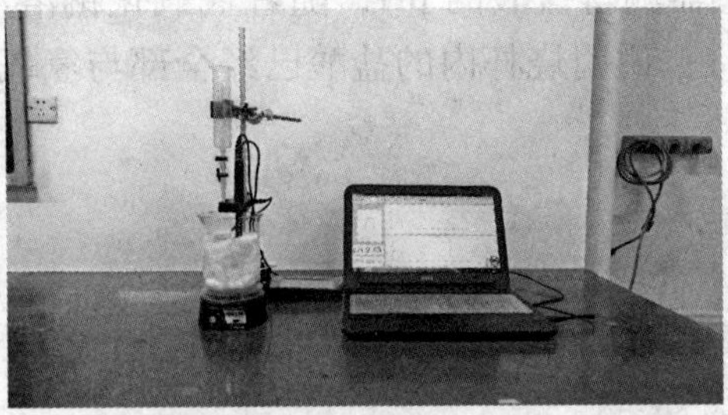

图 2-15-1　实验装置图

（3）开始实验。用量筒量取 30mL 盐酸倒入烧杯中，取氢氧化钠溶液倒入滴管中。启动数据采集器，打开软件，设置软件菜单栏“实验”项目中“数据采集”为“持续采集数据”。点击“采集”按钮，并向烧杯中滴加氢氧化钠溶液，观察曲线变化，待溶液 pH 大于 7，曲线变化相对平缓后停止采集，保存实验数据，后期拷贝到 Origin7. 5 软件中进行作图。

帮学提升

氢氧化钠溶液滴定盐酸时体系温度和 pH 的变化情况如图 2-15-2 所示。

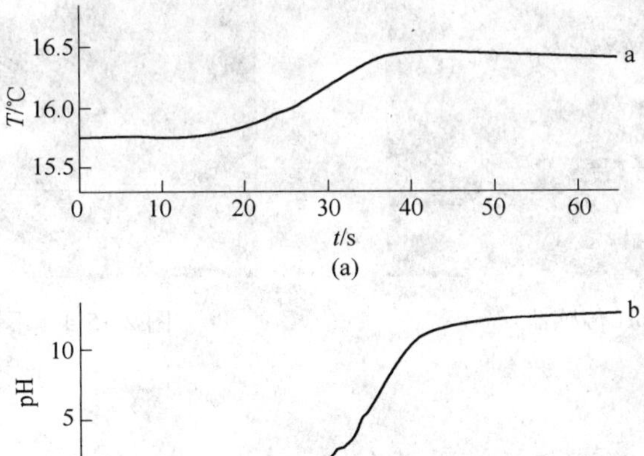

图 2-15-2　氢氧化钠滴定盐酸过程中温度与 pH 变化图像

图 2-15-2 中曲线 a 是氢氧化钠溶液滴定盐酸过程中的温度变化曲线，曲线 b 是氢氧化钠溶液滴定盐酸过程中的 pH 变化曲线。从图像中可看出曲线 a 先平缓后上升，平缓段是温度传感器测得盐酸的温度，随着氢氧化钠溶液的滴入，温度曲线逐渐上升，说明氢氧化钠溶液与盐酸反应放热，曲线 a 最后有所下降是因为散热造成的温度下降；曲线 b 先平缓后上升，平缓段是 pH 传感器测得盐酸的 pH，随着氢氧化钠溶液的滴入，pH 曲线逐渐上升，pH 逐渐增大（大于 7），说明烧杯内的盐酸已经全部与氢氧化钠反应。

悟学精谈

1. 实验结论

（1）酸和碱会发生中和反应，反应过程中的温度上升就可得出中和反应是放热反应，通过测量反应过程中 pH 的变化就可推断出中和反应的发生。

（2）温度传感器的使用使实验更加准确，pH 传感器的使用从微观角度揭示了中和反应的实质为 H^+ 与 OH^- 的反应。

2. 传感器的使用

本实验主要用到的传感器为维尼尔 pH 传感器（图 2-15-3）和不锈钢温度传感器。所有用到 pH 计的实验都可以用 pH 传感器完成。

不锈钢温度传感器是一个通用的实验室温度传感器（图 2-15-4），它的设计是用来代替化学、物理、生物等使用的温度计。不锈钢温度传感器的温度范围是 −25～150℃，因此本实验过程中注意温度不超过此范围，防止破坏传感器。

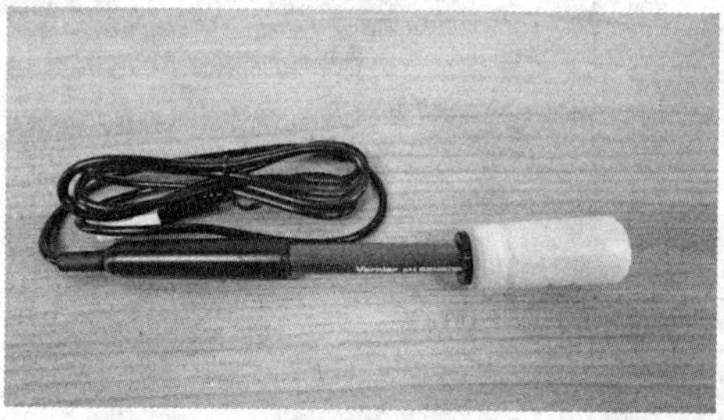

图 2-15-3　pH 传感器

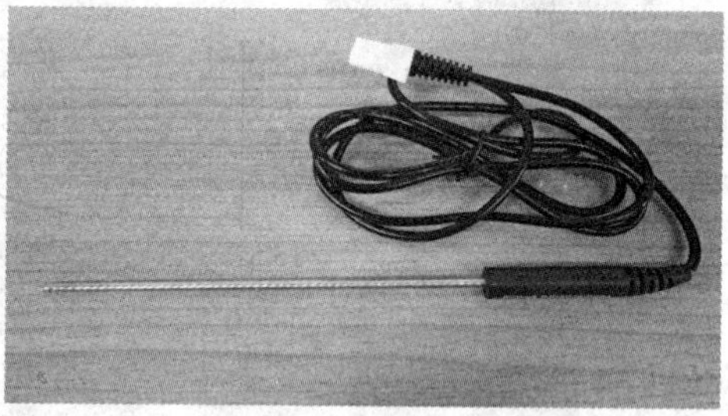

图 2-15-4　不锈钢温度传感器

3. 注意事项

（1）NaOH 有强烈的腐蚀性，使用时要十分小心，不要把 NaOH 或其溶液沾到皮肤或衣服，特别要防止 NaOH 溶液溅入眼中。

（2）在组装仪器时要调整好 pH 传感器的位置，防止搅拌时磁子碰到 pH 传感器的探头。

（3）先采集一段时间盐酸的温度和 pH，然后滴加氢氧化钠溶液，继续采集反应过程中温度和 pH 的变化情况。

教学微案

1. 教学目标

（1）核心知识：掌握中和反应的定义；知道中和反应是放热反应；理解中和反应的实质。

（2）核心能力：能依据科学探究方法结合现代实验技术工具进行实验设计并完成实验探究；能运用理论知识解释相关实验现象。

（3）核心品质：通过实验培养学生科学探究的素养；帮助学生认识到实验对化学学习的重要性。

2. 教学设计思路图

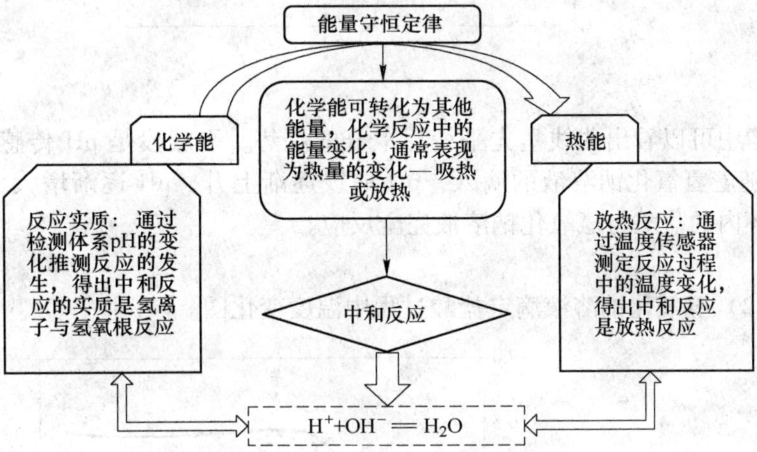

图 2-15-5　设计思路图

3. 教学过程

【导入】化学能是能量的一种形式，可以转换为其他形式的能量，如热能和电能等，在转化时同样遵守能量守恒定律。而化学反应中的能量变化，主要表现为热量的变化——吸热或放热，通过实验来感受化学能与热能的转化。

【讲述】前面学习了中和反应即酸和碱生成盐和水的反应。

【提问】中和反应中热量是怎样变化的？本节课通过实验来探究中和反应是吸热还是放热反应。

【讲解】探究中和反应是吸热还是放热反应，必须要测量反应前后的温度变化，由温度变化得出反应是吸热还是放热。而此实验中的测温仪器主要借助不锈钢温度传感器进行。

【提问】 怎样判断酸和碱发生了中和反应，除了通过酸碱指示剂的颜色变化判断外，是否还有其他判断方法？中和反应的实质又是什么？

【讲解】 可以通过测量 pH 来判断酸和碱是否发生中和反应，而测定 pH 的仪器选择 pH 传感器，pH 传感器可以实时定量地测量体系的 pH 变化。

【讲述】 此实验选用氢氧化钠溶液和盐酸的反应来探究中和反应，采用碱滴酸的方式进行实验。

【实验演示】 按照“互学展示”中的实验步骤进行实验，得到以下实验图像。

【实验图像】

（1）氢氧化钠溶液滴定盐酸过程中 pH 变化图。

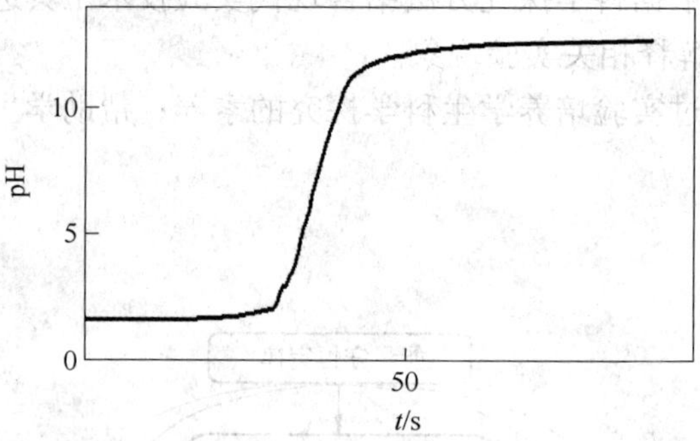

【小结】 从图像中可以看出曲线呈先平缓后上升的趋势，平缓段是 pH 传感器测得盐酸的 pH，随着氢氧化钠溶液的滴入，pH 曲线逐渐上升，pH 逐渐增大（大于 7），说明烧杯内的盐酸与氢氧化钠溶液完全反应。

【实验图像】

（2）氢氧化钠溶液滴定盐酸过程中温度变化图。

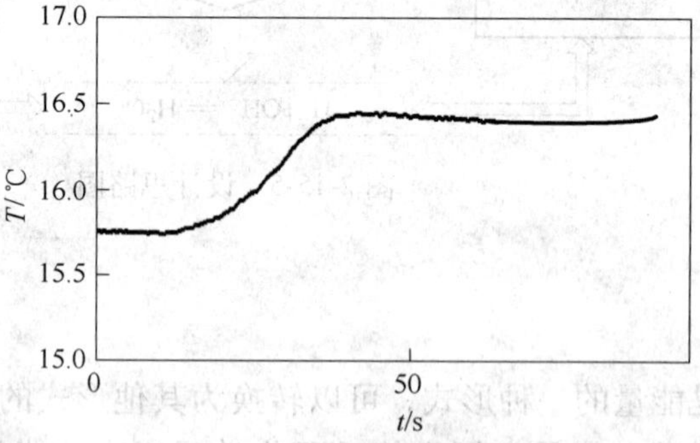

【小结】 从图像中可看出曲线也是呈先平缓后上升的趋势，平缓段是温度传感器测得盐酸的温度，随着氢氧化钠溶液的滴入，温度曲线逐渐上升，说明氢氧化钠溶液和盐酸的反应是放热反应。

【总结】

（1）通过不锈钢温度传感器测量出的温度变化得出中和反应是一个放热反应。

（2）通过 pH 传感器测得体系 pH 变化，直观地判断出酸与碱发生了中和反应，同时从微观角度得出酸碱中和反应的实质是：$H^+ + OH^- = H_2O$。

好学深思

（1）盐酸与氢氧化钠溶液的反应是吸热反应还是放热反应？你是如何得知的？由此你会得出怎样一条推广性的结论，请写出来。

（2）是否所有有温度升高现象的反应都是放热反应？你是如何理解放热反应的？请详细阐述。

博学多闻

［1］李新义，高建伟．手持技术在酸碱中和滴定终点判定中的应用［J］．化学教学，2013（6）：45~47.

［2］任宝华．运用连续性问题情境的课堂教学模式促进学生认识发展–“酸和碱之间会发生什么反应”教学案例［J］．化学教育，2012，33（11）：41~44，76.

［3］高妙添．运用手持技术在高三理科班实施“四重表征”化学教学模式实践研究［J］．化学教育，2012，33（1）：20~22.

［4］魏锐，包明，王磊，等．利用 pH 传感器研究中和反应过程中 pH 的突变［J］．化学教育，2007（4）：59~61.

实验十六　盐酸和醋酸溶液混合后体系 pH 会发生怎样的变化？

要点提示：溶液酸碱度、pH 计算、稀释和增浓、电离平衡、强弱电解质、pH 传感器

导学设问

在高考复习专题“水的电离和溶液的酸碱性”中，溶液的 pH 和 pH 计算是高考的热点。对于溶液 pH 的计算（25℃），一般分为：单一溶液、两强酸混合、两强碱混合、强酸和强碱混合、已知酸和碱的 pH 之和、判断等体积溶液混合后的 pH。溶液 pH 的计算和变化规律是学生必须掌握的知识点，变化规律所包含的化学理论知识的分析对学生极其重要。因此，本实验在原有基础上拓展为强酸弱酸的混合，探究等体积等 pH 及等浓度的盐酸和醋酸混合后，溶液 pH 变化情况，借助 pH 传感器进行实验，理论分析结合图像辅助学生理解记忆，同时拓宽知识面，形成溶液酸碱性的知识网络图。

备学检查

药品：浓盐酸、冰醋酸、蒸馏水。

仪器：磁力搅拌器、烧杯、滴管（与滴定计数传感器配套的滴管）、量筒、夹子、洗瓶、滤纸、pH 传感器、数据采集器、USB 数据线、电脑和配套软件、Origin7. 5 软件。

互学展示

1. 实验设计思路

本实验主要完成等体积等 pH 及等浓度的盐酸和醋酸溶液混合，监测混合过程中溶液 pH 的变化情况。为得到混合过程中溶液 pH 的实时变化情况，采用滴管逐滴滴加，借助 pH 传感器采集变化过程中的数据。

对于等体积等 pH 的混合情况，分别进行了 pH = 1. 32 的盐酸和醋酸混合、pH = 1. 41 的盐酸和醋酸混合的实验。对于等体积等浓度的混合情况，本实验选择向醋酸中加入盐酸进行混合与向盐酸中加入醋酸进行混合两组实验作为研究对象。

2. 实验步骤

（1）配制溶液：

1）配制等 pH 的盐酸和醋酸溶液。取少量冰醋酸于烧杯中，向烧杯中加蒸馏水稀释，借助 pH 传感器调节得到 pH = 1.32 和 1.41 的醋酸溶液各 50mL。完成醋酸溶液的配制后，同理借助 pH 传感器调节得到 pH = 1.32 和 1.41 的盐酸溶液各 50mL。（注：为了保证数据的稳定性，稀释过程中用到磁力搅拌器。同时浓盐酸在稀释过程中会放热，待冷却后再用 pH 传感器结合蒸馏水进行调节得到合适的 pH 溶液。）

2）配制等浓度的盐酸和醋酸溶液。用浓盐酸配制 50mL 0.1mol/L 的盐酸，用冰醋酸配制 50mL 0.1mol/L 醋酸溶液待用。

（2）组装仪器：如图 2-16-1 所示，将烧杯置于磁力搅拌器上方，再将 pH 传感器靠在夹子上并插入烧杯中，传感器位置调整好后放入小磁子，调整磁子位置，以免开动搅拌器时磁子碰到传感器探头。根据传感器位置固定好滴管（注：滴管滴加溶液前调整好一个活塞的角度以便控制滴速）的位置，调整角度防止溶液滴落在传感器上。将 pH 传感器与数据采集器相连，USB 线与数据采集器和电脑相连。

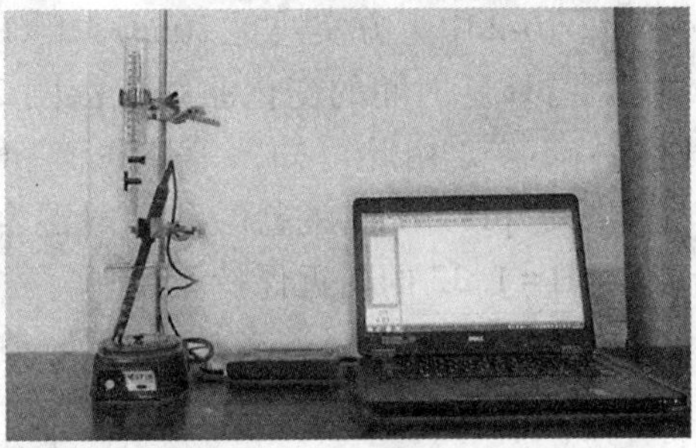

图 2-16-1　实验装置图

（3）开始实验：启动数据采集器，打开软件，设置软件菜单栏“实验”项目中“数据采集”为“持续采集数据”。用量筒量取 20mL pH = 1.32 的醋酸溶液于烧杯中，用另一量筒量取 20mL pH = 1.32 的盐酸于滴管中，开动磁力搅拌器，点击“采集”按钮，几秒后打开滴管活塞滴入盐酸。

（4）停止实验：待盐酸滴完，曲线变化相对稳定后停止采集，保存实验数据。

（5）清洗仪器，重复实验步骤（3）、（4），其中只需将 pH = 1.32 的醋酸和盐酸更换为 pH = 1.41 的醋酸和盐酸，进行混合，保存数据。

（6）完成等体积等 pH 的盐酸和醋酸溶液的混合后，清洗仪器。用量筒量取 20mL 0.1mol/L 的醋酸溶液于烧杯中，用另一量筒量取 20mL 0.1mol/L 的盐酸于滴管中，开动磁力搅拌器，点击“采集”按钮，几秒后打开滴管活塞滴入盐酸，待盐酸滴完，曲线变化相对稳定后停止采集，保存实验数据。清洗仪器，调换醋酸和盐酸的位置重复实验，保存实验数据，后期拷贝到 Origin7.5 软件中进行作图。

帮学提升

1. 等体积等 pH 的盐酸和醋酸溶液混合体系 pH 的变化情况

等体积等 pH 的盐酸和醋酸溶液混合体系 pH 的变化情况如图 2-16-2 所示。

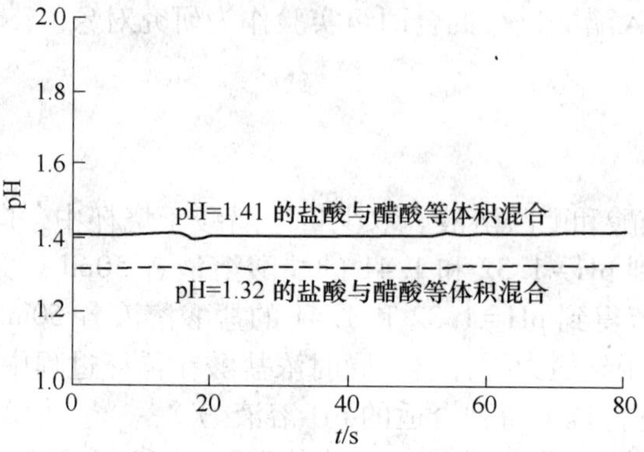

图 2-16-2　实验图像

图 2-16-2 中上方实线是 20mL pH = 1. 41 的盐酸滴加到 20mL pH = 1. 41 的醋酸溶液中所得的体系 pH 随时间的变化曲线。由图 2-16-2 可知，曲线对应的数据几乎在 pH = 1. 41 的附近保持不变。由此可知，等体积等 pH 的盐酸和醋酸混合后体系的 pH 几乎保持不变。下方虚线是 pH = 1. 32 的盐酸和醋酸混合后得到的曲线，同理，混合后的曲线对应的数据几乎在 pH = 1. 32 的附近保持不变。

已知 pH = $-\lg[H^+]$，当盐酸和醋酸的 pH 相等时，意味着两溶液中氢离子浓度一样，由此可知等体积混合后溶液的 pH 不发生变化，这也正是曲线为什么持平的原因。

2. 等体积等浓度的盐酸和醋酸溶液混合体系 pH 的变化情况

等体积等浓度的盐酸和醋酸溶液混合体系 pH 的变化情况如图 2-16-3 所示。

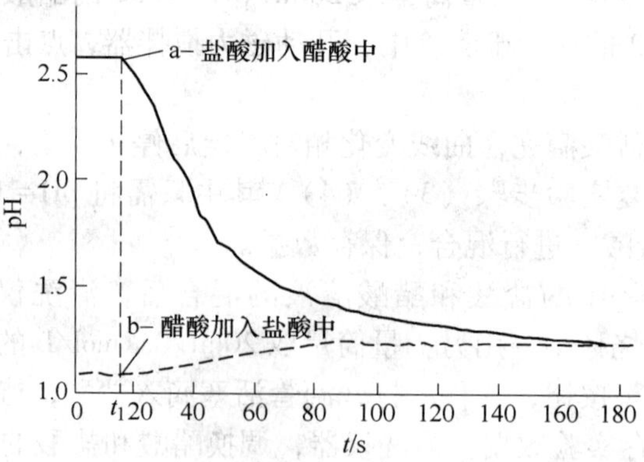

图 2-16-3　实验图像

图 2-16-3 中上方曲线 a 在时间 t_1 前的图像是 0. 1mol/L 醋酸溶液对应的 pH，t_1 后是 20mL 0. 1mol/L 的盐酸滴加到 20mL 0. 1mol/L 的醋酸溶液中所得的体系 pH 随时间的变化曲线。由图 2-16-3 可知，t_1 后曲线先下降后趋于平缓，曲线下降体系的 pH 减小说明混合后氢离子浓度增大。由此可知，0. 1mol/L 的盐酸滴加到 0. 1mol/L 的醋酸溶液中等体积混合后所得溶液的 pH 较混合前小，氢离子浓度较混合前大。

该混合顺序相当于对醋酸溶液增加浓度，虽然二者都是等体积等浓度混合，溶液都是 0. 1mol/L，但是醋酸属于弱电解质，在水溶液中部分电离，由 0. 1mol/L 的醋酸溶液电离出的氢离子浓度远小于 0. 1mol/L，所以 0. 1mol/L 醋酸溶液的 pH 起始值大于 1. 0。当滴入 pH 约等于 1. 0、浓度为 0. 1mol/L 的强电解质盐酸后，增加氢离子浓度，导致溶液 pH 减小。

下方曲线 b 在时间 t_1 前的图像是 0. 1mol/L 盐酸对应的 pH，t_1 后是 20mL 0. 1mol/L 的醋酸溶液滴加到 20mL 0. 1mol/L 的盐酸中所得的体系 pH 随时间的变化曲线。由图 2-16-3 可知，t_1 后曲线先上升后趋于平缓，曲线上升体系的 pH 增大说明混合后氢离子浓度减小。由此可知，0. 1mol/L 的醋酸溶液滴加到 0. 1mol/L 的盐酸中等体积混合后所得溶液的 pH 较混合前大，氢离子浓度较混合前小，该混合顺序相当于对盐酸进行稀释。

虽然两条曲线呈现的是不同滴加顺序混合过程中溶液的 pH 变化情况，但可以发现，最终趋于平缓时两条曲线接近同一 pH。顺序不一样，但最终得到的溶液都是二者等体积混合后的溶液，所以最终无论以何种顺序混合，所得溶液的 pH 是近似相等的，且 pH 介于 0. 1mol/L 醋酸溶液和 0. 1mol/L 盐酸的 pH 之间。

悟学精谈

1. 实验结论

（1）通过实验可知，在误差允许的范围内，等体积等 pH 的盐酸和醋酸溶液混合后所得溶液的 pH 与混合之前相等；等体积等浓度的盐酸和醋酸溶液混合后所得溶液的 pH 介于等浓度的盐酸和醋酸溶液所对应的 pH 之间。

（2）实验结论可拓展为等体积等 pH 的一元强酸和一元弱酸混合，所得溶液 pH 不发生变化；等体积等浓度的一元强酸和一元弱酸混合，所得溶液 pH 发生变化，介于两种酸对应 pH 之间。

2. 传感器的使用

本实验主要用到的传感器为维尼尔 pH 传感器（图 2-16-4）。该传感器在本实验中有两个作用，第一是用于调节配制等 pH 的盐酸和醋酸溶液，第二用于测量盐酸和醋酸溶液混合过程中溶液的 pH 变化情况。此传感器用途与酸度计一样，一般情况下，只要涉及溶液 pH 变化的实验都可以用该传感器进行实验。

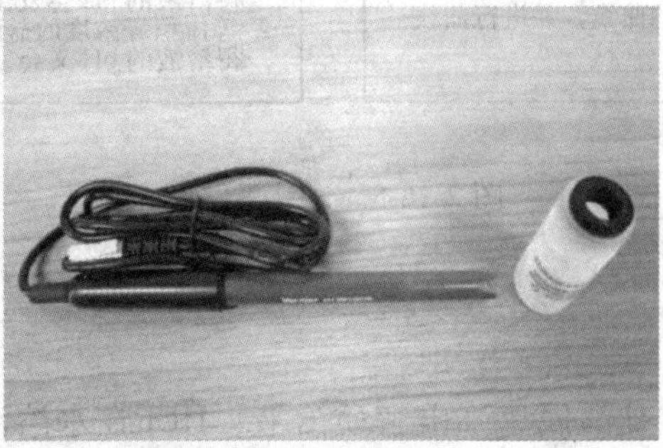

图 2-16-4　pH 传感器

3. 注意事项

（1）实验过程中的 pH 传感器探头容易被破坏，因此在搅拌过程中磁力搅拌器的搅拌速度不宜过快，防止溶液飞溅、磁子碰到传感器探头，应提前调整好传感器位置、磁子位置和磁力搅拌器的搅拌速度。

（2）每次实验前务必用蒸馏水将滴管和传感器清洗干净，以免影响实验数据。

教学微案

1. 教学目标

（1）核心知识：了解溶液 pH 的定义；能进行 pH 的简单计算；会判断稀释（增浓）后溶液 pH 的变化。

（2）核心能力：会设计简单的实验验证猜想；具备“数形结合”分析图像得出相应结论的初步能力；具备“异中求同，同中求异”的思维。

（3）核心品质：通过一元强酸和一元弱酸混合后溶液 pH 变化，强化化学学科思维中的定量观。

2. 教学设计思路图

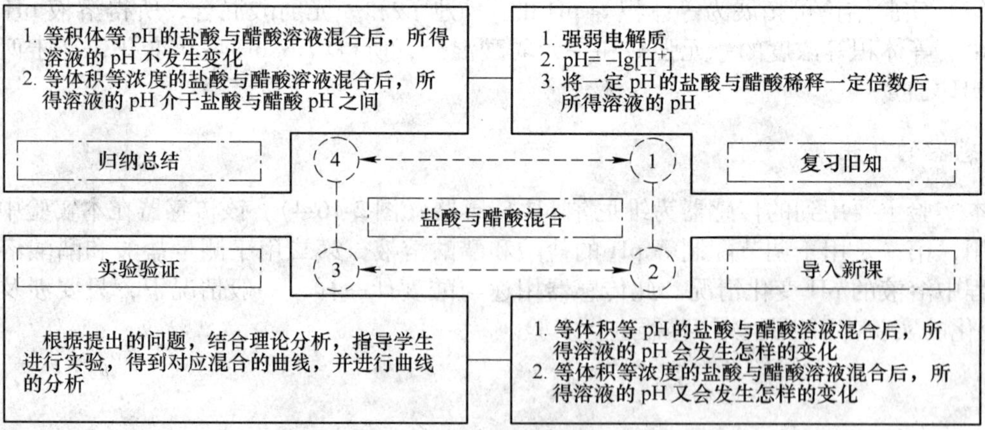

图 2-16-5 设计思路图

3. 教学过程

【导入】根据物质的分类，盐酸属于强电解质溶液，HCl 在水溶液中完全电离，对一定 pH 或浓度的盐酸进行一定倍数的稀释，可以得到溶液 pH 变化规律。如果将 pH = 2.0

的盐酸稀释 100 倍，所得溶液的 pH 为多少呢？醋酸属于弱电解质溶液，在水溶液中部分电离，存在电离平衡，如果将 pH = 2. 0 的醋酸稀释 100 倍，所得溶液的 pH 又是多少呢？

【提问】将等体积等 pH 的盐酸和醋酸溶液混合后，所得溶液的 pH 会发生什么变化呢？可用绘图的方式表述你所认为混合后溶液 pH 的变化情况。

【引导】可以从 pH 的理论计算公式和强弱电解质两方面考虑分析。

【实验】根据“互学展示”中实验步骤完成 pH = 1. 32 的盐酸和醋酸溶液各 20mL 混合，得到下图。

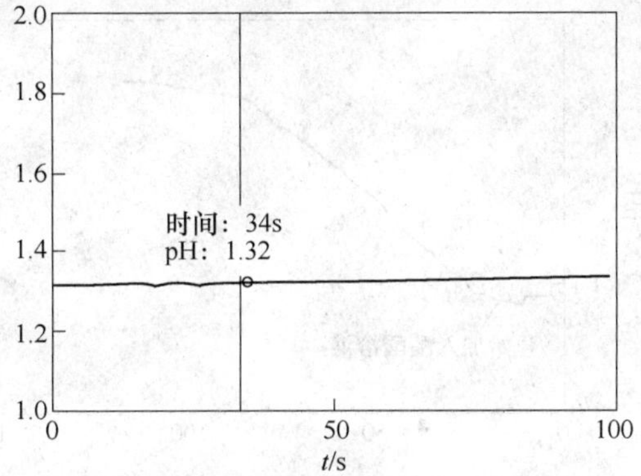

【分析】由图可知，混合过程中曲线几乎与横轴平行，由此可知 pH = 1. 32 的盐酸和醋酸溶液混合后所得溶液的 pH 在误差允许的范围内等于 1. 32。主要是因为 $pH = -\lg[H^+]$，pH 和氢离子浓度密切相关，要计算混合后所得溶液的 pH，可通过混合后所得溶液的氢离子浓度计算，而 pH 都为 1. 32 的盐酸和醋酸溶液，所含氢离子浓度一样，等体积混合后相当于分子分母同等倍数在增加，因此所得溶液的氢离子浓度不变，pH 也就不变。

【追问】等体积等 pH 盐酸和醋酸溶液混合后所得溶液的 pH 不发生变化，如果是等体积等浓度的盐酸和醋酸溶液混合呢？所得溶液的 pH 是否也不发生变化呢？

【实验】根据“互学展示”中实验步骤完成 20mL 0. 1mol/L 盐酸滴加到 20mL 0. 1mol/L 醋酸溶液中进行混合的实验，得到下图。

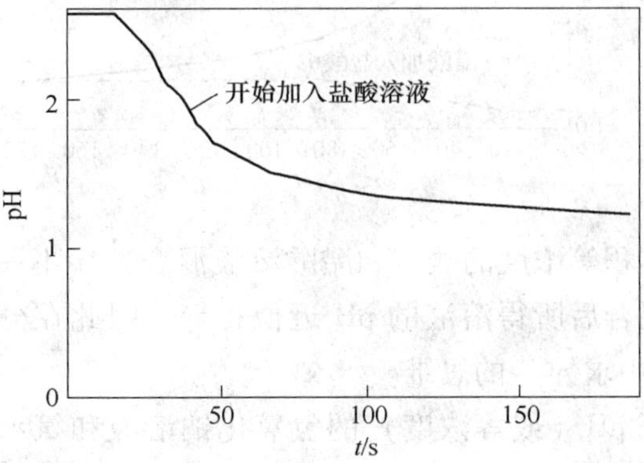

【分析】由图可知，当盐酸加入到醋酸溶液中后，曲线开始下降，直到盐酸滴加完毕后曲线趋于平缓。曲线下降，pH 减小，说明混合后所得溶液的氢离子浓度增大，酸性增强。向等浓度的醋酸溶液中滴加等浓度的盐酸相当于对醋酸溶液进行增浓。

【提问】如果交换顺序，把 20mL 0.1mol/L 醋酸溶液滴加到 20mL 0.1mol/L 盐酸中进行混合，所得曲线又会发生怎样的变化？同学们试着画出你认为的变化情况。

【实验】根据实验步骤，交换盐酸滴加到醋酸溶液中的顺序后得到下图。

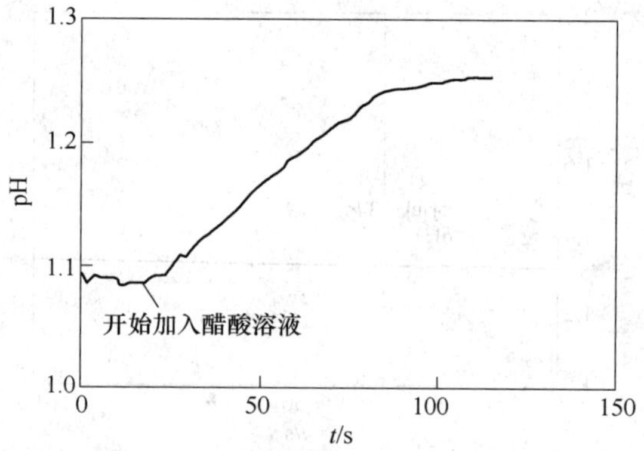

【分析】由图可知，当醋酸溶液加入到盐酸中后，曲线开始上升，直到醋酸溶液滴加完毕后曲线趋于平缓。曲线上升，pH 增大，说明混合后所得溶液的氢离子浓度减小，酸性减弱。向等浓度的盐酸中滴加等浓度的醋酸溶液相当于对盐酸进行稀释。

【小结】对等体积等浓度的盐酸和醋酸溶液按照不同混合顺序得到的数据在 Origin7.5 软件中进行处理，得到下图。

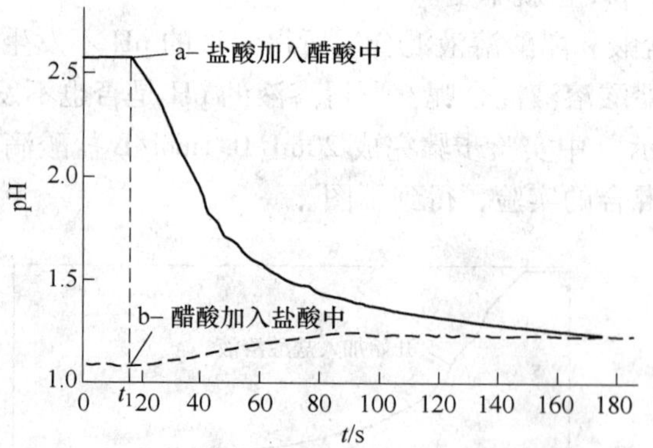

【小结】由图可知，等体积等浓度的盐酸和醋酸溶液混合顺序不一样，图像的变化趋势也不一样，但是混合后所得溶液的 pH 近似相等。因此在分析问题的时候，要具备“异中求同，同中求异”的思维。

【拓展】如果把等体积等 pH（或等浓度）的氢氧化钠溶液和氨水溶液混合，所得曲线是否也存在一定的规律呢？

好学深思

（1）通过实验，你能总结出等体积等 pH 或等浓度的盐酸和醋酸溶液混合后所得溶液的 pH 变化情况吗？根据该变化情况，你能把你总结的结论推广到一类实验上吗？把你的推广结论写出来。

（2）本实验主要探究的是盐酸和醋酸溶液的混合，如果是氢氧化钠溶液和氨水的混合，你会设计实验得到想要的曲线吗？请写出你的实验过程，并动手实验。

（3）通过该实验，你对 pH 与 H^+浓度之间的关系掌握的如何呢？对于强弱电解质，pH 与 H^+浓度之间又有怎样的关系呢？请写出你的理解。

博学多闻

[1] 颜兆仁．盐酸、醋酸稀溶液等体积混合后 pH 变化的探讨［J］．中学化学，2015（6）：31.

[2] 芮鹏程．探究 pH 相同的醋酸与盐酸混合后混合液的 pH［J］．中学化学教学参考，2008（Z1）：49.

[3] 刘庆丰．数字实验技术在初中化学教学中的运用——以“酸碱中和反应”为例［J］．中国教育技术装备，2017（15）：19~21.

[4] 王锋．基于促进学生认知发展的教学案例——“酸和碱的中和反应”教学设计［J］．化学教与学，2014（4）：55~57.

[5] 余丽蓉，何彩霞．发展学生思维的课堂教学实践及反思——以“酸和碱的中和反应”为例［J］．化学教与学，2013（6）：28~31.

[6] 张永红．“酸和碱的反应”教学设计与反思［J］．中学化学教学参考，2012（4）：30~32.

[7] 邹晨光．定性走向定量　理论付诸实践——“酸碱中和滴定”教学设计［J］．化学教与学，2011（8）：64~66.

[8] 顾立新．“酸和碱之间会发生什么反应”教学探析［J］．化学教学，2010（11）：38~40.

实验十七　如何探究钠与乙醇和水反应的快慢？

要点提示：化学反应速率、气体压力传感器

导学设问

人教版高中《化学必修 1》第三章“金属及其化合物”金属性质的学习，重点突出了金属钠与水反应的实验，对于学生在后期学习碱金属的通性起铺垫作用；《化学（必修 2)》第三章“有机化合物”中学习乙醇的相关性质时，设计了乙醇与金属钠反应的实验。两个反应的相同点是都产生了氢气，在外界条件相同的情况下，金属钠与乙醇和水反应产生氢气的快慢是否存在差异呢？在传统实验的基础上借助气体压力传感器进行实验，探究金属钠分别与水和乙醇反应过程中体系内压强变化情况，通过对比分析压强曲线变化情况来判断反应的差异，具体实验设计如下。

备学检查

药品：金属钠、无水乙醇、蒸馏水。

仪器：烧杯、量筒、三颈圆底烧瓶、气体压力传感器、数据采集器、USB 数据线、电脑和配套软件、Origin7.5 软件。

互学展示

1. 实验设计思路

金属钠性质活泼，会与水、乙醇等发生化学反应。具体反应如下：

$$2Na + 2H_2O = 2NaOH + H_2\uparrow$$

$$2Na + 2CH_3CH_2OH = 2CH_3CH_2ONa + H_2\uparrow$$

对于钠与水和钠与乙醇反应的对比实验，借助气体压力传感器，可以实时监测反应过程中压强的变化来判断反应进行的快慢。

2. 实验步骤

（1）准备药品

用镊子从瓶中取出金属钠，用滤纸擦干表面煤油，切去表面氧化物，并用小刀切取两块近似黄豆大小的金属钠；准备无水乙醇和蒸馏水待用。

（2）组装仪器

如图 2-17-1 所示组装仪器，将气体压力传感器与数据采集器相连，USB 线与数据采集器和电脑相连。

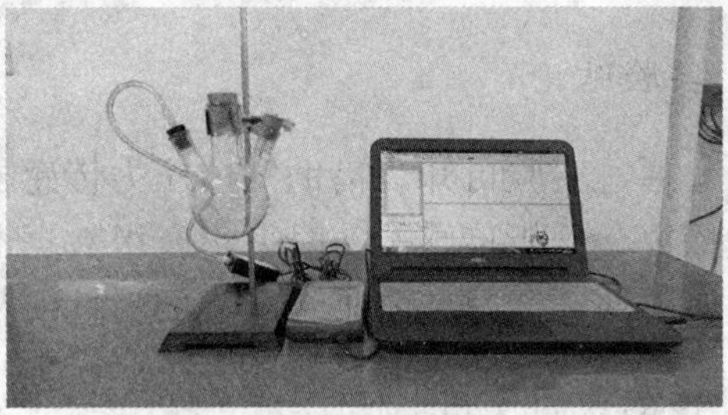

图 2-17-1　实验装置图

（3）开始实验

1）实验 1：首先用量筒量取 20mL 无水乙醇倒入三颈圆底烧杯中，将气体压力传感器与三颈圆底烧瓶的左侧口相连。启动数据采集器，打开软件，设置软件菜单栏“实验”项目中“数据采集”为“持续采集数据”。点击“采集”按钮，先采集一段数据，从圆底烧瓶右侧口迅速将金属钠投入三颈圆底烧瓶中，同时塞上橡胶塞，待数据趋于稳定后，点击“停止”按钮，保存实验数据。

2）实验 2：清洗仪器，重复实验 1 的操作步骤，其中只需将 20mL 无水乙醇更换成 20mL 蒸馏水，采集实验数据并保存，后期拷贝到 Origin7. 5 软件中进行作图。

帮学提升

1. 钠与水和钠与乙醇反应时体系压强随时间的变化情况

图 2-17-2 中实线是钠与水反应时体系压强随时间的变化情况，k_1是对曲线进行线性拟合所得斜率，其值为 0. 1652；虚线是钠与乙醇反应时体系压强随时间的变化情况，k_2 是

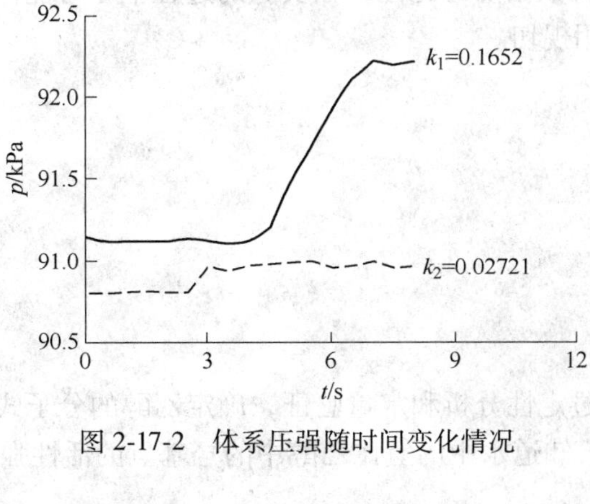

图 2-17-2　体系压强随时间变化情况

对曲线进行线性拟合所得斜率，其值为 0.0272。由 k 值的大小可以得出钠与水的反应较钠与乙醇的反应速率快。图 2-17-2 为了方便观察实验图像变化，纵轴扩大了数值比例。

悟学精谈

1. 实验结论

通过实验可知，借助气体压力传感器可以较好地完成钠与水和钠与乙醇反应快慢的实验探究，分析传感器实时采集所得数据曲线，从定量角度可得出钠与水反应比钠与乙醇的反应要快，充分证明了水中氢的活性明显大于乙醇中的羟基氢的活性。

2. 传感器的使用

钠与水和钠与乙醇的反应都会产生氢气，在密封体系内产生的气体会改变体系的压强，可以借助气体压力传感器（图 2-17-3）进行实验。

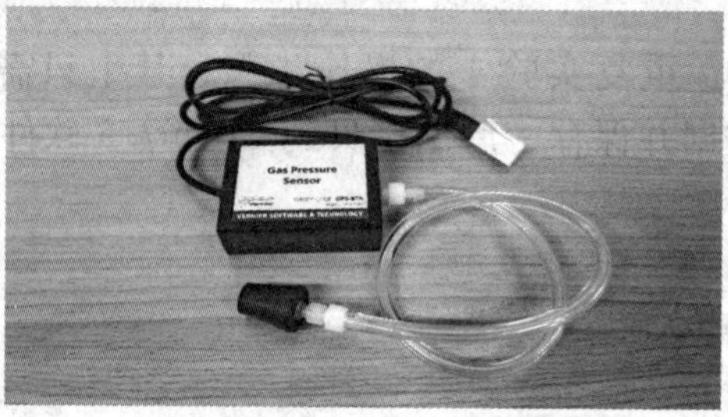

图 2-17-3　气体压力传感器

3. 注意事项

（1）实验前一定要注意检查装置的气密性，否则影响实验结果的准确性。

（2）为保证实验所得数据的对比性，在实验的过程中尽可能保证钠块大小一致，同时为防止钠块被氧化，现用现切。

教学微案

1. 教学目标

（1）核心知识：通过定性分析和定量验证，确定乙醇的分子式和结构式；通过钠与乙醇和钠与水的对比实验，知道水中的氢比乙醇中的羟基氢的活性强。

（2）核心能力：通过实验探究，知道气体压力传感器在实验中的应用；通过分析实验数据，提高学生读图、审图的能力。

（3）核心品质：通过实验探究培养学生严谨的科学态度和创新意识，激发学生的探索欲和求知欲。

2. 教学设计思路图

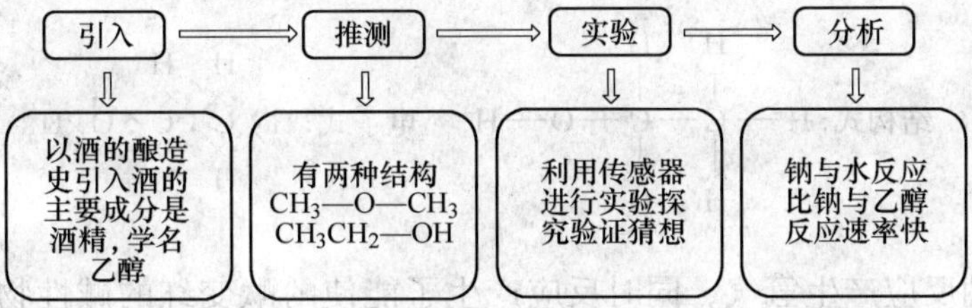

图 2-17-4　设计思路图

3. 教学过程

【导入】 古往今来无数咏叹酒的诗篇都证明酒是一种神奇而具有魅力的饮料，相传杜康酒就是偶然将饭菜倒入竹筒，用泥土封住后形成的。同学们知道酒的主要成分是什么？

【讲解】 酒是多种化学成分的混合物，酒精是其主要成分，酒精的学名是乙醇。

【讲述】 从色、味、态等方面观察酒精灯内的酒精，总结乙醇的物理性质。

【板书】 乙醇是无色透明、具有特殊香味的易挥发液体，乙醇密度比水小，且可以与水以任意比互溶。

【提问】 乙醇中含有 C、H、O 三种元素，其蒸气的密度是同温同压下 H_2 密度的 23 倍，2.3g 乙醇完全燃烧后生成 0.1mol CO_2 和 2.7g H_2O，求乙醇的分子式？

【讲解】 通过计算得出乙醇的分子式是 C_2H_6O。

【提问】 根据 C、H、O 元素在有机物中的价键特征，大家能否推测出乙醇可能的结构简式呢？

【讲述】 可能有 $CH_3—O—CH_3$（Ⅰ）和 $CH_3CH_2—OH$（Ⅱ）这两种结构，乙醇分子的结构是哪种呢？如何通过简单的实验来证实呢？

【演示实验】

实验步骤	将一小粒金属钠投入无水乙醇中，收集产生的气体，点燃后依次用干燥洁净的小烧杯和蘸有澄清石灰水的小烧杯罩在火焰上方，向反应后的溶液中滴入酚酞，观察实验现象
实验现象	有气体放出，点燃气体火焰呈淡蓝色，烧杯壁上有水滴，反应完全后向烧杯内立即加入澄清石灰水，振荡不变浑浊。滴加酚酞后溶液变红

【讲解】钠与乙醇反应能产生气体，由实验现象可知该气体是氢气。根据实验事实证明乙醇与钠反应产生氢气的氢原子来自于乙醇分子结构中的—OH，乙醇的结构式是CH_3CH_2—OH。

【讲述】金属钠一般保存在煤油中，煤油是各种低级烃的混合物，金属钠不能置换出与碳直接相连的氢。请写出乙醇的结构式和电子式。

【板书】

结构式：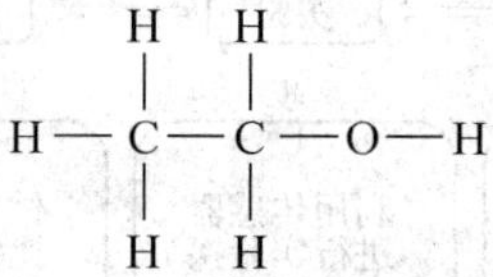　电子式：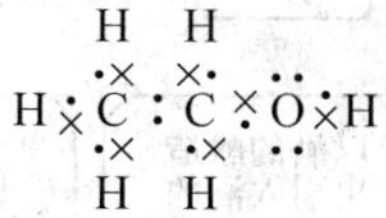

【讲解】乙醇与钠反应产生氢气，同时反应产生了能使酚酞变红的碱性物质乙醇钠。请写出钠与乙醇的反应化学方程式。

【板书】$2CH_3CH_2OH+2Na \xlongequal{} 2CH_3CH_2ONa+H_2\uparrow$

【提问】通过以上实验知道钠也会与乙醇反应，钠与乙醇的反应和钠与水的反应有什么不同？

【讲解】两个反应的现象不同。钠与水反应现象：浮、熔、游、响、红，即：钠浮在水面，剧烈反应，很快熔成小球，在水面上四处游动，并有轻微的“嘶嘶”声，反应后的溶液中滴入酚酞后变红。钠与乙醇反应现象：钠在乙醇中，缓慢放出气泡，反应后的溶液中滴入酚酞后变红。

【提问】这两个反应的反应速率相同吗？

【讲述】对比两个反应的化学方程式发现钠与水的反应会生成氢氧化钠与氢气，钠与乙醇的反应会生成乙醇钠和氢气，如何利用传感器验证这两个反应进行的快慢？

【实验演示】按照“互学展示”中的实验步骤进行实验，并填写以下表格。

【数据记录】

	p_1/kPa	p_2/kPa	Δp/kPa	k
钠与乙醇				
钠与水				

注：$k=\dfrac{\Delta p}{\Delta t}$；$k$—斜率，$\Delta p$—压强变化值，$\Delta t$—反应时间。

【陈述】p_1和p_2分别为钠与乙醇和钠与水反应的起始压强和终止压强，通过实验可以得到压强随时间变化的曲线和数据，由实验数据填写和计算可得上表，最终通过k值大小来反推钠与乙醇和钠与水反应的快慢。

【总结】通过实验得出钠与水的反应速率大于钠与乙醇的反应速率，由此推断出水中氢的活性大于乙醇中羟基氢的活性。

好学深思

（1）通过实验，你还能想到哪些方法可以验证钠与水的反应要比钠与乙醇的反应快？

（2）钠与水和钠与乙醇的反应，除了能对比反应速率之外，你觉得还有哪些方面可以对比？你会用到哪些传感器？请写出你的实验方案。

博学多闻

[1] 杨晓洁，程萍．数字化实验与化学教学的融合——以探究乙醇与钠反应的定量实验为例 [J]．化学教与学，2017（10）：80~84.

[2] 姚远，杨旭东．钠与水乙醇反应快慢的一种新诠释 [J]．中学化学教学参考，2016（12）：43.

[3] 张广琴，李爱林．钠与水和钠与乙醇反应实验的创新设计 [J]．化学教育，2013，34（12）：78.

[4] 张琳，樊敏．乙醇与金属钠反应实验的改进 [J]．中学化学教学参考，2018（22）：60~61.

[5] 黄祝军．三种优化乙醇与金属钠反应的实验方案 [J]．化学教与学，2018（8）：96~97.

[6] 郑志萍，衷明华．无水乙醇与金属钠反应的微型实验改进 [J]．中学化学教学参考，2016（18）：64.

[7] 刘子其，易富饶．实验比较苯酚与乙醇中羟基氢的活性大小 [J]．中学化学教学参考，2016（16）：47.

[8] 钱胜．乙醇与金属钠反应实验的改进 [J]．中学化学教学参考，2016（15）：55.

第三章　课堂教学研究性学习实验

本章节共包含8个实验，每一个实验都具有较强的探究性，针对某一问题进行传感器实验探究，答疑解惑。如实验十九“氧气浓度达到多少时木条才复燃呢?”借助氧气传感器进行实验，从定量的角度揭示了带火星木条复燃时所需氧气的最低浓度，强调“是”与“有”的区别；如实验二十“怎样判断碳酸钠和碳酸氢钠的热稳定性?”借助二氧化碳传感器进行实验，分析体系二氧化碳含量随时间的变化得出相应结论，较好地阐述了对待实验中“异常现象”的处理方法；如实验二十四“氧气溶解度与溶液酸碱性有关系吗?”借助pH传感器、氧气传感器、溶解氧传感器配合使用，多角度探究体系酸碱性对氧气溶解度的影响，充分体现了传感器在化学实验中的探究作用。

学习就是知其然更应该知其所以然，传感器的引入能够较好地解决“知其然”，下面，就让我们一起探究“知其所以然”。

实验十八　如何测定食醋中总酸量?

要点提示：食醋、氢氧化钠、中和反应、pH 传感器、滴定计数传感器

导学设问

酸碱中和滴定是利用中和反应，用已知浓度的酸（或碱）来测定未知浓度的碱（或酸）的实验方法。实验测定中用到的仪器是酸式或者碱式滴定管。滴定管中装有已知物质的量浓度的酸（或碱）溶液，锥形瓶中盛放一定量未知浓度、待测定的碱（或酸）溶液，待测液中预先加入几滴酸碱指示剂，如酚酞或者甲基橙。把滴定管中溶液逐滴加入到锥形瓶中，酸碱中和反应完全时，随着酸碱中和百分数的上升，溶液的 pH 会发生变化，对于强酸、强碱的中和，开始时由于被中和的酸或碱浓度较大，加入少量的碱或酸对其 pH 的影响不大。当接近终点（pH = 7）时，很少量的碱或酸就会引起溶液 pH 突变。此时指示剂明显的颜色变化表示反应已完全，即反应到达终点。通过滴定管中消耗酸或碱的量，利用化学反应方程式所表示的酸碱之间的计量关系，可以计算出待测碱或酸的物质的量浓度[1]。

以上方法是我们传统实验在做酸碱中和滴定实验时所采用的方法，现在，我们可以借助 pH 传感器方便、快捷、准确地开展酸碱中和滴定实验。在学习了酸碱中和滴定实验之后，我们能不能将所学到的化学知识应用到生活中呢？厨房里有白醋这种调味品，那么白醋瓶子上的标签纸标有食醋的总酸量，这个总酸量是否准确？我们能否借助所学化学知识解决这个问题呢？

备学检查

药品：食醋（紫林 6°白醋，总酸量≥0.06g/mL）、氢氧化钠、蒸馏水。

仪器：烧杯、容量瓶、移液管、量筒、洗瓶、玻璃棒、电子天平、pH 传感器、滴定计数传感器、磁力搅拌器、数据采集器、USB 数据线、电脑和配套软件、Origin7.5 软件。

互学展示

1. 实验设计思路

计算食醋中的总酸量有两种方法：第一种方法，利用稀释定律结合已知浓度的碱（酸）去测定未知浓度的酸（碱）；第二种方法，对酸碱中和滴定的数据求一阶导数，找出极大值点所对应的已知浓度的碱（酸）的消耗未知浓度酸（碱）体积，去求未知浓度的酸（碱）。

2. 实验理论分析

由稀释定律：$c_1 \times V_1 = c_2 \times V_2$ 推导出：

$$C = \frac{m_1}{V_1} = \frac{n_1 M_1}{V_1} = \frac{c_2 V_2 M_1}{V_1}$$

式中，c_1、V_1 代表食醋浓度和体积；c_2、V_2 代表氢氧化钠溶液的浓度和体积；C 代表食醋质量体积浓度；m_1、n_1、M_1 依次代表醋酸的质量、物质的量、摩尔质量。由公式可知，计算食醋的总酸量只需根据酸碱滴定突跃时消耗的食醋体积 V_1 即可求出。

3. 实验步骤

（1）装液。用移液管量取 20mL 0.1mol/L NaOH 溶液于 100mL 烧杯中，向滴管中加入 10mL 食醋。

（2）固定装置。将 pH 传感器插入烧杯中，并将氢氧化钠溶液浸没探头，调整高度固定滴管，将滴定计数传感器和 pH 传感器与数据采集器连接，USB 线与数据采集器和电脑相连，如图 3-18-1 所示。

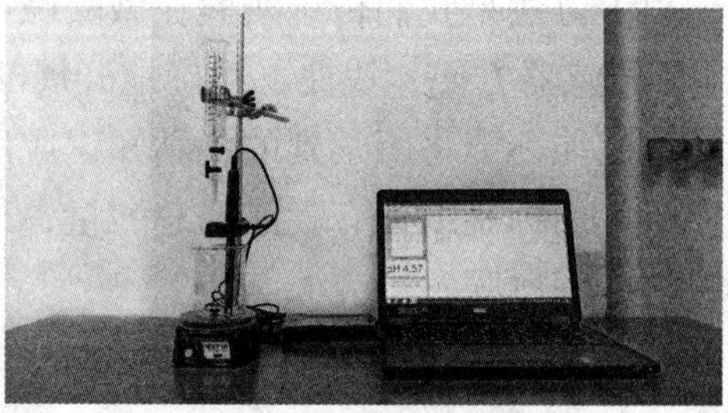

图 3-18-1　实验装置图

（3）开始实验。启动数据采集器，打开软件，设置软件菜单栏“实验”项目中“数据采集”为“持续采集数据”。打开磁力搅拌器，开始采集数据，待数据相对稳定后，打开滴管上端的塞子放液。待数据变化平稳后停止采集，保存实验数据，后期拷贝到 Origin7.5 软件中进行作图。

帮学提升

食醋滴定 20mL 0.1mol/L NaOH 溶液时体系 pH 的变化如图 3-18-2 所示。

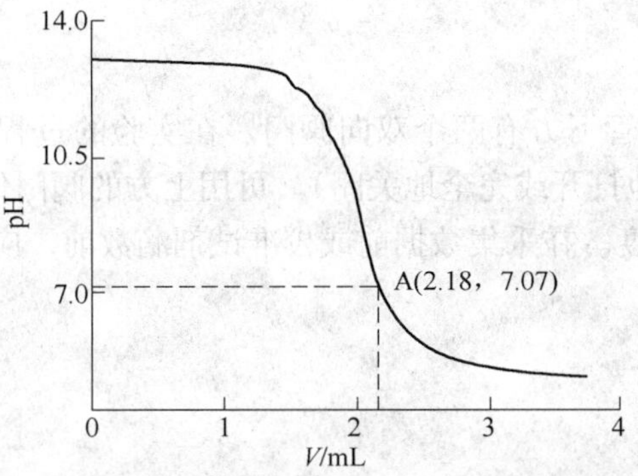

图 3-18-2　体系 pH 随时间的变化情况

由图 3-18-2 可知，曲线呈下降趋势后趋于平缓。由图中点 A 可知，当溶液 pH 为 7.07 时，已知浓度的氢氧化钠溶液消耗醋酸体积为 2.18mL。根据“互学展示”中实验理论推导公式可求出本实验中所用食醋的总酸量约为 5.50g/100mL。已知实验中紫林 6°白醋的总酸量≥0.06g/mL，实验所测数据接近白醋标签纸所显示数据，在实验误差范围内，说明用此方法可以检测食醋中的总酸含量。

悟学精谈

1. 实验结论

用已知浓度的氢氧化钠溶液测定未知浓度的食醋，通过 pH 传感器实时监测滴定过程中溶液的 pH 变化，由滴定曲线突跃时所对应的食醋体积，即可计算出食醋的总酸含量。

2. 传感器的使用

本实验主要是测量食醋的总酸量。基于酸碱中和实验进行测定，从传统的测定食醋的物质的量浓度转变为测定食醋的质量体积浓度，只需借助 pH 传感器（图 3-18-3）和滴定计数传感器（图 3-18-4）实时采集滴定过程中体系 pH 的变化，根据 pH 的变化找出滴定曲线发生突跃时消耗食醋的体积即可求出对应食醋的浓度，较传统实验更加符合生活实际。

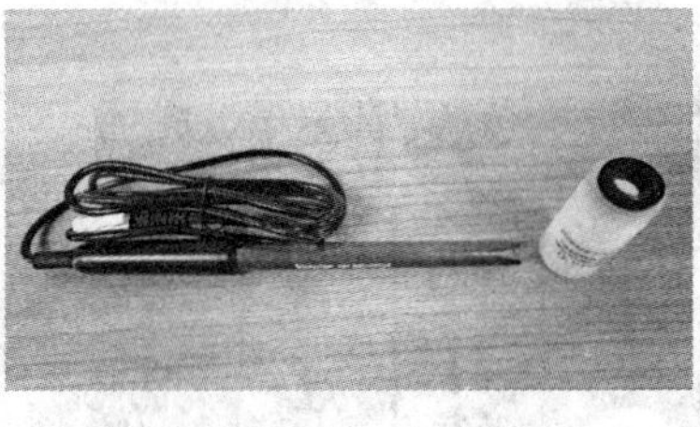

图 3-18-3　pH 传感器

图 3-18-4　滴定计数传感器

3. 注意事项

滴定计数传感器的滴管下方有两个双向阀门。在实验的过程中，可使用下方的阀门作为一个开-关阀门（完全地打开或完全地关闭）。可用上方的阀门作为一个调整阀门，主要用来控制和保持溶液下滴速度。在采集数据前或校准试剂滴数前，应该调整两个阀门的流速。

教学微案

1. 教学目标

（1）核心知识：通过实验探究和自主探讨，帮助学生理解酸碱中和滴定的实验原理，并能利用实验数据计算出食醋的总酸量。

（2）核心能力：通过未知酸碱浓度的测定，帮助学生养成全面思考问题、分析问题的习惯，提高解决问题的能力。

（3）核心品质：通过实验探究，培养学生“数形结合”思想，感受酸碱中和反应在生活中的应用价值。

2. 教学设计思路图

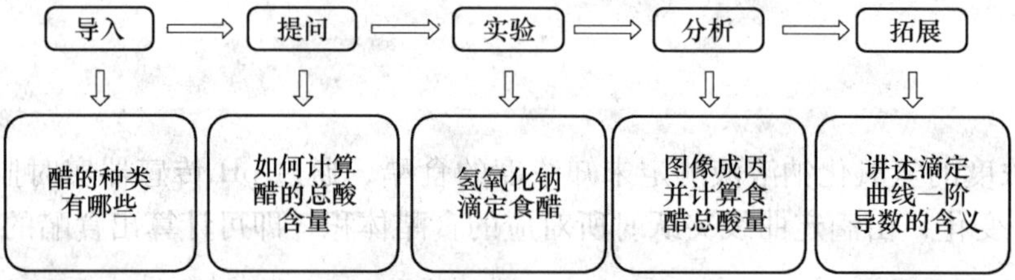

图 3-18-5　设计思路图

3. 教学过程

【导入】人类食用醋的历史非常悠久，有关醋的文字记载的历史至少有三千年以上，和食盐一样属于最古老的调味品。中国的醋文化历史悠久，同学们想一想我们日常生活中常见醋的种类有哪些呢？

【展示】PPT 展示食醋的种类。

【提问】同学们，本节课以白醋为例学习测定食醋中的总酸量。测定食醋中总酸量需要知道哪些物理量呢？通过什么方法才能测出这些物理量呢？

【讲述】上节课我们已经学习了酸碱中和滴定的实验，如何设计实验测定食醋中的总酸量？

【实验】按照“互学展示”中实验步骤进行实验，得到如下图实验图像。

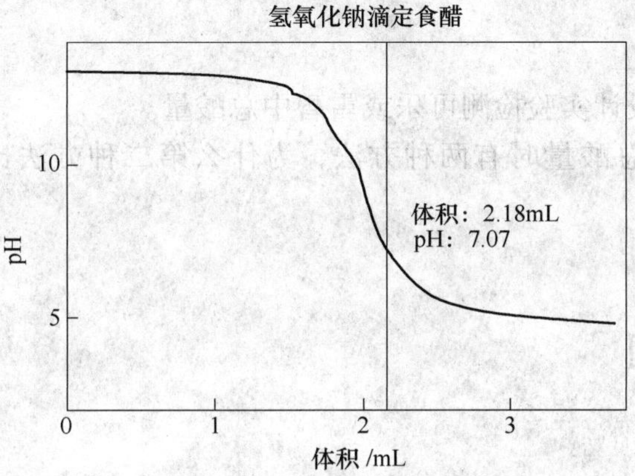

【分析】由图可知，曲线呈下降趋势后趋于平缓。当溶液 pH 为 7.07 时，已知浓度的氢氧化钠溶液消耗醋酸体积为 2.18mL。根据“互学展示”中实验理论推导公式可求出本实验中所用食醋的总酸量约为 5.50g/100mL。已知实验中紫林 6°白醋的总酸量≥0.06g/mL，实验所测数据接近白醋标签纸所显示数据，在实验误差范围内。

【过渡】与传感器配套的数据采集和处理软件提供了利用函数进行数据分析和处理的功能，可对实验曲线进行微分或积分计算。如果对滴定曲线求微分，得到一阶导数曲线如下图所示。

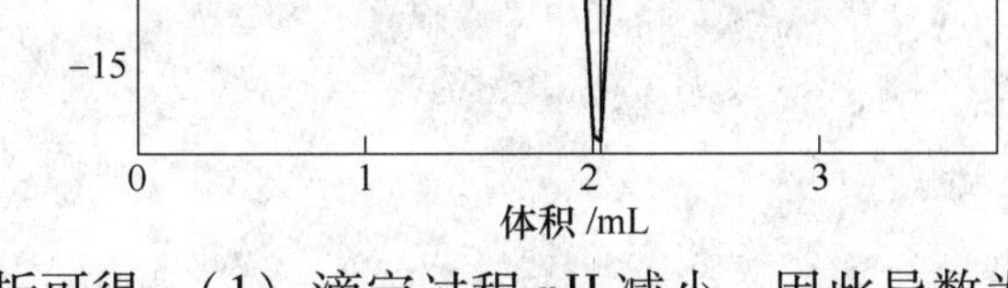

【拓展】由导数曲线分析可得：（1）滴定过程 pH 减小，因此导数为负值。（2）在突跃之前 pH 下降的速度加快，导数的绝对值增大；在突跃之后，pH 下降的速度减慢，导数的绝对值减小。（3）导数到达极值点，即是突跃点。对于突变不明显的反应，可使用这种方法确定理论突跃点。

【讲述】由此方法得到食醋的体积是 2.04mL，代入公式计算得到食醋总酸量为 5.88g/100mL，实验所测数据接近白醋标签纸所显示数据，在实验误差范围内。

【总结】以上这两种方法都可以得到滴定已知浓度氢氧化钠溶液过程中消耗食醋体积，从而计算出食醋的总酸含量，得到的数据与食醋标签纸所显示的数据 6.00g/100mL

接近，在误差允许范围内。

好学深思

（1）类比本实验，请设计实验检测可乐或雪碧中总酸量。

（2）实验中计算食醋总酸量时有两种方法，为什么第二种方法比第一种方法更接近真实值？

博学多闻

[1] 宋心琦．普通高中课程标准实验教科书化学选修 4（第 3 版）[M]．北京：人民教育出版社，2007：48.

[2] 王雅铮，侯佳慧，张萍，等．酸碱滴定法测定食醋总酸量 3 种终点指示方法比较 [J]．中国卫生检验杂志，2018，28（2）：146~148.

[3] 金茹．以问题为中心的“酸碱中和滴定”探究式教学探讨 [J]．科学大众（科学教育），2018（1）：27.

[4] 孙艳涛，李安琪，马金明，等．数字化方法测定食醋中醋酸含量教学设计 [J]．牡丹江大学学报，2017，26（12）：133~135，143.

[5] 万淑绒．食醋总酸量的简易测定法——微型滴定初探 [J]．西部粮油科技，1996（2）：56~57.

实验十九　氧气浓度达到多少时木条才复燃呢?

要点提示：助燃性、燃烧的条件、氧气的浓度、氧气传感器

导学设问

氧气相关知识点在九年级化学不同版本（人教版、鲁教版、沪教版、科粤版、科普版）上册都有介绍。实验室制取氧气共 3 种方法，高锰酸钾分解法、氯酸钾分解法、过氧化氢分解法。基于产物对环境的影响、实验操作简约性和药品经济性等方面考虑，过氧化氢分解法制取氧气是实验室制取氧气的常用方法。过氧化氢溶液在常温下会缓慢分解产生氧气，向过氧化氢溶液中加入二氧化锰时，分解速率加快，短时间内产生大量氧气。氧气不易溶于水、密度比空气大，可采用排水法或向上排空气法收集。

5 种版本中关于氧气的检验都是“将带火星的木条伸入集气瓶中，若木条复燃，说明集气瓶中气体是氧气；木条不复燃，说明集气瓶中气体不是氧气。”对于检验氧气的这一方法存在疑惑：是否只有集气瓶中全部是氧气时才能使带火星木条复燃？假如集气瓶中氧气不纯，带火星木条还会复燃吗？

备学检查

药品：过氧化氢溶液（30%）、二氧化锰、蒸馏水。

仪器：锥形瓶、纸槽、药匙、电子天平、分液漏斗、量筒、容量瓶、移液管、洗耳球、洗瓶、双孔橡胶塞、导管、乳胶管、止水夹、铁架台、三颈圆底烧瓶、单孔橡胶塞、循环水式多用真空泵、氧气传感器、数据采集器、电脑及配套软件。

互学展示

探究木条复燃时需要的氧气浓度：

基于疑惑“是否只有集气瓶中全部是氧气时才能使带火星木条复燃？假如集气瓶中氧气不纯，带火星木条还会复燃吗?”我们设计实验，实验共分为 5 组，每组各 4 次试验，

共20次试验（如表3-19-1所示）。空气中氧气含量约为21%，所以选择氧气浓度接近21%时开始进行试验。

（1）实验步骤：

1）配制溶液：用30%的过氧化氢溶液配制200mL 5%的过氧化氢溶液。

2）装药品：用量筒量取50mL 5%的过氧化氢溶液于分液漏斗中，称取约0.5g二氧化锰于锥形瓶中。

3）组装仪器：按照图3-19-2所示组装仪器。

4）开始实验：组装好仪器后，将氧气传感器与数据采集器相连，USB线与数据采集器和电脑相连。启动数据采集器，打开软件，设置软件菜单栏“实验”项目中“数据采集”为“持续采集数据”。打开分液漏斗活塞使过氧化氢溶液与二氧化锰接触，同时点击“采集”按钮，开始实验。

5）寻找木条复燃时需要的氧气浓度：当氧气浓度增加到一定数值时，打开三颈圆底烧瓶右边的橡胶塞，同时将左边的止水夹打开，迅速将带火星的“牙签”木条伸入集气瓶中（如图3-19-3所示），观察牙签是否复燃。多次重复试验，直到找到带火星的“牙签”木条复燃时需要的氧气浓度。每完成1次试验后，需要用循环水式多用真空泵将三颈圆底烧瓶内产生的气体抽走，防止燃烧产生的二氧化碳气体对实验数据造成影响。

6）保存实验数据，后期进行处理。

（2）实验装置如图3-19-1~图3-19-3所示。

图3-19-1　循环水式多用真空泵

图3-19-2　实验装置图

图3-19-3　检验氧气浓度

帮学提升

1. 探究木条复燃时需要的氧气浓度

实验数据列于表 3-19-1。

表 3-19-1　实验数据

序号	三颈圆底烧瓶中 O_2 浓度/%	“牙签”木条是否复燃
1	20.91	否
	20.91	
	20.93	
	20.94	
2	22.17	否
	22.01	
	22.09	
	22.10	
3	23.04	否
	23.01	
	23.36	
	23.13	
4	23.89	否
	24.10	
	24.35	
	23.92	
5	25.18	是
	25.41	
	25.04	
	25.41	

悟学精谈

1. 实验结论

由表 3-19-1 数据可知，当三颈圆底烧瓶中氧气浓度大约在 21%~24%时，不能使带火星的“牙签”木条复燃；当氧气浓度大于 25%时，能够使带火星的“牙签”木条复燃。由此可得出，并不是纯氧气才能使带火星木条复燃，当氧气不纯时，也能使带火星木条复燃。

2. 传感器的使用

本实验中需要解决“当集气瓶中氧气浓度不纯时，是否能使带火星木条复燃”这一问题，问题中涉及氧气浓度这一知识点，所以可以借助氧气传感器进行实验。本实验使用的是威尼尔氧气传感器（如图 3-19-4 所示），该传感器仅用于测量空气中氧气的含量，不能用于测量溶液中溶解氧的含量，切勿把传感器放进任何液体中。

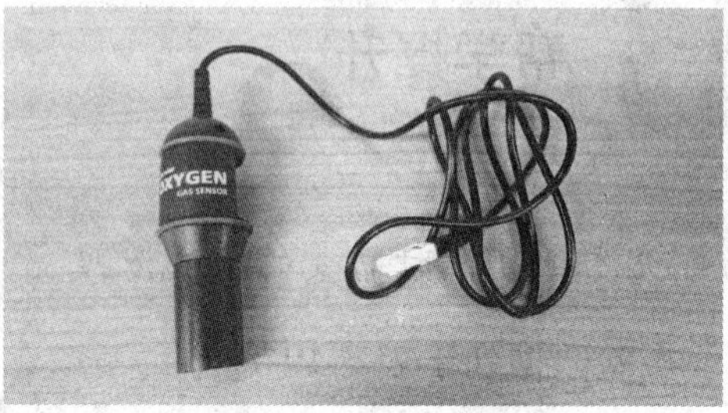

图 3-19-4　氧气传感器

3. 注意事项

考虑到在密闭容器中进行复燃实验的验证，产生的二氧化碳对实验数据造成的影响，每一次实验后都需要借助循环水式多用真空泵（见图 3-19-1）抽出瓶内残留气体，保证实验数据的准确性。

教学微案

1. 教学目标

（1）核心知识：理解氧气使带火星小木条复燃时需要达到一定的浓度；能整合氧气助燃性与燃烧条件相关知识点；强调“是”与“有”的区别，帮助学生由“质”的认识逐步提升为“量”的认识。

（2）核心能力：初步学习设计实验并进行验证；初步学会利用传感器和传统实验相结合的方法进行实验。

（3）核心品质：能够重新审视教材知识，养成善于思考、敢于质疑的科学态度。

2. 教学设计思路图

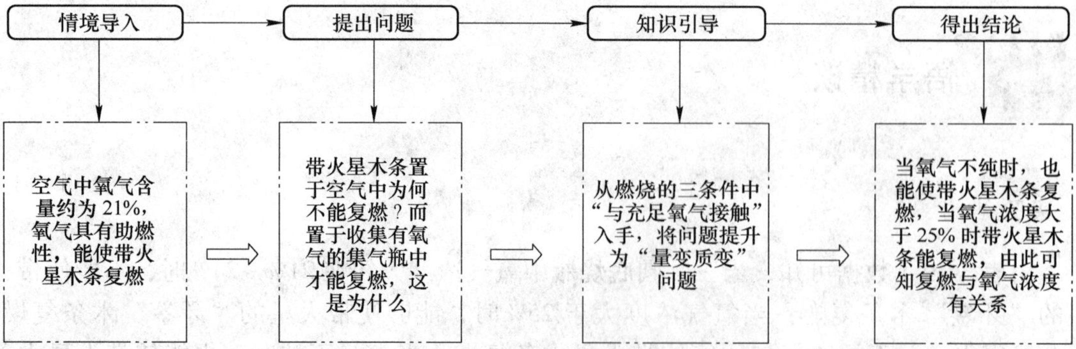

图 3-19-5　设计思路图

3. 教学过程

【陈述】空气中氧气含量约为21%，氧气具有助燃性，能够使带火星木条复燃，也能使燃烧的木条火焰更旺。

【提问】既然氧气具有助燃性，为什么带火星的木条在空气中不能复燃？只有将带火星的木条置于装有氧气的集气瓶中才能复燃？

【引导】联系燃烧的3个条件：与充足的氧气接触、具有可燃物、温度达到着火点。燃烧的条件之一是“与充足的氧气接触”“充足”二字体现了量变引起质变的问题，由此进行实验设计和探究。

【实验过程】按照下图所示组装好仪器。

用量筒量取50mL 5%过氧化氢溶液于分液漏斗中，称取约0.5g二氧化锰于锥形瓶中。设置软件菜单栏中“实验”中“数据采集”为“持续采集数据”。打开分液漏斗活塞使过氧化氢溶液与二氧化锰接触，同时点击“采集”按钮，开始实验。当氧气浓度约为21%时，点燃牙签“木条”，使火星长度约为1.5cm，将带火星木条从三颈圆底烧瓶右侧口伸入，观察木条是否复燃。

为防止燃烧产物对实验造成影响，牙签“木条”取出后，拔掉三颈圆底烧瓶一侧导管和顶端氧气传感器，并用循环水式多用真空泵抽走三颈圆底烧瓶中剩余气体，重复3~5次后塞上右侧塞子继续实验，按照表3-19-1氧气起始浓度依次进行木条复燃的试验。寻找使带火星牙签“木条”复燃时需要的氧气临界浓度。

【总结】常规实验过程中收集到的氧气不纯，该实验正好是不纯氧气也能使带火星木条复燃起到答疑解惑的作用。通过实验得出当氧气浓度大于25%时，能够使带火星的牙签“木条”复燃。

因此当我们在检验某气体时，要辩证地去思考问题，在不知道集气瓶气体含量时，假如用带火星的木条检验集气瓶中气体，木条复燃，不能说集气瓶中的气体“是”氧气，只能说集气瓶中“有”充足的氧气。

好学深思

（1）通过实验，你觉得燃烧的条件之一“与氧气接触”可以具体表述成什么？

（2）一般情况下，氧气具有助燃性，二氧化碳不能燃烧也不支持燃烧，是不是也与二氧化碳的浓度有关系呢？类比本实验，你会如何去设计实验来进行验证？

博学多闻

［1］毕文杰，边贺东. 微型化学实验仪器与手持技术结合-铁离子催化 H_2O_2 分解制取氧气实验研究［J］. 中学化学教学参考，2017（8）：41~42.

［2］王春霞. 关于初中化学“测定空气中氧气体积分数”实验的反思与创新［J］. 化学教与学，2016（11）：96~97.

［3］穆小艳，裴锐. 初中化学实验器材的改进与创新研究——以氧气的制取和性质实验为例［J］. 化学教与学，2016（4）：85~87.

［4］严春建. 三口烧瓶在“氧气化学性质”实验中的创新应用［J］. 化学教与学，2015（10）：96~97.

实验二十　怎样判断碳酸钠和碳酸氢钠的热稳定性？

要点提示：热稳定性、分解温度、化学热力学、二氧化碳传感器

导学设问

在九年级化学教学中对 Na_2CO_3 和 $NaHCO_3$ 部分物理化学性质已有所介绍，进入高中阶段，对这两种物质的化学性质将进一步深入学习。在进行 Na_2CO_3 和 $NaHCO_3$ 热稳定性的比较时，人教版高中化学教材安排在“科学探究”栏目中，进行套管实验，实验过程中师生一起得出关于 Na_2CO_3 和 $NaHCO_3$ 的热稳定性，即 Na_2CO_3 加热不分解，$NaHCO_3$ 加热易分解[1]；鲁科版高中化学教材安排在“活动·探究”栏目中，得出的结论是：“实验表明，在酒精灯加热的条件下，碳酸钠不能分解，而碳酸氢钠能分解生成碳酸钠、水和二氧化碳”[2]；苏教版高中化学教材安排在“活动与探究”栏目中，通过实验得出关于碳酸钠和碳酸氢钠化学性质对比的表格，表格中关于这两种物质的热稳定性是这样描述的：“碳酸钠稳定、碳酸氢钠不稳定”[3]。可以看出 3 个版本教材中都能得出碳酸氢钠固体不稳定，加热能够分解，而人教版和苏教版教材在描述碳酸钠热稳定性时并没有给出精准的结论，相比较而言鲁科版教材对于碳酸钠热稳定性的描述更得当，准确说明热源是酒精灯。基于 3 个版本教材对 Na_2CO_3 和 $NaHCO_3$ 热稳定性描述的差异性，进一步了解“在酒精灯加热条件下 Na_2CO_3 和 $NaHCO_3$ 热稳定性究竟存在怎样的差别？这种差别的实质又是什么呢？”借助二氧化碳含量的变化来说明碳酸钠和碳酸氢钠热稳定性差异，具体实验过程如下。

备学检查

药品：碳酸钠、碳酸氢钠、蒸馏水。

仪器：木板、酒精灯、火柴、止水夹、乳胶管、自制具支大试管、铁架台、药匙、称量纸、分析天平、烘箱、蒸发皿、玻璃棒、三脚架、尖嘴导管、试管、烧杯、CO_2 传感器、数据采集器、USB 数据线、电脑和配套软件、Origin7.5 软件。

互学展示

实验步骤：

（1）组装仪器：如图 3-20-1 所示，连接好仪器，固定装置并检查装置的气密性。

（2）称取药品：称取约 0.5g 碳酸钠固体于自制具支大试管底部，插入 CO_2 传感器。

（3）开始实验：启动数据采集器，打开软件，设置软件菜单栏“实验”项目中“数据采集”为“持续采集数据”。点击“采集”按钮，传感器预先采集试管内二氧化碳含量，待数据稳定后点燃酒精灯，先对试管底部预热再集中加热，待曲线变化较为平缓时即可停止采集，保存实验数据。

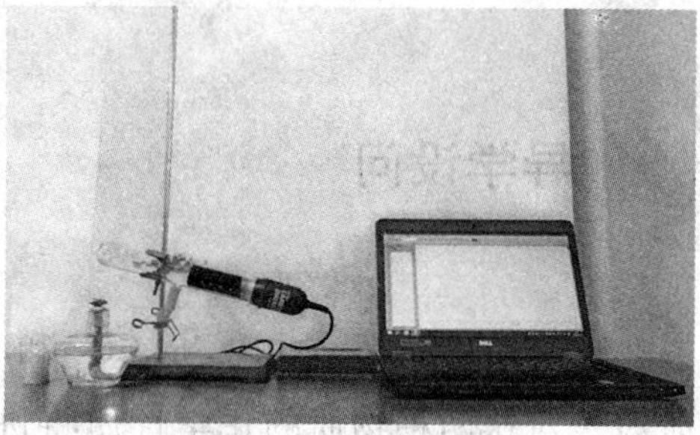

图 3-20-1 实验装置图

（4）清洗试管并干燥，称取约 0.5g 碳酸氢钠固体于试管底部，插入 CO_2 传感器，重复实验步骤（3），保存新的实验数据。

（5）清洗试管并干燥，将灼烧约 1h 冷却后的 0.5g 碳酸氢钠固体于试管底部，插入 CO_2 传感器，重复实验步骤（3），保存新的实验数据，后期拷贝到 Origin7.5 软件中进行作图。

帮学提升

1. 加热碳酸钠固体体系 CO_2 含量随时间变化情况

由图 3-20-2 可知，图线先缓慢上升后趋于平缓，体系二氧化碳含量增多，此情况说明“酒精灯加热能使碳酸钠固体分解”。加热 0.5g 碳酸钠固体得到图 3-20-2 大约用时 10min。图中停止加热时体系二氧化碳含量由 313×10^{-6} 上升为 12149×10^{-6}，即为 1.2149%。

2. 加热碳酸氢钠固体体系 CO_2 含量随时间变化情况

由图 3-20-3 可知，图线呈急剧上升趋势，到一定时间后瞬间保持平衡（注：本实验中二氧化碳传感器量程为 $(0\sim100000)\times10^{-6}$，超过该量程无法测量，所以瞬间保持平衡），体系二氧化碳含量急剧增多，说明酒精灯加热能使碳酸氢钠固体快速分解。加热 0.5g 碳酸氢钠固体 150s 后停止加热时，体系二氧化碳含量由 313×10^{-6} 上升为 100242×10^{-6}，即为 10.0242%。

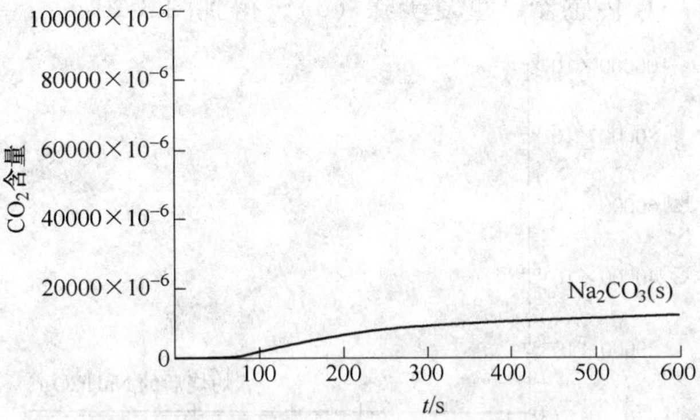

图 3-20-2　体系 CO_2 含量随时间变化情况

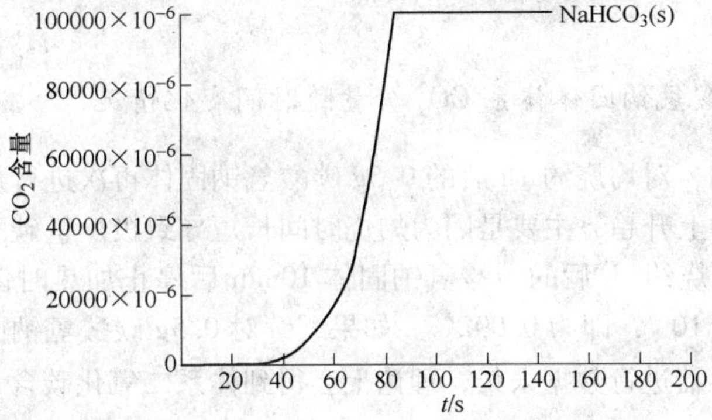

图 3-20-3　体系 CO_2 含量随时间变化情况

3. 实验中存在的“异常现象”解释

由图 3-20-2 和图 3-20-3 可得出相应的结论：“碳酸钠和碳酸氢钠固体在酒精灯加热的条件下都能分解产生二氧化碳”，然而在鲁科版教材中明确指出“实验表明，在酒精灯加热的条件下，碳酸钠不能分解，而碳酸氢钠能分解生成碳酸钠、水和二氧化碳”，本实验中的结论只有碳酸氢钠符合教材描述。为什么 CO_2 传感器能够检测出碳酸钠固体在酒精灯加热条件下体系二氧化碳含量增多呢？对这一现象，考虑到可能由以下几个问题导致：（1）药品的问题；（2）加热的问题。针对这几个问题，我们依次进行试验。首先对于第一个问题，我们更换另一分析纯的碳酸钠固体重复实验依旧得到图 3-20-2；对于第二个问题“加热的问题”，其实质是温度的高低，查阅教材得知碱金属对应的碳酸盐其受热分解温度由锂到铯依次升高，分解温度依次是碳酸锂<碳酸钠<碳酸钾<碳酸铷<碳酸铯，教材中给出碳酸锂的分解温度是 1543K，即 1300℃[4]，由此可知碳酸钠热分解的温度高于 1300℃，然而酒精灯的温度都达不到 1000℃[5]。综上所述，酒精灯加热条件下碳酸钠固体是不会分解的，如果想让碳酸钠受热分解，热源提供的温度必须不小于其热分解温度。

通过理论数据分析得知酒精灯加热条件下碳酸钠固体是不会分解的，造成图 3-20-2 的现象只能说明碳酸钠固体中含有极少量的碳酸氢钠固体或其他受热极易分解的碳酸盐。为进一步说明问题，我们称取 0. 5g 碳酸氢钠固体，用酒精灯进行灼烧约 1h，冷却后放入自制具支试管中，塞上 CO_2 传感器，重复步骤（3），得到图 3-20-4。

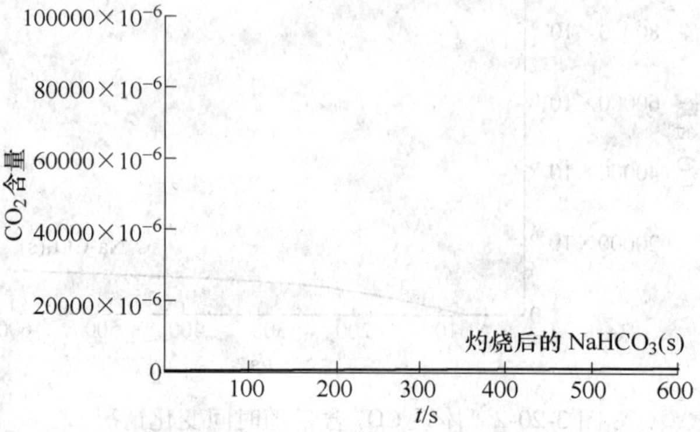

图 3-20-4　体系 CO_2 含量随时间变化情况

4. 加热灼烧后的碳酸氢钠固体体系 CO_2 含量随时间变化情况

由图 3-20-4 可知，对灼烧约 1h 后的 0.5g 碳酸氢钠固体再次进行加热，曲线基本保持平缓（注：有略微的上升趋势主要是因为灼烧时间长短导致极少量碳酸氢钠固体还未分解完全）。加热 0.5g 灼烧约 1h 后的碳酸氢钠固体 10min 后停止加热时体系二氧化碳含量由 313×10^{-6} 上升为 920×10^{-6}，即为 0.092%。如果继续对 0.5g 碳酸氢钠固体灼烧，到达一定时间后再用 CO_2 传感器进行数据采集，理论上会得到体系二氧化碳含量不变的曲线。

悟学精谈

1. 实验结论

（1）通过实验可知，当酒精灯作为热源进行加热时，碳酸钠固体很稳定不会分解，而碳酸氢钠固体不稳定能分解，且分解速率较快。导致这样的区别除物质本身的性质外还与受热温度密切相关，一旦受热温度达到碳酸钠固体分解温度时，碳酸钠固体也能够分解。

（2）本实验中图 3-20-2 实验“异常”现象的出现，在实验教学过程中是被允许的，这一现象的出现可以将问题转向“物质的检验、分离和提纯”等专题。

2. 传感器的使用

本实验主要用到的传感器为维尼尔 CO_2 传感器（图 3-20-5）。威尼尔 CO_2 传感器在化学实验中能够测量二氧化碳气体的浓度，测量范围为：0~100000ppm（ppm 浓度又叫百万分比浓度，1ppm=0.0001%）。该传感器在本实验中的作用主要是实时监测酒精灯加热条件下碳酸钠、碳酸氢钠和灼烧后的碳酸氢钠固体热稳定性情况，由单位时间体系二氧化碳的变化情况来进行区别。

3. 注意事项

（1）本实验所用传感器只适合教育使用，不适合工业、医疗、研究或商业上的应用。

（2）实验过程中应该保证体系的密封性，假如传感器插入试管中存在空隙，可借助生料带将其密封。

（3）本实验是对密闭装置进行加热实验，密闭装置内会产生二氧化碳气体，基于此，必须严格按照实验要求称取药品，防止药品过量局部产生气体较多造成危险。

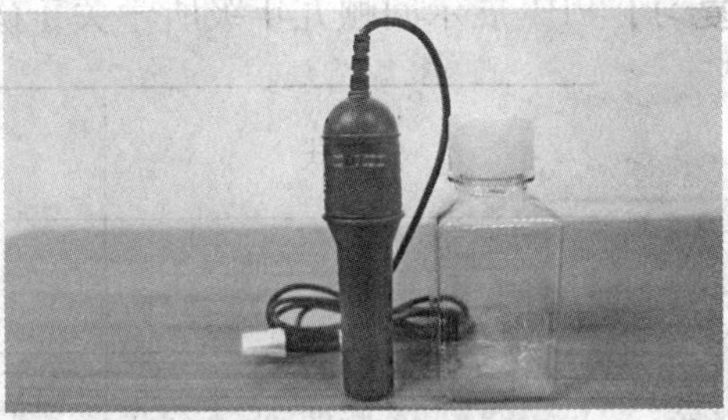

图 3-20-5 CO_2 传感器

教学微案

1. 教学目标

（1）核心知识：理解热稳定性的含义；知道碳酸钠和碳酸氢钠在酒精灯加热条件下的区别；掌握碳酸钠和碳酸氢钠部分物理化学性的区别与联系。

（2）核心能力：会设计实验识别碳酸钠和碳酸氢钠的热稳定性差异；能发现教材中语言描述的不准确性。

（3）核心品质：能对实验中的“异常”现象和已有的结论进行反思同时提出质疑和新的实验设想，并进一步付诸实施；逐步养成严谨求实的科学态度。

2. 教学设计思路图

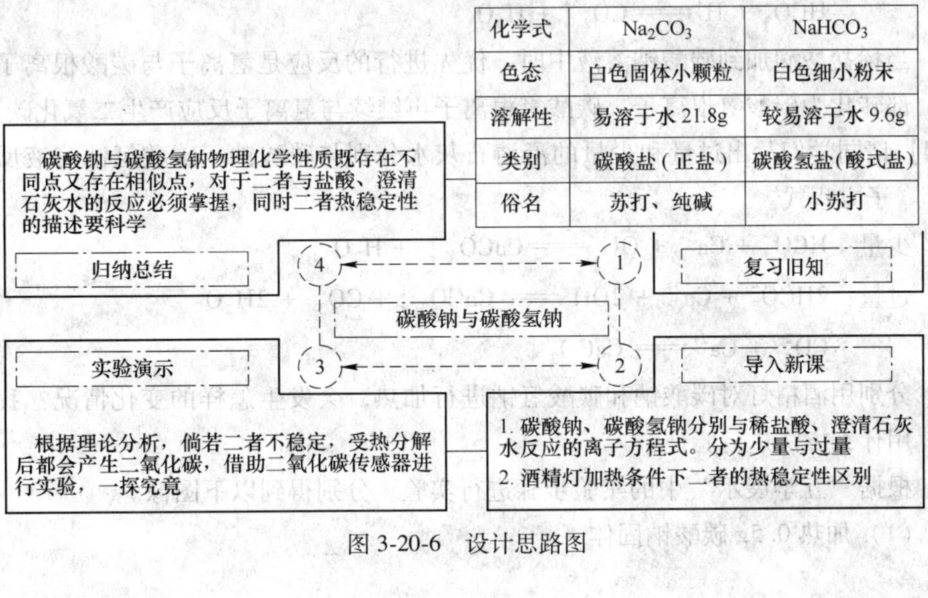

图 3-20-6 设计思路图

3. 教学过程

【复习】PPT 展示回顾九年级所学关于碳酸钠和碳酸氢钠的部分性质。

化学式	Na_2CO_3	$NaHCO_3$
色态	白色固体小颗粒	白色细小粉末
溶解度	21.8g（20℃）	9.6g（20℃）
类别	碳酸盐（正盐）	碳酸氢盐（酸式盐）
俗名	苏打、纯碱	小苏打

【陈述】除表格中关于碳酸钠和碳酸氢钠的物理性质之外，初中还简单介绍了碳酸钠、碳酸氢钠分别与稀盐酸的反应，碳酸钠与澄清石灰水溶液的反应。在初中所学知识的基础上，进一步学习这两种物质的化学性质，主要是热稳定性、与盐酸（过量和少量）的反应、与澄清石灰水（过量与少量）的反应。

【任务1】请同学们回顾初中知识，写出碳酸钠、碳酸氢钠分别与稀盐酸反应的化学方程式（盐酸过量）。

【任务2】请同学们将书写好的化学方程式改写成离子方程式。

【任务3】对比碳酸钠、碳酸氢钠与稀盐酸的离子反应方程式，试着写出碳酸钠与少量稀盐酸反应的离子方程式。

【板书】过量：$CO_3^{2-} + 2H^+ \xlongequal{} CO_2\uparrow + H_2O$　少量：$CO_3^{2-} + H^+ \xlongequal{} HCO_3^-$

$HCO_3^- + H^+ \xlongequal{} CO_2\uparrow + H_2O$

【讲解】当稀盐酸滴加到碳酸钠溶液中时，优先进行的反应是氢离子与碳酸根离子结合全部转化为碳酸氢根离子，碳酸氢根离子再继续与氢离子反应产生二氧化碳。

【任务4】请同学们写出过量和少量的澄清石灰水分别与碳酸钠、碳酸氢钠溶液反应的离子方程式。

【板书】少量：$HCO_3^- + Ca^{2+} + OH^- \xlongequal{} CaCO_3\downarrow + H_2O$

过量：$2HCO_3^- + Ca^{2+} + 2OH^- \xlongequal{} CaCO_3\downarrow + CO_3^{2-} + 2H_2O$

$CO_3^{2-} + Ca^{2+} \xlongequal{} CaCO_3\downarrow$

【提问】分别用酒精灯对碳酸钠和碳酸氢钠进行加热，会发生怎样的变化情况？我们可以用什么方法进行验证？

【实验】根据“互学展示”中的实验步骤进行实验。分别得到以下图像。

（1）加热 0.5g 碳酸钠固体

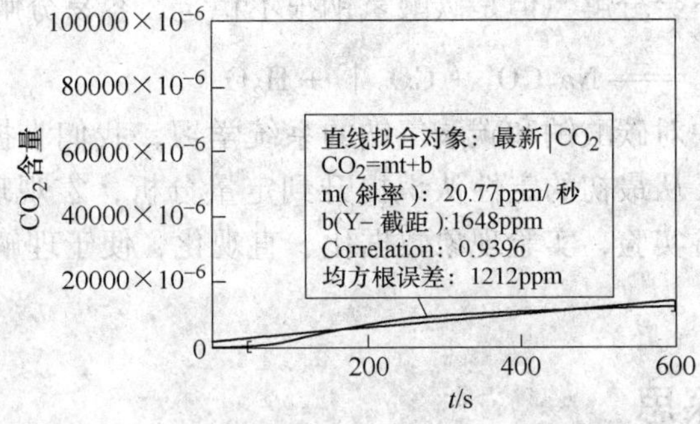

（2）加热 0. 5g 碳酸氢钠固体

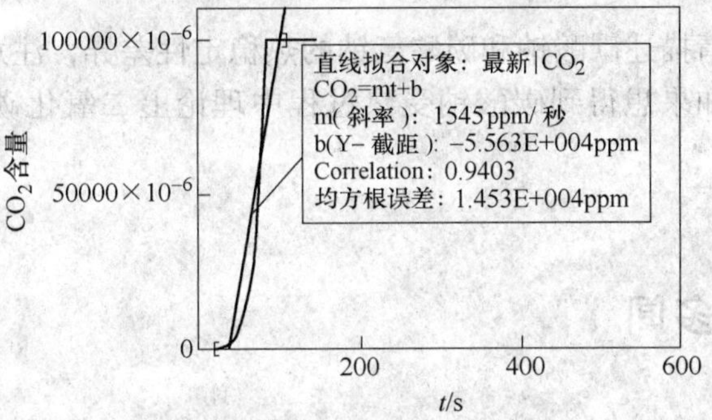

分析：取 0. 5g 碳酸钠用酒精灯进行加热，得到体系二氧化碳含量随时间变化的情况。可看出，曲线呈缓慢上升趋势，但是经过理论数据分析可知在酒精灯加热的条件下，碳酸钠固体是不会分解的，因为酒精灯提供的温度达不到碳酸钠的热分解温度，得到上升的曲线主要是因为所用碳酸钠固体中含有少量的碳酸氢钠固体。取 0. 5g 碳酸氢钠固体进行酒精灯加热，体系二氧化碳含量在短时间内急剧上升，达到约 10% 的含量。根据碳酸钠受热分解曲线的“异常”现象，可以对灼烧一定时间后的碳酸氢钠进行受热，得到下图。

（3）加热灼烧约 1h 的碳酸氢钠固体

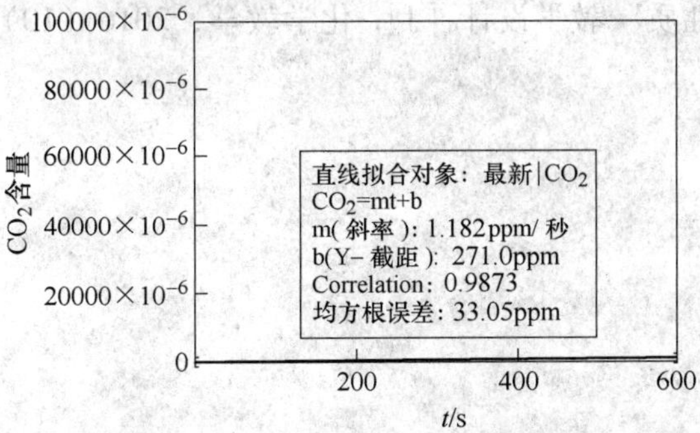

分析：对灼烧一定时间后的碳酸氢钠固体进行酒精灯加热，可以看出此刻体系二氧化碳含量几乎保持不变，其实质是在对碳酸钠进行受热，经过该方法处理后的碳酸钠较为纯净。由此可知，在酒精灯加热的条件下，碳酸钠很稳

定不会分解，但是碳酸氢钠很不稳定，容易分解。

【板书】 $2LNaHCO_3 \xlongequal{\triangle} Na_2CO_3 + CO_2\uparrow + H_2O$

【总结】 通过初高中对碳酸钠和碳酸氢钠的系统学习，我们掌握了这两种物质主要的物理化学性质，从最初的定性认识提升到定量分析，宏观现象不明显时可以借助 CO_2 传感器进行实验，实验现象数据化、直观化，便于理解记忆。

好学深思

（1）通过实验，请描述碳酸钠和碳酸氢钠的热稳定性差异，注意热源的描述。

（2）通过实验，如果想得到碳酸钠受热过程中理论上二氧化碳含量不变的曲线，你会怎样做?

博学多闻

[1] 宋心琦．普通高中课程标准实验教科书化学 1 必修（第 3 版）[M]. 北京：人民教育出版社，2007：56.

[2] 王磊．普通高中课程标准实验教科书化学 1 必修（第 3 版）[M]. 山东：山东科学技术出版社，2007：64~65.

[3] 王祖浩．普通高中课程标准实验教科书化学 1 必修（第 6 版）[M]. 江苏：江苏教育出版社，2014：52.

[4] 林海龙．基于化学核心素养的问题驱动式教学实践探索——以“碳酸钠和碳酸氢钠的性质”课堂教学为例 [J]. 化学教与学，2019（1）：38~41，37.

[5] 刘志峰，韩雪松．“先学后教”教学模式在高中化学教学中的应用——“碳酸钠与碳酸氢钠的性质”教学设计 [J]. 化学教学，2016（10）：35~38.

实验二十一　铵盐能与金属镁反应吗？

要点提示：水解反应、金属与酸反应、pH 传感器

导学设问

在金属活动顺序表中，排在氢之前的金属，能将氢从非氧化性酸（如：盐酸、稀硫酸、醋酸等）中以氢气的形式置换出来。实验室制取氢气一般用粗锌和稀硫酸溶液反应，反应实质是锌和氢离子之间的反应。只要能提供氢离子的物质，是否都能够与排在氢之前的金属反应制取氢气呢？如：碳酸氢钠溶液、硫酸氢钠溶液、亚硫酸氢钠溶液、磷酸二氢钠溶液等，这些物质在水溶液中都能够电离产生氢离子，同时也存在水解反应。除了电离之外，是否水解显酸性存在氢离子的物质也能与活泼金属反应产生氢气呢？基于此，选取硫酸铵溶液、氯化铵溶液和硝酸铵溶液分别与金属镁反应，观察实验现象得出相应结论。

本实验选取的铵盐都属于强酸弱碱盐，根据水解规律“越弱越水解，谁强显谁性”可知，3 种铵盐对应的水溶液都显酸性，存在铵根离子的水解反应（$NH_4^+ + H_2O \rightleftharpoons NH_3 \cdot H_2O + H^+$）。理论分析可知，当金属镁投入 3 种溶液中，都会与铵根离子水解产生的氢离子反应产生氢气。如果该反应在密闭容器内进行，则内部压强增大，由此可借助气体压力传感器进行实验分析数据，考虑到反应的程度和容器密封性对实验造成的影响，本实验不借助该传感器进行实验。再次分析可知，金属镁与水解产生的氢离子反应产生氢气逸出后，溶液酸性减弱，同时很大程度促进了铵根离子的水解正向移动，从而导致体系的碱性增强，对应溶液的 pH 增大。由此可借助 pH 传感器进行实验，监测体系 pH 的变化情况，借助 pH 传感器不需考虑装置的密封性，同时也能说明问题，以下是实验过程。

备学检查

药品：硫酸铵固体、氯化铵固体、硝酸铵固体、镁条、蒸馏水。

仪器：磁力搅拌器、烧杯、夹子、洗瓶、滤纸、分析天平、容量瓶、玻璃棒、砂纸、镊子、pH 传感器、数据采集器、USB 数据线、电脑和配套软件、Origin7.5 软件。

互学展示

1. 实验设计思路

本实验主要完成硫酸铵溶液、氯化铵溶液和硝酸铵溶液与金属镁的反应，为了形成较好的对比，选择3种铵盐溶液都为0. 5mol/L，金属镁都为0. 3g，借助pH传感器采集反应过程中的pH，由pH的变化和实验过程中的宏观现象，揭示铵盐与金属镁反应能否制取氢气的可行性分析，同时进一步加强理论与实践相结合的重要性。

2. 实验步骤

（1）准备药品：

1）分别配制0. 1mol/L的硫酸铵溶液、氯化铵溶液和硝酸铵溶液各50mL。

2）称取3份用砂纸打磨过的镁条约0. 3g。

（2）组装仪器：如图3-21-1所示，将pH传感器与数据采集器相连，USB线与数据采集器和电脑相连。

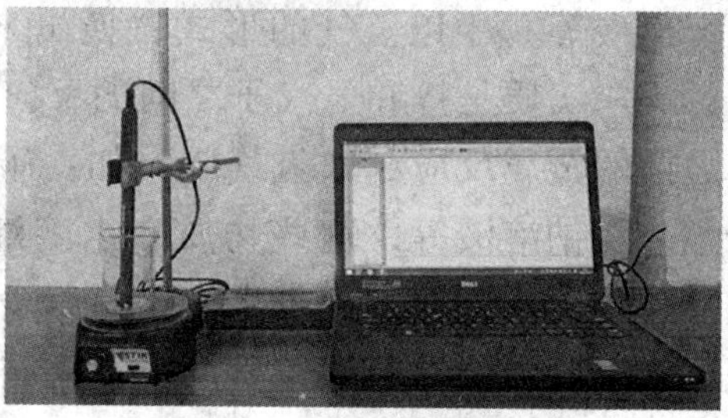

图3-21-1 实验装置图

（3）开始实验：启动数据采集器，打开软件，设置软件菜单栏“实验”项目中“数据采集”为“持续采集数据”。用量筒量取20mL 0. 1mol/L的硫酸铵溶液于烧杯中，开动磁力搅拌器，点击“采集”按钮，几秒后用镊子夹取0. 3g镁条投入烧杯中。

（4）停止实验：待曲线变化相对稳定后停止采集，保存实验数据。

（5）清洗仪器，重复实验步骤（3），其中，只需将20mL 0. 1mol/L的硫酸铵溶液依次更换成等浓度等体积的氯化铵溶液、硝酸铵溶液，反应后保存数据，后期拷贝到Origin7. 5软件中进行作图。

帮学提升

等体积等浓度的铵盐与金属镁反应体系pH的变化情况如图3-21-2所示。

图3-21-2中共3条曲线，由上而下依次是20mL 0. 5mol/L的硫酸铵溶液、氯化铵溶液、硝酸铵溶液分别与0. 3g镁条反应得到的体系pH随时间变化的曲线。由图3-21-2可知，3条曲线整体呈上升趋势，体系pH增大，可知，金属镁分别与3种铵盐都发生了化学反应，生成氢气导致溶液中氢离子浓度降低，pH增大，碱性增强。3条曲线经线性拟合

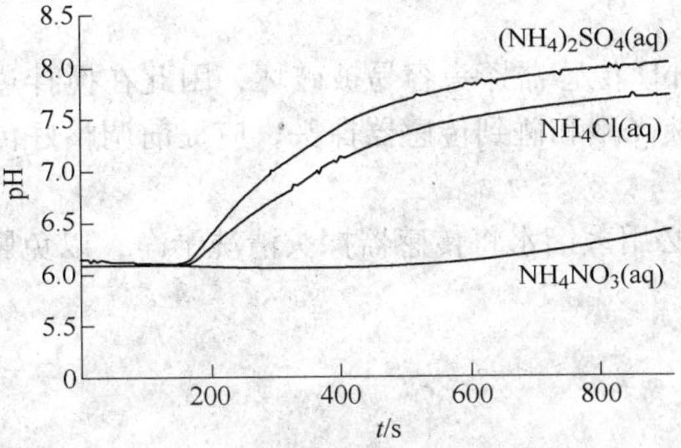

图 3-21-2　实验图像

得到的斜率依次约为 $k_{(NH_4)_2SO_4}=0.0023$，$k_{NH_4Cl}=0.0012$，$k_{NH_4NO_3}=0.0007$，由斜率大小可知硫酸铵溶液与镁条反应更剧烈，其次是氯化铵溶液，最后是硝酸铵溶液。其主要原因是等浓度等体积条件下，1mol 硫酸铵溶液中含有 2mol 铵根离子，而氯化铵与硝酸铵中只含有 1mol 铵根离子，所以硫酸铵溶液与镁条反应更为剧烈。

悟学精谈

1. 实验结论

通过实验可知，硫酸铵、氯化铵和硝酸铵溶液都能够与金属镁发生反应生成氢气，所以除了用锌和稀硫酸反应制取氢气外，铵盐与活泼金属反应制取氢气也是一种方法，可根据实验需要进行铵盐与金属的搭配。拓展制取氢气的方法，培养学生的发散思维，真正理解实验室制取氢气的原理，灵活运用所学知识解决问题。

2. 传感器的使用

本实验主要用到的传感器为维尼尔 pH 传感器，所有用到 pH 计的实验都可以用 pH 传感器完成。

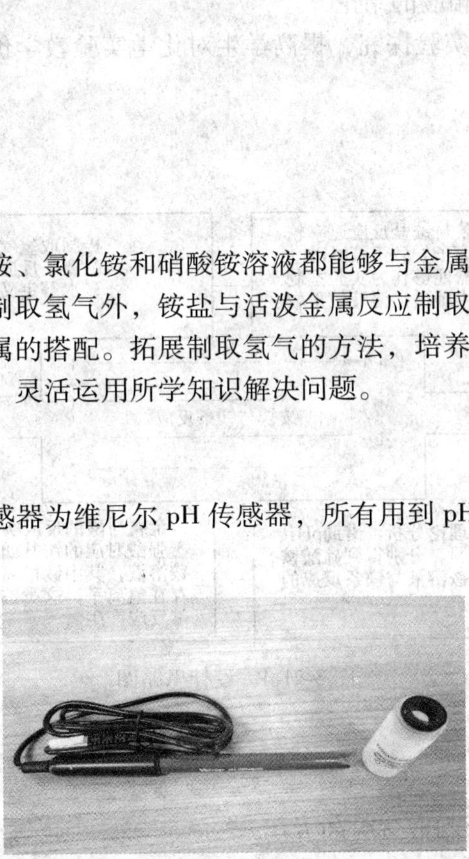

图 3-21-3　pH 传感器

3. 注意事项

（1）实验过程中的 pH 传感器探头容易被破坏，因此在搅拌过程中磁力搅拌器的搅拌速度不宜过快，防止溶液飞溅和碰到传感器探头，应提前调整好传感器位置和磁力搅拌器搅拌速度。

（2）每次实验前务必用蒸馏水将传感器探头清洗干净，以免影响实验数据。

教学微案

1. 教学目标

（1）核心知识：了解多种制取氢气的实验原理；知道实验室制取氢气的方法；会书写铵盐与金属镁反应制取氢气的离子反应方程式。

（2）核心能力：能够运用盐类水解原理解决氢气的制备等问题；能结合理论知识对图像进行科学的分析，得出相应的结论。

（3）核心品质：通过实验探究，提高学生对化学实验教学价值的认识；体会理论结合实验获取知识的乐趣。

2. 教学设计思路图

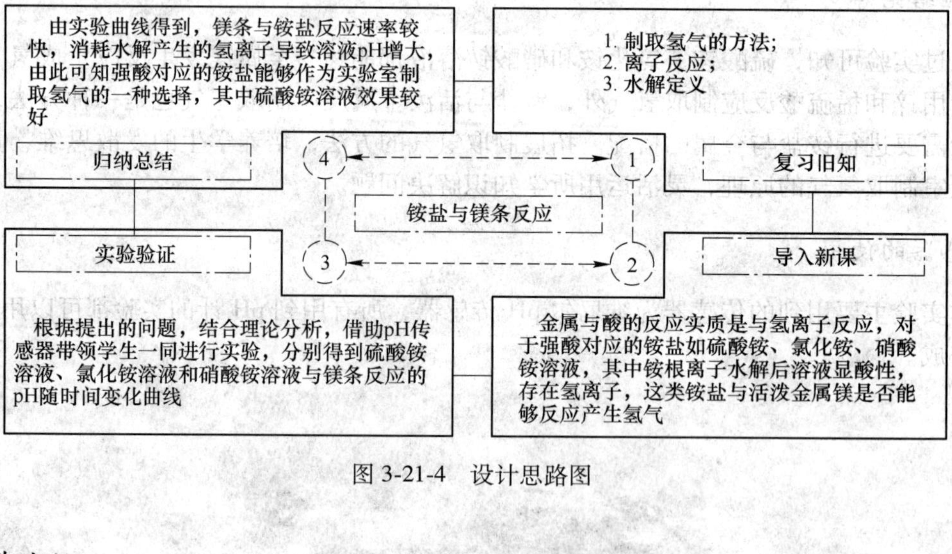

图 3-21-4 设计思路图

3. 教学过程

【提问】同学们知道有哪些制取氢气的方法？

【陈述】电解水、金属与酸的反应。

【追问】金属与酸的反应实质是什么呢？

【陈述】 金属与酸反应的实质是金属与酸电离出的氢离子反应。

【过渡】 请同学们写出金属与酸反应的离子反应方程式。

【提问】 金属与氢离子反应可以表示一类反应，只要能提供氢离子的物质，都能够与金属反应产生氢气。同学们想一想，除了酸，还有哪些物质能够提供氢离子?

【引导】 在溶液中，强碱弱酸盐、强酸弱碱盐或弱酸弱碱盐电离出来的离子与水电离出来的 H^+ 和 OH^- 生成弱电解质的过程叫做盐类水解。水解后溶液的酸碱性取决于“谁强显谁性”。

【小组讨论】 酸式盐在水溶液既存在电离反应也存在水解反应，所以寻找电离大于水解的酸式盐效果会更好，比如亚硫酸氢钠溶液。除了电离产生氢离子，还可以寻找水解显酸性产生氢离子的物质，这部分的物质属于强酸弱碱盐，比如铵盐。

【讲解】 选择铵盐这一类物质进行实验，其中选择常见酸对应的铵盐，分别是硫酸铵溶液、氯化铵溶液和硝酸铵溶液依次与镁条进行反应。

【实验】 依据“互学展示”中实验步骤进行实验，得到下图。

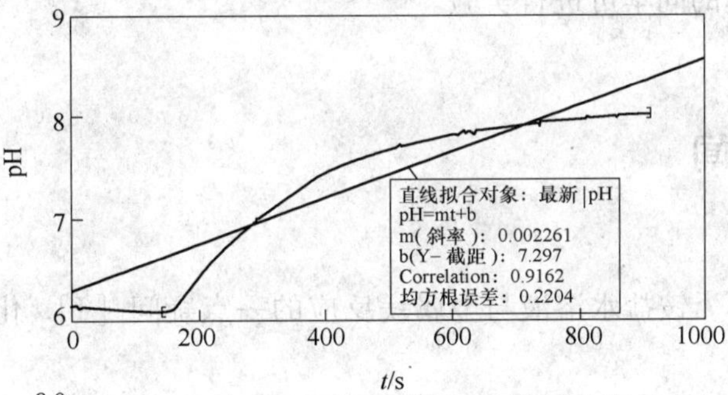

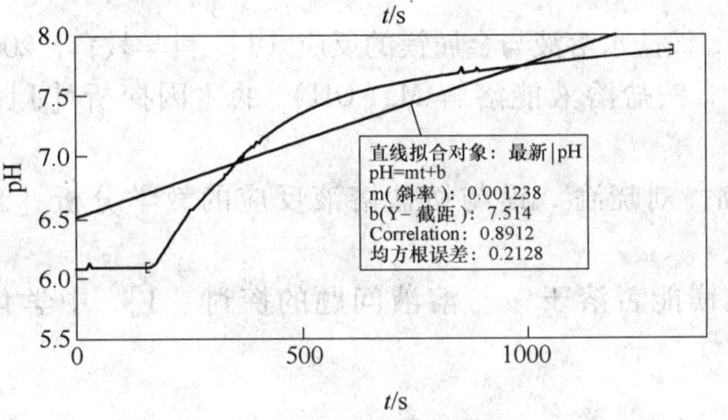

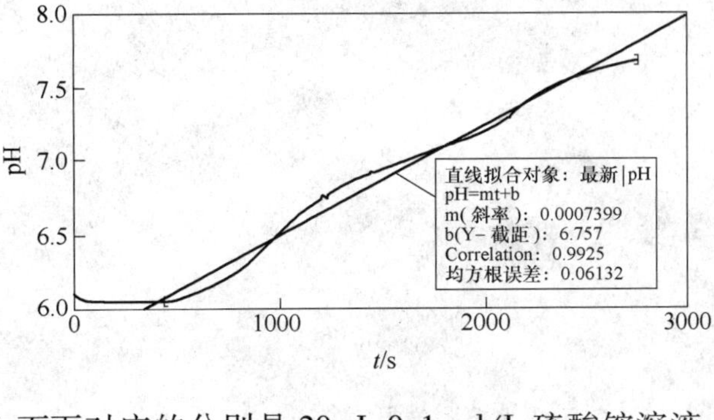

【分析】 3 条曲线从上而下对应的分别是 20mL 0.1mol/L 硫酸铵溶液、氯化铵溶液和硝酸铵溶液分别与 0.3g 镁条反应，体系 pH 随时间变化的情况。由图可知，3 种铵盐

与镁条反应后溶液的 pH 都增大了。分别对 3 条曲线进行一定时间内的线性拟合，得到相应的斜率，依次是 $k_{(NH_4)_2SO_4} = 0.0023$，$k_{NH_4Cl} = 0.0012$，$k_{NH_4NO_3} = 0.0007$，由此可知，同等条件下硫酸铵溶液与镁条反应更为剧烈。

【总结】 除金属与酸反应能够制取氢气之外，铵盐与镁条的反应也可作为制取氢气的备选对象。

好学深思

(1) 通过实验，请解释图中 3 条曲线上升的原因，并用离子方程式表示。

(2) 根据本实验，如果换成酸式盐如亚硫酸氢钠、硫酸氢钠等，你会借助传感器设计实验进行对比吗？同样，本实验主要用的金属是镁条，如果换成锌粒、铁粉又会有怎样的现象呢？感兴趣的同学可进行实验。

博学多闻

[1] 张以航，张赤军．铵盐水溶液与金属镁反应的一点疑问［J］．化学教学，1999（4）：41~42.

[2] 林秋华，郭士成．铵盐水溶液与金属镁的反应［J］．科学教育，2003，9（2）：33~34.

[3] 柴国英，吴文中．铵盐溶液能溶解 $Mg(OH)_2$ 的主因探析［J］．化学教与学，2016（4）：27~28.

[4] 周晓宏，张冬临，刘晓渝．镁与铵盐溶液反应的教学分析［J］．化学教育，2007（8）：55，62.

[5] 李成政．氢氧化镁能否溶于铵盐溶液问题的探讨［J］．中学化学教学参考，1986（6）：7~9.

实验二十二　改变温度对气体压强有什么影响?

要点提示：气体压强、理想气体状态方程、气体压力传感器、不锈钢温度传感器

导学设问

气体压强与大气压强存在异同点，大气压强随温度、高度和湿度的升高而减小，气体压强随温度升高呈现怎样的变化?

气体压强是大量气体分子对容器壁持续的、无规则撞击产生的，气体总是在不停地做无规则运动。如果用酒精灯对密闭容器内气体进行加热，温度越高，气体分子运动越剧烈，单位时间内对容器壁的撞击次数增多，对容器壁的作用力增强，产生的气体压强增大。反之，温度降低，气体压强减小（体积不变的情况下）。基于该分析，可以借助不锈钢温度传感器和气体压力传感器进行实验设计，验证气体压强与温度之间的关系，将微观现象可视化、数据化，便于学生的理解分析。

备学检查

药品：空气、蒸馏水。

仪器：铁架台、酒精灯、火柴、三颈圆底烧瓶、橡胶塞、不锈钢温度传感器、气体压力传感器、数据采集器、USB 数据线、电脑和配套软件、Origin7.5 软件。

互学展示

1. 实验设计思路

本实验主要探究气体压强与温度之间的关系，气体体积一定的条件下进行实验，用酒精灯对一定体积密闭容器内的空气进行加热，借助不锈钢温度传感器和气体压力传感器同时进行实验，实时监测密闭容器内气体压强与温度之间的关系；移开酒精灯几秒后在自然

冷却的条件下监测降低温度对气体压强的影响。实验操作方便，可以很好地将理论分析及“看不见”的分析结果以数据图线的形式呈现，提高学生对知识的掌握，促进学生的探索求知欲。

2. 实验步骤

（1）准备药品：将 50mL 的三颈圆底烧瓶置于空气中。

（2）组装仪器：如图 3-22-1 所示，调整酒精灯的位置，根据酒精灯的位置固定三颈圆底烧瓶的高度，在三颈圆底烧瓶的上口插入带有配套单孔橡胶塞的不锈钢温度传感器，左侧口塞上橡胶塞，右侧口塞上带有合适橡胶塞的气体压力传感器，检查装置气密性。将不锈钢温度传感器、气体压力传感器与数据采集器相连，USB 线与数据采集器和电脑相连。

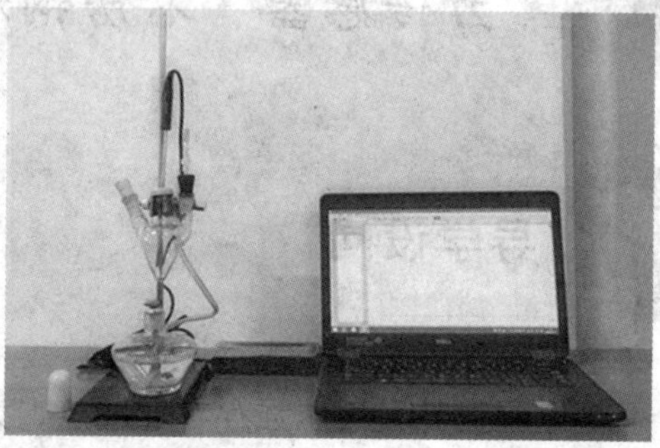

图 3-22-1　实验装置图

（3）开始实验：启动数据采集器，打开软件，设置软件菜单栏“实验”项目中“数据采集”为“持续采集数据”。点击“采集”按钮，同时点燃酒精灯对三颈圆底烧瓶底部进行加热（先预热再集中加热）。

（4）停止实验：待数据呈现一定的趋势后，可停止采集，保存实验数据。

（5）完成加热条件下的实验后，重新打开软件，移开酒精灯，几秒后待温度开始下降时点击“采集”按钮，实时采集移开酒精灯后在自然冷却条件下密闭容器内气体压强与温度的关系，待数据呈现一定的趋势后可停止采集，保存实验数据，后期拷贝到 Origin7. 5 软件中进行作图。

帮学提升

1. 酒精灯加热条件下，密闭容器内气体压强随时间变化情况

图 3-22-2（a）中，实线是体系气体压强 p 随时间的变化图像（p-t 图），虚线是体系温度 T 随时间变化图像（T-t 图），2 条曲线在酒精灯加热的条件下都呈上升趋势。同时可以看出，气体压强的曲线上升幅度是“先陡后平”，而温度曲线是“先平后陡”。图 3-22-2（b）是将图 3-22-2（a）中相同时间内体系气体压强、温度数据在 Origin7. 5 软件中作图，以温度 T 为横轴，气体压强 p 为纵轴。

图 3-22-2 中体系的气体压强 p 随着温度 T 的增大而增大后趋于平缓，由此可知气体体积一定时，气体压强与温度成正相关。

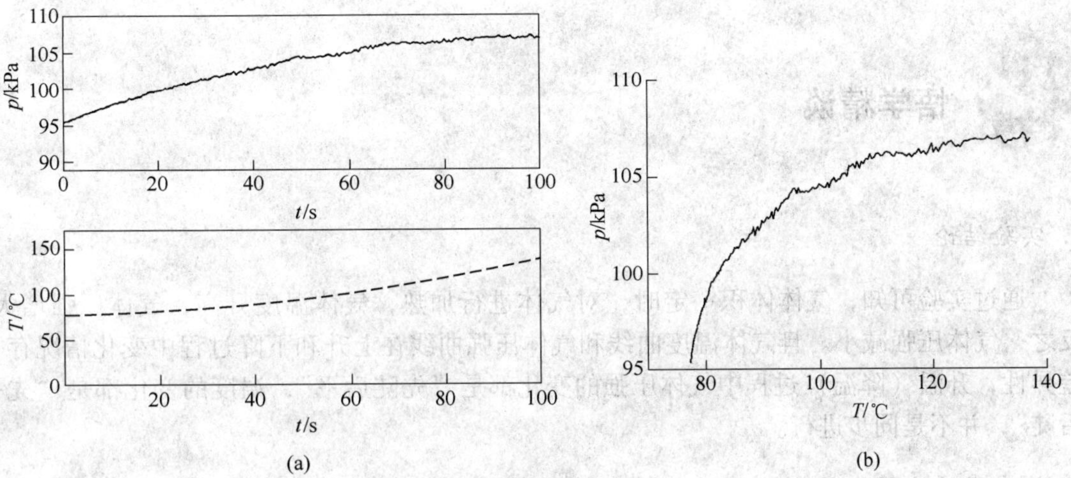

图 3-22-2 加热过程中体系气体压强和温度随时间变化图像（a）和 Origin7. 5 软件处理后得到的 p-T 图（b）

2. 移开酒精灯后，密闭容器内气体压强随时间变化情况

图 3-22-3（a）中，实线是体系气体压强 p 随时间的变化图像（p-t 图），虚线是体系温度 T 随时间变化图像（T-t 图），两条曲线在酒精灯移开自然冷却过程中都呈下降趋势。同时可以看出，气体压强的曲线下降幅度是“先陡后平”，而温度曲线是“先平后陡”。图 3-22-3（b）是将图 3-22-3（a）中相同时间内体系气体压强、温度数据在 Origin7. 5 软件中作图，以温度 T 为横轴，气体压强 p 为纵轴（注：为便于观察，对横轴的位置和数据大小顺序进行了调整）。

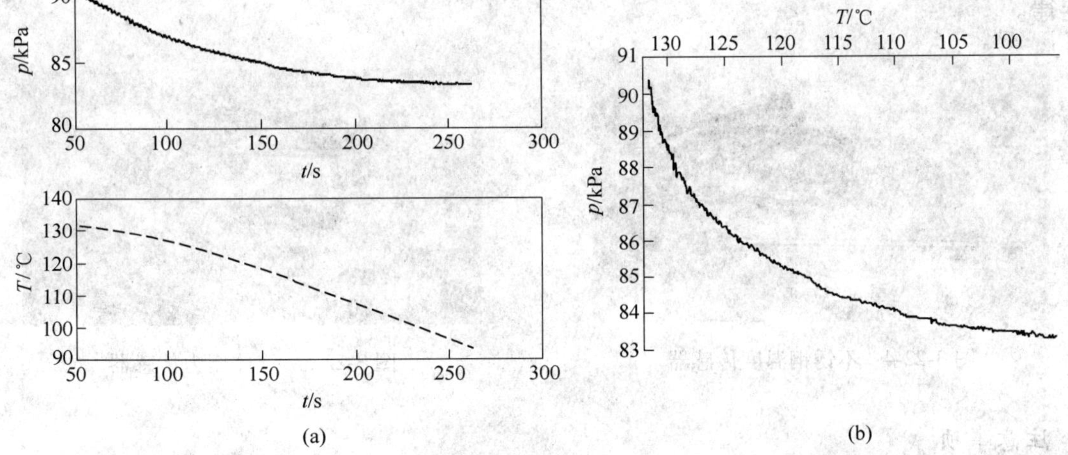

图 3-22-3 移开酒精灯后体系气体压强和温度随时间变化图像（a）和 Origin7. 5 软件处理后得到的 p-T 图（b）

由图 3-22-3 可知，体系的气体压强 p 随着温度 T 的减小而减小，最后趋于平缓，由此可知气体体积一定时，气体压强与温度成正相关。

悟学精谈

1. 实验结论

通过实验可知，气体体积一定时，对气体进行加热，气体温度升高，气体压强增大；反之，气体压强减小。且气体温度曲线和气体压强曲线在上升和下降过程中变化情况存在差异性，升温（降温）过程中气体压强的变化都是“先陡后平”，温度的变化都是“先平后陡”，并不是同步进行。

2. 传感器的使用

本实验主要用到的传感器为维尼尔不锈钢温度传感器和气体压力传感器，不锈钢温度传感器主要用于监测气体温度变化情况，气体压力传感器主要监测气体压强的变化情况。

不锈钢温度传感器（图 3-22-4）是一个通用的实验室温度传感器，它的设计是用来代替化学、物理、生物等实验时用的温度计。可以用它来完成的实验主要有：溶解热实验、比热实验、反应热效应、绝缘研究、测量凝固点和沸点、燃料和食物的能量、气温研究等。不锈钢温度传感器的温度范围是-25~150℃，因此本实验过程中注意把握酒精灯加热时间，防止破坏传感器。

气体压力传感器（图 3-22-5）可以用来监测物理和化学的气体定律实验的压力变化，例如探讨压力和体积的关系——玻意耳定律、研究温度与气体压力的影响——查理定律。

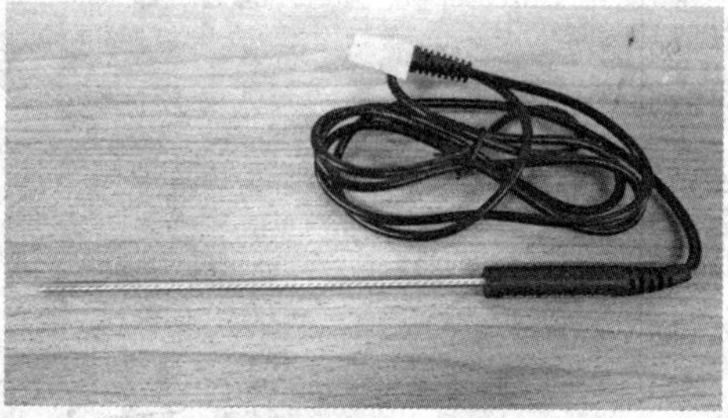

图 3-22-4　不锈钢温度传感器

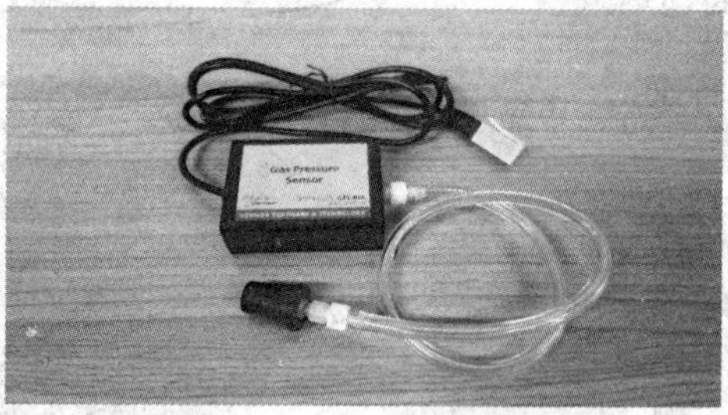

图 3-22-5　气体压力传感器

3. 注意事项

（1）实验过程中注意装置的气密性，保证气密性良好。

（2）本实验用到的不锈钢温度传感器，测试最高温度为 150℃，因此在实验过程中加热时间不宜过长，务必注意温度不要高于 150℃，同时切勿将不锈钢温度传感器用于低于-25℃的实验，防止破坏该传感器。

（3）进行本实验时，建议升高温度的实验和降低温度的实验分开进行，科学处理数据。

教学微案

1. 教学目标

（1）核心知识：了解改变气体压强的方法；知道大气压强与气体压强的区别和联系；理解气体压强与温度之间的关系。

（2）核心能力：能解释生活中与气体压强有关的现象；能设计实验探究不同因素对气体压强的影响情况；具备一定的数据分析能力。

（3）核心品质：帮助学生体验实验在化学学习中的重要性，体验理论结合实验获取知识的乐趣。

2. 教学设计思路图

教学设计思路图如图 3-22-6 所示。

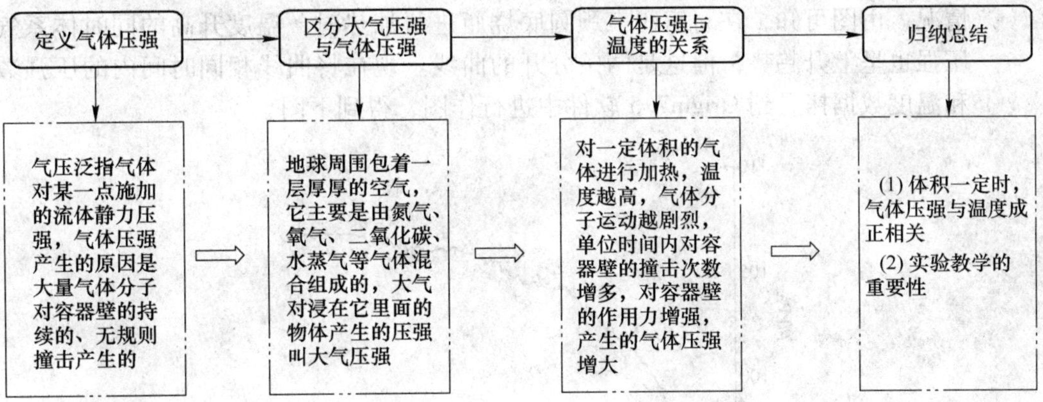

图 3-22-6　设计思路图

3. 教学过程

【复习】根据压强对化学反应速率的影响和物理学上的压强作为背景复习大气压强和气体压强相关知识点。

【导入】根据理想气体状态方程 $pV=nRT$ 可知，当气体体积 V、气体的物质的量 n 和理想气体常数 R 不变时，气体压强与温度成正比，请同学们根据理论分析试着画出气体压强与温度的关系曲线图。

【展示】用投影或其他方式展示部分学生所画图像。

【追问】如果对一定体积的气体加热时，压强与温度呈现怎样的变化呢？它们的变化是否与大家所画图像一致呢？

【设计】实验过程中涉及温度与压强的变化，因此可以借助不锈钢温度传感器和气体压力传感器进行实验。

【演示】根据“互学展示”中实验步骤完成实验，得到下列图像。

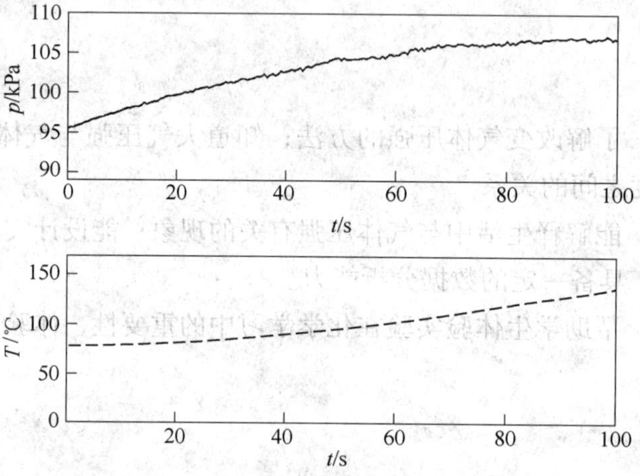

【分析】图中上方实线是体系压强随时间的变化情况，下方虚线是体系温度随时间的变化情况。由图可知，在对密闭三颈圆底烧瓶进行加热时，温度升高的同时体系气体压强也呈上升趋势，但这是两条分开的曲线。现在将曲线相同时间内的压强数据和温度数据拷贝到 Origin7. 5 软件中进行作图，得到下图。

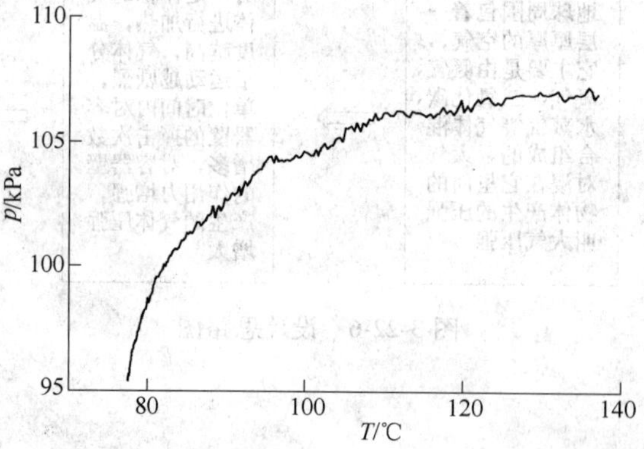

【分析】由图可知，对密闭三颈圆底烧瓶进行加热时，气体压强随温度的升高而升高，成正相关。

【提问】同学们对比一下，根据自己的理解画出的曲线是否和实验得到的曲线相一致呢？

【拓展】通过实验我们知道了气体压强与温度的关系，现在继续实验，酒精灯加热一定时间后，撤离酒精灯，同时继续采集实验数据，气体压强曲线与温度曲线又会发生怎样的变化呢？

【演示】实验操作与加热过程一样，当加热到 100s 时撤离酒精灯，得到下列图像。

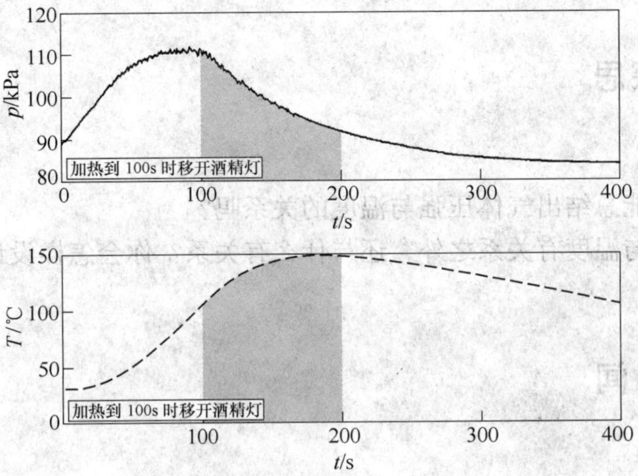

【分析】图中上方实线是体系压强随时间的变化情况，100s 后的图像是撤离酒精灯继续采集数据对应的曲线变化情况。下方虚线是体系温度随时间的变化情况，100s 后的图像是撤离酒精灯继续采集数据对应的曲线变化情况。由图可知，温度升高时，气体压强呈上升趋势，温度下降时，气体压强呈下降趋势。在 100s 撤离酒精灯时，体系压强瞬间呈下降趋势，因为还存在余温，体系的温度仍旧呈上升趋势。图中阴影部分属于撤离酒精灯时对应的图像，可以看出在 100 ~ 200s 内，压强与温度不成正比，而是成反比，阴影部分现象与理论分析相违背，造成这一现象的原因此处不做重点说明，因此在演示实验时，建议分开升高温度实验和降低温度实验，科学处理数据。

【演示】为进一步给学生演示降温过程中气体压强与温度的关系曲线，用酒精灯对三颈圆底烧瓶加热一段时间后，撤离酒精灯，待余温加热作用消除开始降温时，开始采集实验数据，对数据进行处理，可以得到下图。

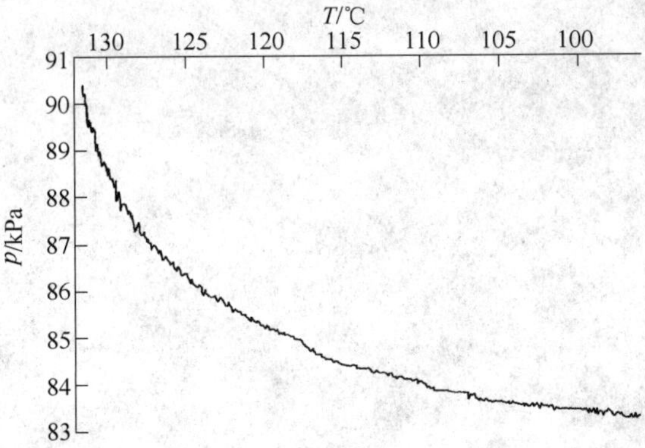

【分析】由图可知，密闭体系内气体压强随温度的降低而减小，成正比关系。

【总结】化学是一门以实验为基础的学科，在具备实验条件的基础上，应该多做化学实验，完成理论与实践相结合这一过程。

好学深思

(1) 通过实验，你能总结出气体压强与温度的关系吗？

(2) 气体压强除了与温度有关系之外，还与什么有关系？你会怎样设计实验进行验证？

博学多闻

[1] 金新华．基于发展核心素养的初中化学复习教学尝试——以化学实验与气体压强复习课为例 [J]．化学教与学，2016 (11)：38~40.

[2] 王欣磊，沈甸．气体压强传感技术在中学化学实验教学中的应用 [J]．化学教学，2015 (9)：58~61.

[3] 何翔．气体压力传感器在中学化学实验中的应用 [J]．化学教与学，2011 (10)：76~77，85.

实验二十三　过氧化氢溶液氧化性强弱与溶液酸碱性有关系吗？

要点提示：氧化性、电极电势、氧化还原电位传感器、pH 传感器

导学设问

过氧化氢是一种极弱的酸（$H_2O_2 = H^+ + HO_2^-$），既是氧化剂又是还原剂，258K 时，酸性条件下半反应为：$H_2O_2 + 2H^+ + 2e^- = 2H_2O$，对应的标准电极电势值为+1.776V。碱性条件下半反应为：$HO_2^- + 2H_2O + e^- = OH(aq) + 2OH^-$，对应的标准电极电势值为-0.245V[1]。标准电极电势值的大小表示氧化型物质或还原性物质得电子或失电子能力强弱，值越大说明得电子能力越强，氧化性越强，反之，得电子能力越弱，氧化性越弱[2]。

过氧化氢又名双氧水，既有氧化性又有还原性，在高中化学学习氧化还原反应时[3]，过氧化氢扮演着双重身份，既是氧化剂又是还原剂。当遇到较强的氧化剂时，过氧化氢体现还原性，当遇到较强的还原剂时，过氧化氢体现氧化性。改变过氧化氢溶液的 pH，会改变其氧化性，根据实验实际情况，一般通过加入强酸溶液如稀硫酸等来增强其氧化性，或通过加入强碱如氢氧化钠溶液等来减弱其氧化性[4]。但是对于“滴加强酸溶液和强碱溶液来调节体系的 pH 在一定范围内时，过氧化氢氧化性变化情况”并无相关说明，因此，我们可以借助氧化还原电位（ORP）传感器和 pH 传感器设计实验，寻找过氧化氢溶液氧化性与体系 pH 的变化关系，为相关研究提供参考。

威尼尔 ORP 传感器能够测量在-450～+1100mV 范围内的氧化还原电位值。在这范围内数值越趋向正数区域，说明对应物质氧化性越强，反之接近范围内负数区域的读数表明还原性越强，氧化性减弱，借助 ORP 传感器测量数值可判断待测物质氧化性、还原性的强弱及变化情况。

备学检查

药品：过氧化氢溶液（30%）、氢氧化钠固体、浓硫酸、蒸馏水。

仪器：磁力搅拌器附带小磁子、夹子、烧杯、量筒、玻璃棒、氧化还原电位（ORP）

传感器、pH 传感器、滴定管（滴数传感器配套的滴管）、数据采集器、USB 数据线、电脑和配套软件、Origin7.5 软件。

互学展示

1. 准备试剂

向烧杯中加入适量的蒸馏水，取适量的氢氧化钠固体于烧杯中，用玻璃棒搅拌溶解，待溶液冷却至室温后，用 pH 传感器测试，调至 pH = 14.00 的氢氧化钠溶液 100mL 待用。同理，用 pH 传感器调配 pH = 1.00 的硫酸溶液 100mL 待用。

2. 组装仪器

如图 3-23-1 所示，组装好仪器，提前调好滴定管的滴速（约 2d/s），调整好 ORP 传感器和 pH 传感器的位置，防止开动磁力搅拌器时磁子碰到传感器探头，同时保证两个传感器下端探头浸没溶液。连接 ORP 传感器与数据采集器，连接 pH 传感器与数据采集器，相连 USB 线与数据采集器和电脑。

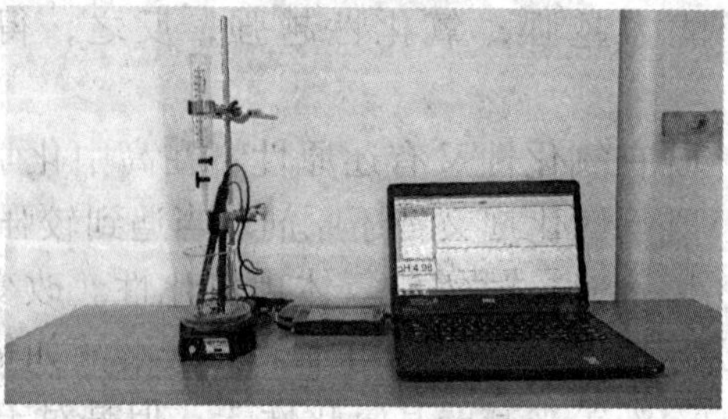

图 3-23-1 实验装置图

3. 开始实验

（1）实验 1：用量筒量取 20mL 30%的过氧化氢溶液于烧杯中，将蒸馏水倒入滴管中（注：滴管上端塞子关闭，下端塞子提前调整好滴速）。启动数据采集器，打开软件，设置软件菜单栏“实验”项目中“数据采集”为“持续采集数据”。打开磁力搅拌器，点击“采集”按钮，开始实验，待数据相对稳定后，打开滴管上端的塞子放液。待数据变化平稳后停止采集，保存数据。

（2）实验 2：将滴管清洗干净，滴管中溶液换成 pH = 1.00 的硫酸溶液，将烧杯清洗干净重新量取 20mL 30%的过氧化氢溶液，重复实验 1 其余步骤，保存实验数据。

（3）实验 3：将滴管清洗干净，滴管中溶液换成 pH = 14.00 的氢氧化钠溶液，将烧杯清洗干净重新量取 20mL 30%的过氧化氢溶液，重复实验 1 其余步骤，保存实验数据，后期拷贝到 Origin7.5 软件中进行作图。

帮学提升

1. 向30%过氧化氢溶液中滴加蒸馏水，体系氧化还原电位ORP随pH的变化情况

向30%过氧化氢溶液中滴加蒸馏水，体系氧化还原电位ORP随pH的变化情况如图3-23-2所示。

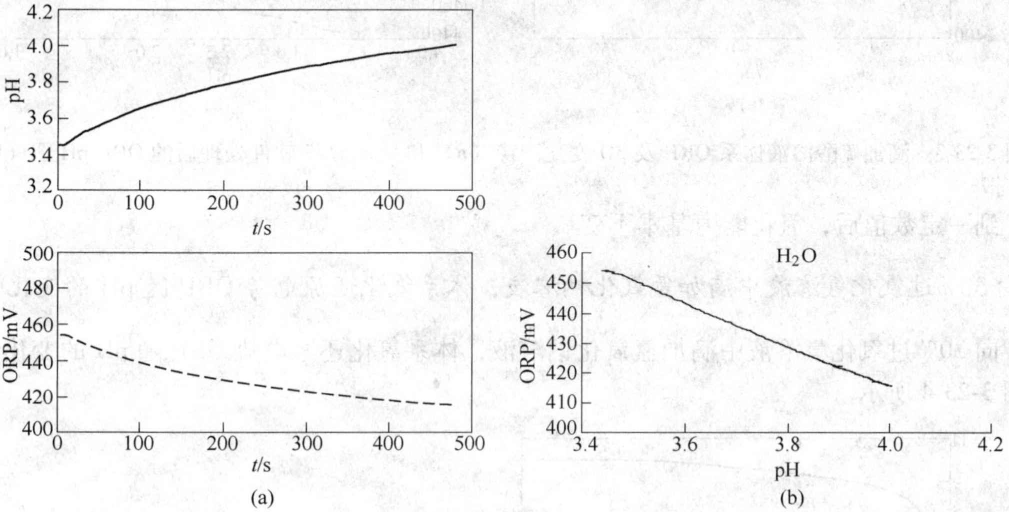

图3-23-2　滴加蒸馏水体系ORP及pH变化图像（a）和Origin7.5软件处理后的ORP-pH图（b）

过氧化氢属于一种弱酸，随着蒸馏水的加入，过氧化氢溶液的pH增大（不超过7.00）。图3-23-2（a）中，实线曲线是体系pH随时间的变化图像（pH-*t*图），虚线是体系ORP随时间变化图像（ORP-*t*图），图3-23-2（b）是将图3-23-2（a）中相同时间内体系pH、ORP数据在Origin7.5软件中作图，以pH为横轴，ORP为纵轴。

由图3-23-2可知，体系的氧化还原电位ORP随着pH的增大而减小，ORP减小，说明过氧化氢的氧化性减弱。由此可得，稀释会降低过氧化氢溶液的氧化性。

2. 向30%过氧化氢溶液中滴加硫酸溶液，体系氧化还原电势电位ORP随pH的变化情况

向30%过氧化氢溶液中滴加硫酸溶液，体系氧化还原电势电位ORP随pH的变化情况如图3-23-3所示。

随着硫酸溶液的加入，体系pH在降低。图3-23-3（a）中实线是体系pH随时间的变化图像（pH-*t*图），虚线是体系ORP随时间变化图像（ORP-*t*图），图3-23-3（b）是将图3-23-3（a）中相同时间内体系pH、ORP数据在Origin7.5软件中作图，以pH为横轴，ORP为纵轴（注：为方便看图，将横轴数据按从大到小进行了排序）。

由图3-23-3可知，体系的氧化还原电位ORP随着pH的减小而增大，到一定数值后持续滴加硫酸溶液，体系ORP几乎保持不变。说明过氧化氢溶液的pH减小，其氧化性增

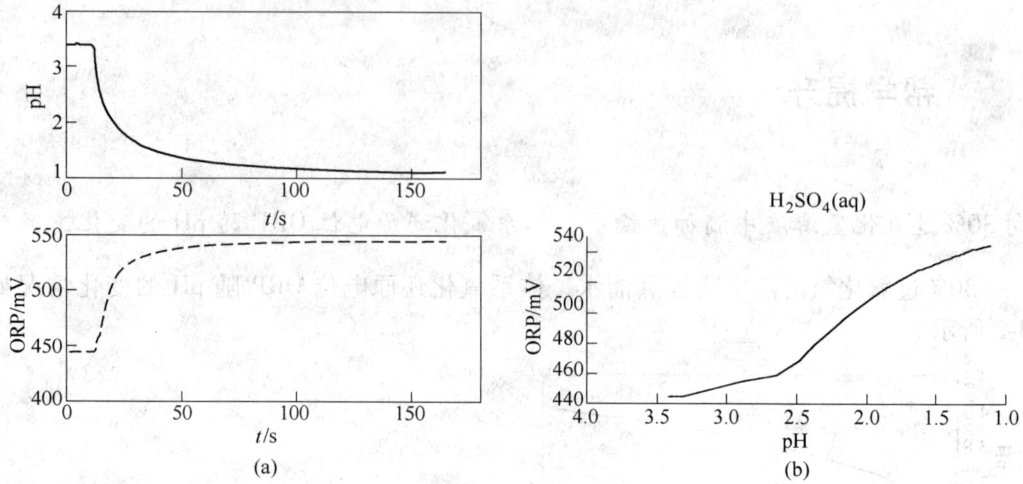

图 3-23-3 滴加硫酸溶液体系 ORP 及 pH 变化图像（a）和 Origin7.5 软件处理后的 ORP-pH 图（b）

强，到一定数值后，氧化能力基本不变。

3. 向 30%过氧化氢溶液中滴加氢氧化钠溶液，体系氧化还原电势 ORP 随 pH 的变化情况

向 30%过氧化氢溶液中滴加氢氧化钠溶液，体系氧化还原电势 ORP 随 pH 的变化情况如图 3-23-4 所示。

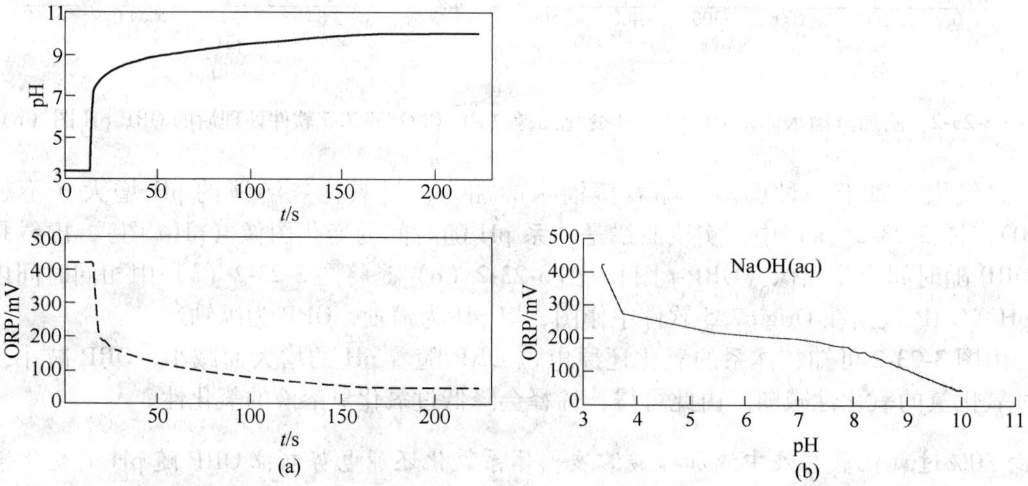

图 3-23-4 滴加氢氧化钠溶液体系 ORP 及 pH 变化图像（a）和 Origin7.5 软件处理后的 ORP-pH 图（b）

随着氢氧化钠溶液的加入，体系 pH 增大。图 3-23-4（a）中实线是体系 pH 随时间的变化图像（pH-*t* 图），虚线是体系 ORP 随时间变化图像（ORP-*t* 图），图 3-23-4（b）是将图 3-23-4（a）中相同时间内体系 pH、ORP 数据在 Origin7.5 软件中作图，以 pH 为横轴，ORP 为纵轴。

由图 3-23-4 可知，体系的氧化还原电位 ORP 随着 pH 的增大而减小，且减小程度较稀释程度大，减小到一定数值后持续滴加氢氧化钠溶液，体系 ORP 变化微小。说明过氧化氢溶液的 pH 增大，其氧化性减弱。

4. 数据处理

由表 3-23-1 数据可知，在 20mL 30% 的过氧化氢溶液中滴加硫酸会增大体系的 ORP，滴加 pH = 1. 00 的硫酸 3. 8mL，此时体系 pH 为 1. 26，氧化还原电位 ORP 增加到较大值，为 541. 5mV，过氧化氢溶液与滴加的硫酸溶液体积比值为 5. 3。滴加氢氧化钠溶液会减小体系的 ORP，滴加 pH = 14. 00 的氢氧化钠溶液 6. 5mL，此时体系 pH 为 9. 83，氧化还原电位 ORP 降低到较小值，为 56. 1mV，过氧化氢溶液与滴加的硫酸溶液体积比值为 3. 1。同时由表 3-23-1 数据可以看出，滴加结束时体系的 pH 增大，对应的 ORP 减小，氧化性减弱。

表 3-23-1　部分实验数据

滴加试剂	体系 ORP/mV				滴定剂体积 V/mL				体系 pH		$\frac{V(H_2O_2)}{V(滴定剂)}$
	起始 ORP	结束 ORP	ΔORP	ΔORP 平均值	起始 V	结束 V	ΔV	平均 ΔV	结束 pH	平均 pH	
H_2SO_4 (aq)	445. 0	542. 6	97. 6		60. 0	55. 9	4. 1		1. 24		
	446. 0	541. 1	95. 1	96. 4	60. 0	56. 1	3. 9	3. 8	1. 25	1. 26	5. 3
	444. 4	540. 8	96. 4		60. 0	56. 6	3. 4		1. 30		
NaOH (aq)	421. 2	57. 6	363. 6		60. 0	53. 7	6. 3		9. 78		
	422. 4	55. 7	366. 7	365. 9	60. 0	53. 6	6. 4	6. 5	9. 84	9. 83	3. 1
	422. 6	55. 1	367. 5		60. 0	53. 3	6. 7		9. 88		

悟学精谈

1. 实验结论

（1）滴加硫酸溶液、氢氧化钠溶液、蒸馏水对过氧化氢溶液氧化性有影响，且影响程度不一样，排序为：氢氧化钠溶液 > 硫酸溶液 > 蒸馏水。

（2）稀释和滴加氢氧化钠溶液，都会降低过氧化氢溶液的氧化性，且滴加氢氧化钠溶液导致过氧化氢溶液氧化性降低程度更大（由表 3-23-1 数据可知）。滴加硫酸溶液，会增加过氧化氢溶液的氧化性。

（3）教师可根据实验情况，调节过氧化氢溶液的 pH 来改变其氧化性强弱。当调节体系 pH 为 1. 26 时，过氧化氢溶液氧化性较强，可当调节体系 pH 为 9. 83 时，过氧化氢溶液体现较弱的氧化性。本实验中，$V(H_2O_2):V(H_2SO_4)\approx 5.3$，$V(H_2O_2):V(NaOH)\approx 3.1$，根据实验情况，教师可控制 $V(H_2O_2)$ ： $V(H_2SO_4$ 或 $NaOH)$ 的比值在 5.3 或 3.1 附近时，过氧化氢溶液均可起到较好的不同氧化效果。

2. 传感器的使用

本实验主要探究过氧化氢溶液氧化性强弱与溶液酸碱性的关系，对于氧化性的强弱可以借助氧化还原电位值的大小来表征，氧化还原电位值越大，对应物质的氧化性越强，反之越弱。对于溶液的酸碱性，可以借助 pH 传感器进行检测，因此要想实时监控过氧化氢溶液氧化性与溶液酸碱性的关系，可以结合氧化还原电位传感器（ORP 传感器，图 3-23-5）和 pH 传感器（图 3-23-6）使用得出相应结论。

所有用到 pH 计的实验都可以用 pH 传感器完成。使用此传感器可以自动采集数据、作图表、数据分析等功能。

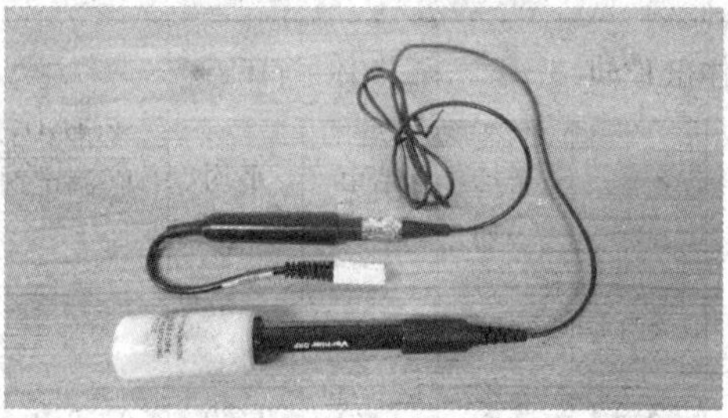

图 3-23-5　ORP 传感器

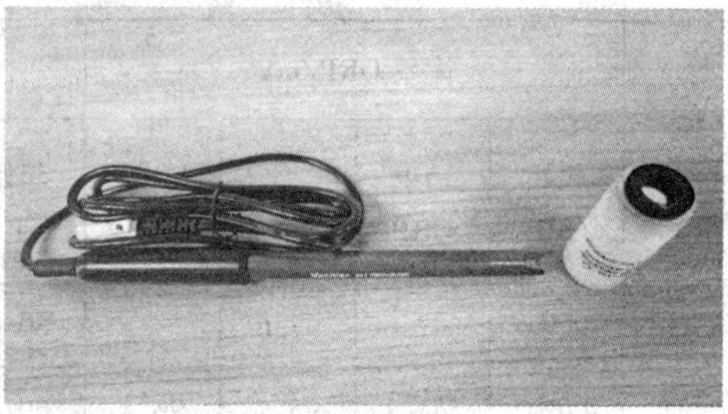

图 3-23-6　pH 传感器

3. 注意事项

通过实验可知，稀释会降低过氧化氢溶液的氧化性，本实验中选择氢氧化钠溶液来调节过氧化氢溶液的碱性环境时，为尽可能减小稀释造成的影响，选择 pH = 14.00 的氢氧化钠溶液进行实验较为合适（注：直接加固体氢氧化钠，溶解放热会对实验造成影响）。浓硫酸具有强氧化性，且溶解放热，故实验中选择稀硫酸溶液来调节过氧化氢溶液的酸性环境时，为尽可能减小稀释造成的影响，选择 pH = 1.00 的硫酸溶液进行实验。

教学微案

1. 教学目标

（1）核心知识：进一步深化对过氧化氢溶液的认识，学习过氧化氢溶液的性质，了解它的用途。

（2）核心能力：培养学生设计实验、观察实验、评价实验等综合实验能力；掌握实验探究的学习方法；学会读图审图，从图中总结性质。

（3）核心品质：通过实验探究，培养学生透过现象看本质的科学探究精神，严谨求实的科学作风，善于合作的团队精神。

2. 教学设计思路图

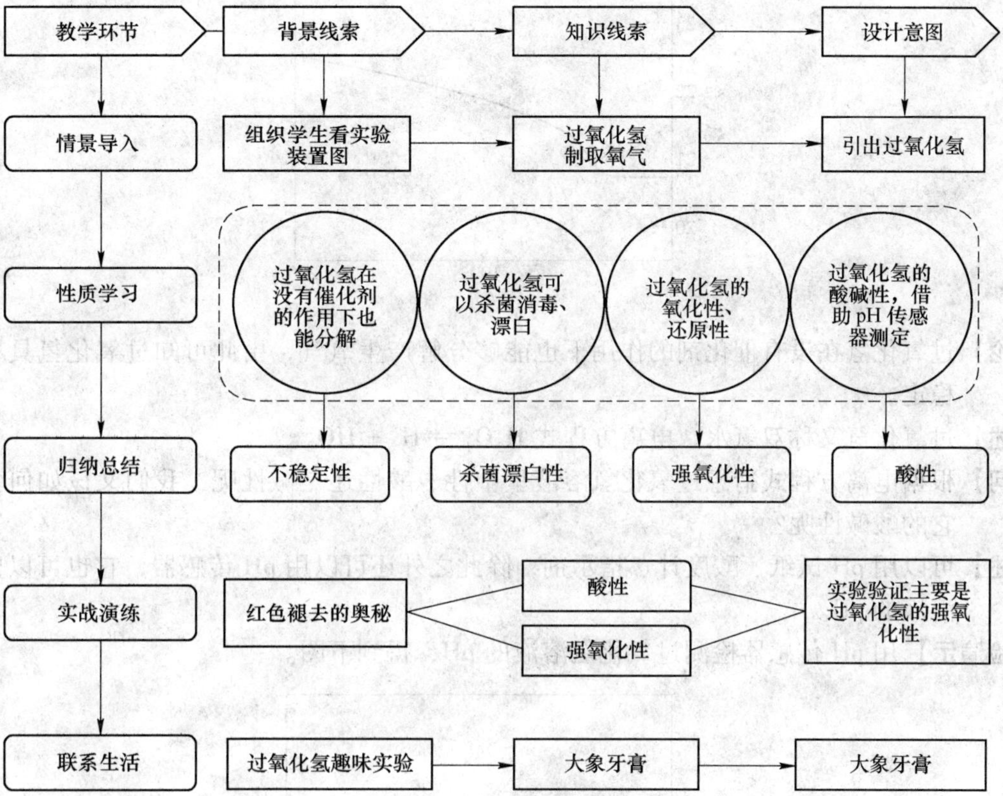

图 3-23-7　设计思路图

3. 教学过程

【提问】 过氧化氢在催化剂的作用下能够分解产生氧气，如果没有催化剂，过氧化氢还会分解吗？

【实验演示】 借助氧气传感器采集室温下 30%过氧化氢溶液中氧气的含量变化。实验装置如下图所示。

【实验数据】 数据呈上升趋势，说明体系中氧气的含量在不断增加。

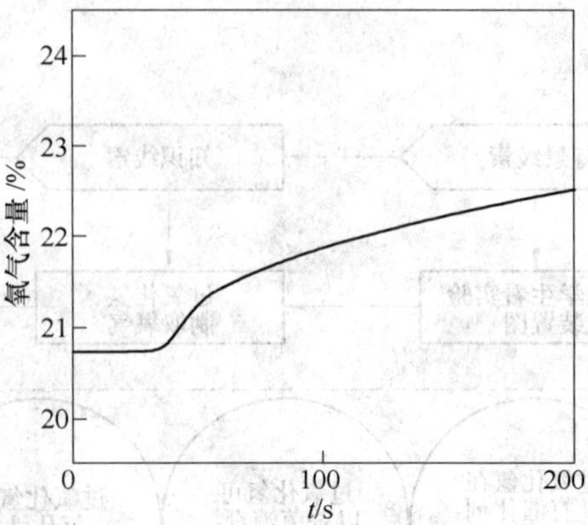

【结论】过氧化氢在没有催化剂的作用下也能够分解产生氧气，由此可知过氧化氢具有不稳定。

【讲述】过氧化氢又称双氧水，电离方程式 $H_2O_2 = H^+ + HO_2^-$。

【提问】根据电离方程式猜想过氧化氢溶液呈中性、酸性还是碱性呢？我们又该如何验证它的酸碱性呢？

【讲述】可以用 pH 试纸、酸度计、指示剂，除此之外还可以用 pH 传感器，它也可以监测溶液的 pH。

【实验演示】用 pH 传感器检测过氧化氢溶液的 pH，得到下图。

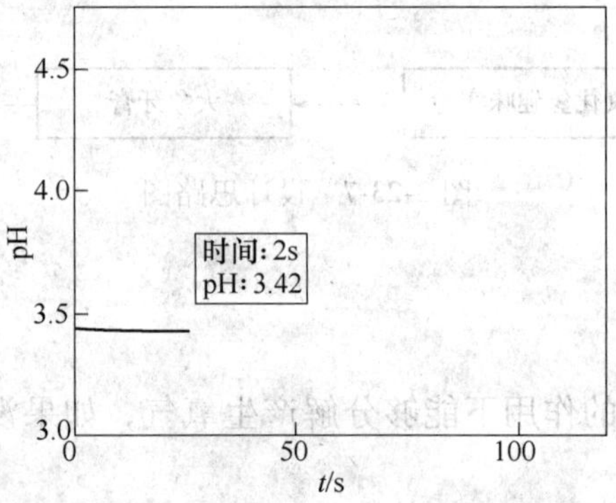

【陈述】过氧化氢溶液的 pH 约为 3.42，小于 7，由此得出过氧化氢溶液显酸性。

【讲解】过氧化氢还具有杀菌漂白的性质，杀菌漂白性取决于过氧化氢的强氧化性。

【投影】

题目：红色褪去的奥秘

某老师在一杯碱溶液中滴入了几滴酚酞，溶液变红了，这位老师呢现在想让红色褪去，于是他想到了一种方法，用过氧化氢使其褪色，并立即在溶液中滴入了过氧化氢溶液，最后得到了令他满意的结果。

【实验演示】将 pH 传感器插入滴有酚酞的氢氧化钠溶液中，滴管中盛有 30% 的过氧化氢溶液，开始采集实验数据几秒后再滴加过氧化氢溶液。

【**小组讨论**】根据所学知识，猜想溶液红色褪去的原因。

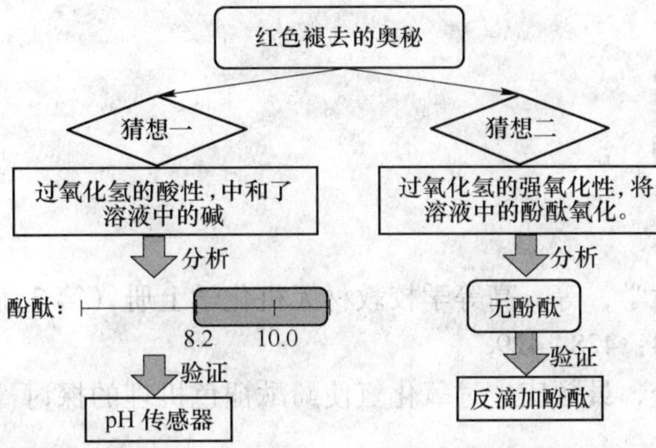

【**讲解**】对于猜想一，根据酚酞的变色范围：pH 小于 8.2 无色；大于 8.2 小于 10.0 粉红色；大于 10.0 红色。因此，借助 pH 传感器检测滴定过程中溶液红色消失时 pH 的变化，如果溶液 pH 大于 8.2 则说明猜想一不成立。对于猜想二，如果是因为溶液中酚酞被氧化失去活性导致溶液红色褪去，可以采用向褪色溶液中滴加酚酞的方法验证，如果溶液在滴加酚酞后恢复红色就说明猜想二成立，反之说明猜想二不成立。

【**实验**】pH 传感器监测溶液由红色变成无色过程中的 pH 变化情况。

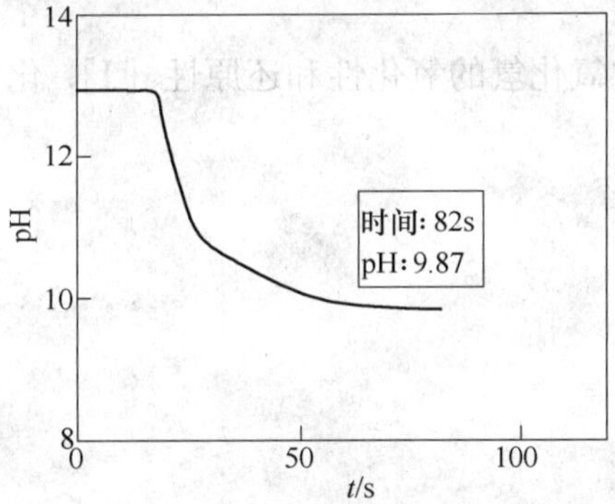

【**讲述**】由数据可知当溶液由红色变成无色时 pH 约为 9.87，大于 8.2，说明猜想一不成立。

【**实验**】向褪色溶液中滴加酚酞指示剂，观察到溶液恢复红色，说明猜想二成立，由此得出红色褪去的原因主要是因为过氧化氢溶液的强氧化性。

好学深思

（1）过氧化氢溶液的氧化性强弱与溶液的酸碱性有关系，除此之外还与哪些因素有关系呢？

（2）除过氧化氢溶液的氧化性与溶液的 pH 有关系，书中所说酸性高锰酸钾溶液、酸性重铬酸钾溶液，是否它们的氧化性也与溶液的 pH 有关系呢？如何设计实验进行验证呢？

博学多闻

[1] 武汉大学，吉林大学，等．高等学校教材无机化学上册（第 3 版）[M]．北京：高等教育出版社，1994：428~429.

[2] 吴星，吕琳，杨仑，吴频庆．过氧化氢使酚酞褪色机理的探讨 [J]．化学教育，2014（11）：79~81.

[3] 宋心琦．普通高中课程标准实验教科书化学 1 必修（第 3 版）[M]．北京：人民教育出版社，2014：35~39.

[4] 吴晓红，徐建菊．借助传感器探究强酸强碱对过氧化氢氧化性的影响 [J]．化学教学，2018（7）：82~85.

[5] 朱程燕，庄华清．过氧化氢使溶液中指示剂褪色的实验探究 [J]．化学教学，2013（1）：63~64，80.

[6] 王荣．《过氧化氢》教学设计“生活中的过氧化氢” [J]．化学教学，2006（8）：37~38.

[7] 朱声逾．小实验——过氧化氢的氧化性和还原性 [J]．化学教育，1983（4）：49.

实验二十四　氧气溶解度与溶液酸碱性有关系吗?

要点提示：气体溶解度、氧气物理性质、pH 传感器、氧气传感器、溶解氧传感器

导学设问

溶解度的教学属于人教版九年级化学下册第九单元的重点和难点，学生对于“饱和溶液”“不饱和溶液”和“溶解度”相关知识点的理解存在一定的困难。教材中分别介绍了固体的溶解度和气体的溶解度，通过学习知道，除物质自身的性质外，固体溶解度主要受温度影响，气体的溶解度主要受温度和压强影响[1]。生活中，有些养鱼产业会通过在鱼池中投入“鱼浮灵”来增加鱼池中的氧气含量，“鱼浮灵”主要成分是过碳酸钠，俗称固体双氧水。投入“鱼浮灵”后可以增加鱼池局部溶液的碱性，促进过氧化氢的分解，单位时间内产氧量增加，同时在一定范围的碱性条件下能增强氧气溶解度，但并不成正相关[2]。在人教版高中《化学（选修4）》中学习“金属的电化学腐蚀与防护”时，知道金属的电化学腐蚀分为“析氢腐蚀”和“吸氧腐蚀”两种。钢铁在潮湿的空气中表面会吸附一层薄薄的水膜，如果这层水膜中含有一定量的 H^+时，H^+得电子析出氢气，这种电化学腐蚀称为析氢腐蚀；如果这层水膜呈弱酸性或中性时，能溶解一定量的氧气，此时 O_2 得电子而析出 OH^-，这种电化学腐蚀称为吸氧腐蚀[3]。由此可知，溶解度知识点在初中基础上进一步以不同形式在高中化学教学中呈现，所以对固体溶解度和气体溶解度知识的掌握是至关重要的。本实验主要探究氧气的溶解度，基于高中化学金属的电化学腐蚀内容，可以知道气体的溶解度也受体系的酸碱性影响。由“析氢腐蚀”和“吸氧腐蚀”的定义是否可以理解为“体系 pH 越大，对应溶液碱性越强，氧气的溶解度越大，氧气溶解度与溶液 pH 是否呈一般的正相关呢?”基于这个问题设计实验，具体实验过程如下。

备学检查

药品：30%过氧化氢溶液、浓硫酸、氢氧化钠固体、二氧化锰、蒸馏水。

仪器：小木板、锥形瓶、药匙、双孔橡胶塞、分液漏斗、导管、乳胶管、止水夹、铁架台、三颈圆底烧瓶及配套橡胶塞和单孔橡胶塞（附带尖嘴导管 1 个）、容量瓶、量筒、烧杯、玻璃棒、洗瓶、滤纸、生料带、试剂瓶、磁力搅拌器（附带磁子）、氧气传感器、溶解氧传感器、数据采集器、USB 数据线、电脑和配套软件、Origin7. 5 软件。

互学展示

1. 实验设计思路

由“析氢腐蚀”和“吸氧腐蚀”的定义是否可以理解为“体系 pH 越大，对应溶液碱性越强，氧气的溶解度越大，氧气溶解度与溶液 pH 是否呈一般的正相关呢?”假如溶液的 pH 越大，氧气溶解度越大，从而导致体系中氧气含量下降。如果更换等体积不同 pH 的酸碱溶液依次进行实验，则会得到对应 pH 下体系氧气含量下降的曲线，且曲线下降的趋势应该是随溶液的 pH 增大而增大。反之，氧气溶解度随溶液的 pH 增大而减小，或者不具备有规律的变化。根据分析，氧气的溶解会导致空气中氧气的含量下降，借助氧气传感器测定当体系中盛有 pH = 1.0 ~ 6.0 的硫酸溶液和 pH = 8.0 ~ 13.0 的氢氧化钠溶液时氧气含量的变化情况，根据氧气含量的变化来反推氧气溶解度与溶液 pH 的关系。

考虑到常温下溶液中氧气含量较少，为使实验效果更清晰，实验过程中采用过氧化氢分解法制取氧气，增加体系中氧气的起始含量，便于观察实验现象和进行数据处理。

2. 实验步骤

（1）准备药品：

1）用 30%的过氧化氢溶液配制 250mL 5%的过氧化氢溶液。

2）配制不同 pH 的硫酸溶液。取适量蒸馏水于烧杯中，向烧杯中缓慢滴加少量的浓硫酸进行稀释，冷却后用 pH 传感器调节得到 pH = 1.0、2.0、3.0、4.0、5.0、6.0 的硫酸溶液各 50mL（注：为了保证数据的稳定性，稀释过程中需要借助磁力搅拌器或玻璃棒进行搅拌，同时注意搅拌方式，防止搅拌过程中磁子或玻璃棒碰到 pH 传感器探头），将调好后的溶液依次装入试剂瓶中并贴上对应 pH 标签待用。

3）配制不同 pH 的氢氧化钠溶液。取适量蒸馏水于烧杯中，向烧杯中加入适量的氢氧化钠固体，搅拌溶解至冷却，用 pH 传感器来调节得到 pH = 8.0、9.0、10.0、11.0、12.0、13.0 的氢氧化钠溶液各 50mL，将调好后的溶液依次装入试剂瓶中并贴上对应 pH 标签待用。

4）称取 12 份约 0.5g 二氧化锰待用。

（2）组装仪器：如图 3-24-1 所示组装仪器。组装好仪器后，将氧气传感器、pH 传感器与数据采集器相连，USB 线与数据采集器和电脑相连。启动数据采集器，打开软件，设置软件菜单栏“实验”项目中“数据采集”为“持续采集数据”。

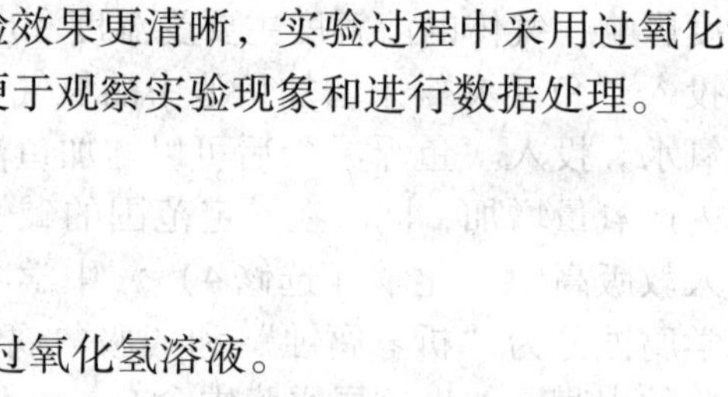

图 3-24-1 实验装置图

（3）装药品：将称取好的 0.5g 二氧化锰装入锥形瓶底部，用 50mL 量筒量取 20mL

5%过氧化氢溶液于分液漏斗中（注意活塞的开关），取 40mL pH＝1.0 的硫酸溶液于三颈圆底烧瓶内，恢复仪器连接如图 3-24-1 所示。

（4）开始实验：设置软件菜单栏中“实验”中“数据采集”为“持续采集数据”，点击“采集”按钮，同时将分液漏斗活塞打开放液，放液结束后关闭活塞，防止氧气从上口逸出，氧气通入三颈圆底烧瓶内，观察实验图像变化。

（5）停止实验：待实验进行约 30min 后停止采集，保存实验数据。

（6）完成 pH＝1.0 硫酸溶液的滴加后，清洗仪器，重复实验步骤。其中只需将 pH＝1.0 的硫酸溶液依次更换成 pH＝2.0～6.0 的硫酸溶液，进行实验，得到一定量氧气在不同 pH 硫酸溶液中的溶解量变化情况，依次命名后保存，后期进行数据处理。

（7）完成一定量氧气在不同 pH 硫酸溶液中的溶解实验后，清洗仪器，在其他条件不变的情况下，只需将不同 pH 硫酸溶液更换成 pH＝8.0～13.0 的氢氧化钠溶液依次进行实验，保存实验数据，后期拷贝到 Origin7.5 软件中进行作图。

帮学提升

1. 不同 pH 硫酸溶液中氧气含量随时间变化情况

图 3-24-2 中共 6 条曲线，分别是向 40mL pH＝1.0～6.0 的硫酸溶液中通入氧气（20mL 5%过氧化氢溶液和 0.5g 二氧化锰反应所得），得到的体系中氧气含量随时间的变化情况。图 3-24-2 中点 A 之前曲线的上升是因为图 3-24-1 锥形瓶中过氧化氢溶液与二氧化锰反应产生的氧气所致，AB 段数据是体系中氧气趋于平缓，BC 段数据呈下降趋势，是密闭体系内氧气溶解在硫酸溶液中所致。

由图 3-24-2 可看出，6 条曲线中，点 A 之前的曲线上升幅度基本一致，存在微小的差别，但是 AB 段数据持平时间却相差较大，pH＝1.0、2.0、3.0、4.0 的硫酸溶液对应的氧气浓度持平时间较长，其中最长的是 pH＝2.0 的硫酸溶液，而 pH＝5.0、6.0 的硫酸溶液对应的氧气浓度持平时间较短，其中最短的是 pH＝6.0 的硫酸。也就是说，分别在不同 pH 的硫酸溶液中通入约一定量的氧气后，体系中氧气含量开始下降的时间和趋势是不一样的，由此可得出氧气在不同 pH 的硫酸溶液中溶解度是不相同的。

2. 不同 pH 硫酸溶液中氧气含量随时间变化情况部分数据处理

将图 3-24-2 中 6 条曲线对应的部分数据进行处理得到表 3-24-1，由表 3-24-1 数据可以看出：不同 pH 的硫酸溶液体系中，氧气含量开始下降所需时间由少到多依次排序为：$pH=6.0<pH=5.0<pH=3.0<pH=1.0<pH=4.0<pH=2.0$。

同时由表 3-24-1 可以得出：不同 pH 的硫酸溶液体系中，氧气减少量的绝对值由多到少依次排序为：$pH=6.0>pH=5.0>pH=3.0>pH=1.0>pH=4.0>pH=2.0$，结合体系中氧气开始下降时间和体系氧气的减少量可以知道，氧气在不同 pH 的硫酸溶液中的溶解度不同且与硫酸溶液的 pH 不成正相关。酸性条件下，相同时间内，向密封体系通入

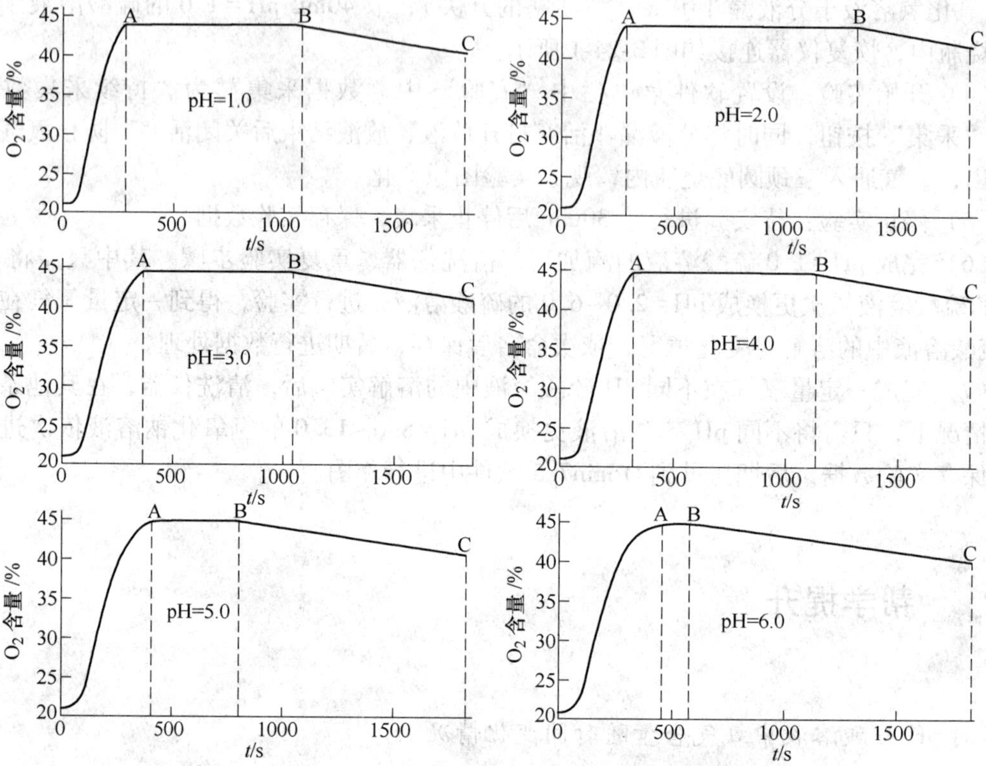

图 3-24-2 pH=1.0~6.0 的硫酸溶液中氧气随时间变化情况

一定量氧气，其中氧气在 pH=6.0 的硫酸溶液中溶解度较大，在 pH=2.0 的硫酸溶液中溶解度较小。

表 3-24-1 实验部分数据

停止滴加 H_2O_2 时体系 O_2 含量/%（对应图中 A 点）	不同 pH 硫酸溶液	体系 O_2 含量开始下降时间/s（对应图中 B 点）	终止时体系 O_2 含量/%（对应图中 C 点）	$\lvert \Delta O_2$ 含量$\rvert$/%
43.88	1.0	1055	40.41	3.47
44.11	2.0	1306	41.49	2.62
44.48	3.0	1031	40.87	3.61
44.70	4.0	1110	41.35	3.35
44.83	5.0	769	40.58	4.25
44.70	6.0	595	39.88	4.82

3. 不同 pH 氢氧化钠溶液中氧气含量随时间变化情况

图 3-24-3 中共 6 条曲线，分别是向 40mL pH=8.0~13.0 的氢氧化钠溶液中通入氧气（20mL 5%过氧化氢溶液和 0.5g 二氧化锰反应所得），得到的体系中氧气含量随时间的变化情况。图中点 A 之前曲线上升是因为图 3-24-1 锥形瓶中过氧化氢与二氧化锰反应产生的

氧气所致，AB 段数据是体系中氧气趋于平缓，BC 段数据呈下降趋势，是密闭体系内氧气溶解在硫酸溶液中所致。

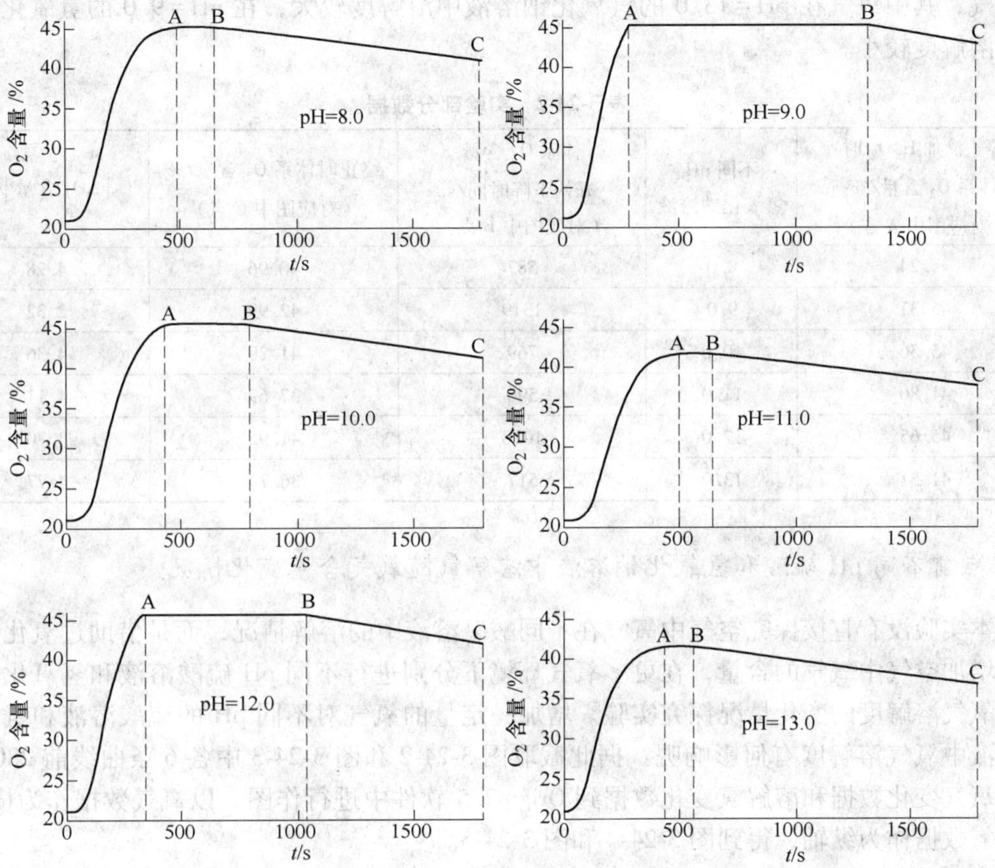

图 3-24-3　pH＝8.0～13.0 的氢氧化钠溶液中氧气随时间变化情况

由图 3-24-3 可看出，6 条曲线中，点 A 之前的曲线上升幅度基本一致，存在微小的差别，但是 AB 段数据持平时间却大有不同，pH＝9.0、10.0、12.0 的氢氧化钠溶液对应的氧气浓度持平时间较长，其中最长的是 pH＝9.0 的氢氧化钠溶液，而 pH＝8.0、11.0、13.0 的氢氧化钠溶液对应的氧气浓度持平时间较短，其中最短的是 pH＝13.0 的氢氧化钠溶液。也就是说，分别在不同 pH 的氢氧化钠溶液中通入一定量的氧气后，体系中氧气开始下降的时间和趋势是不一样的，由此可得出氧气在不同 pH 的氢氧化钠溶液中溶解度是不同的。

4. 不同 pH 氢氧化钠溶液中氧气含量随时间变化情况部分数据处理

将图 3-24-3 中 6 条曲线对应的部分数据进行处理得到表 3-24-2，由表 3-24-2 数据可以看出：不同 pH 的氢氧化钠溶液中，氧气含量开始下降所需时间由少到多依次排序为：pH＝13.0 ＜ pH＝8.0 ＜ pH＝11.0 ＜ pH＝10.0 ＜ pH＝12.0 ＜ pH＝9.0，同时由表 3-24-2 可以得出：不同 pH 的氢氧化钠溶液中，氧气减少量的绝对值由多到少依次排序为：pH＝13.0 ＞ pH＝10.0 ＞ pH＝8.0 ＞ pH＝11.0 ＞ pH＝12.0 ＞ pH＝9.0，结合体系中氧气开始下降时间及体系氧气的减少量可以知道，氧气在不同 pH 的氢氧化钠溶液中的溶解度不同且与氢氧化钠溶液的 pH 不成正相关。碱性条件下，相同时间内，向密封体系中通入一定量氧气，其中氧气在 pH = 13.0 的氢氧化钠溶液中溶解度较大，在 pH = 9.0 的氢氧化钠溶液中溶解度较小。

表 3-24-2 实验部分数据

停止滴加 H_2O_2 时体系 O_2 含量/%（对应图中 A 点）	不同 pH 氢氧化钠溶液	体系 O_2 含量开始下降时间/s（对应图中 B 点）	终止时体系 O_2 含量/%（对应图中 C 点）	$\|\Delta O_2$ 含量$\|$/%
45.24	8.0	587	40.96	4.28
45.31	9.0	1319	42.99	2.32
45.56	10.0	769	41.20	4.36
41.80	11.0	590	37.69	4.11
45.65	12.0	1018	41.95	3.70
41.51	13.0	517	36.74	4.77

5. A 点前不同 pH 硫酸和氢氧化钠溶液中溶解氧随氧气含量变化情况

本实验没有直接探究空气中氧气在不同酸碱溶液中的溶解情况，而是借助过氧化氢分解法增加空气中氧气的含量，在更多氧气环境下分别进行不同 pH 硫酸溶液和氢氧化钠溶液中氧气溶解度的变化情况探究实验。增加一定量的氧气对不同 pH 的硫酸溶液和氢氧化钠溶液中氧气溶解度有何影响呢？据此截取图 3-24-2 和图 3-24-3 中各 6 条曲线前 280s 体系中氧气变化数据和溶解氧变化数据到 Origin7.5 软件中进行作图，以氧气数据作为横轴，溶解氧数据作为纵轴，得到图 3-24-4 和图 3-24-5。

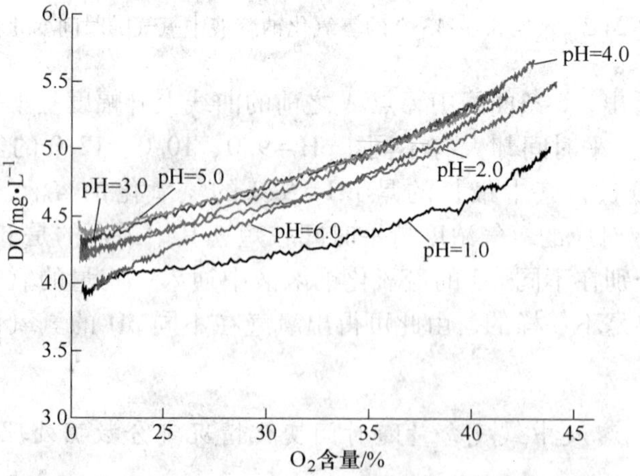

图 3-24-4 280s 内 pH = 1.0 ~ 6.0 硫酸溶液中溶解氧随氧气的变化情况

由图 3-24-4 和图 3-24-5 可知，曲线都呈上升趋势，说明在一定体积的硫酸溶液和氢氧化钠溶液中通入一定量的氧气，能够增大氧气在硫酸溶液和氢氧化钠溶液中的溶解度。同时由图 3-24-4 和图 3-24-5 可知，不同 pH 的硫酸溶液和氢氧化钠溶液中，体系溶解氧随氧

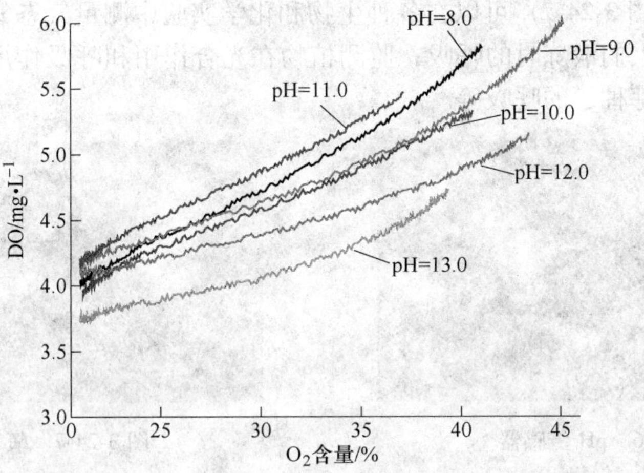

图 3-24-5　280s 内 pH＝8.0～13.0 氢氧化钠溶液中溶解氧随氧气的变化情况

气含量增多而增加的溶解氧量略有不同且曲线的上升幅度也存在差异，由此可说明，在氧气量给定的条件下，溶解氧的量还受到体系 pH 的影响。A 点前制取氧气的量远大于不同 pH 酸碱溶液中溶解消耗的氧气量，这也正是图 3-24-2 和图 3-24-3 中 6 条曲线 A 点前的上升趋势存在微小差别的原因之一。

悟学精谈

1. 实验结论

（1）综上可知，氧气在不同酸碱溶液中都能够溶解，且溶解度和溶液的酸碱性不成正相关。本实验中，酸性条件下，氧气在 pH＝6.0 的硫酸溶液中溶解度较大，在 pH＝2.0 的硫酸溶液中溶解度较小；碱性条件下，氧气在 pH＝13.0 的氢氧化钠溶液中溶解度较大，在 pH＝9.0 的氢氧化钠溶液中溶解度较小。教师可根据课堂效果和教学用途选择合适的 pH 酸碱溶液进行实验教学。如果在课堂上演示钢铁的析氢腐蚀实验，可选择 pH＝2.0 的硫酸溶液进行，在此条件下，溶解氧的含量较小且氢离子较多。

（2）通过实验同时可以知道，一定范围内，增加氧气的浓度也能增加氧气在溶液中的溶解度。

2. 传感器的使用

本实验主要用到的传感器为维尼尔 pH 传感器、氧气感器和溶解氧传感器。pH 传感器主要用于调节不同 pH 的硫酸和氢氧化钠溶液，氧气传感器和溶解氧传感器主要用于测定不同 pH 酸碱溶液中氧气随时间变化情况。

所有用到 pH 计的实验都可以用 pH 传感器（图 3-24-6）完成。pH 传感器具有自动采集数据、作图表、数据分析等功能。

氧气传感器（图 3-24-7）可以在各种生物和化学实验中测量气态氧气的浓度，可应用于下列实验：监测人们锻炼时的呼吸；监测植物在光合作用和呼吸作用中的氧气变化；监测动物、昆虫、发芽种子的呼吸等。

图 3-24-6　pH 传感器

图 3-24-7　氧气传感器

溶解氧传感器（图 3-24-8）可以在野外或实验室中对水样本中的溶解氧的浓度进行测量。溶解氧是水质的一个重要指标，可以用这个传感器来进行各种类型的测量：在有水生动植物的鱼缸内监测溶解氧、监测由水生植物的光合作用和呼吸作用引起的溶解氧浓度的变化、对河流或湖水进行定点监测，评估不同种类的动植物对水质的影响能力、测定水样本中溶解氧浓度与温度之间的关系。

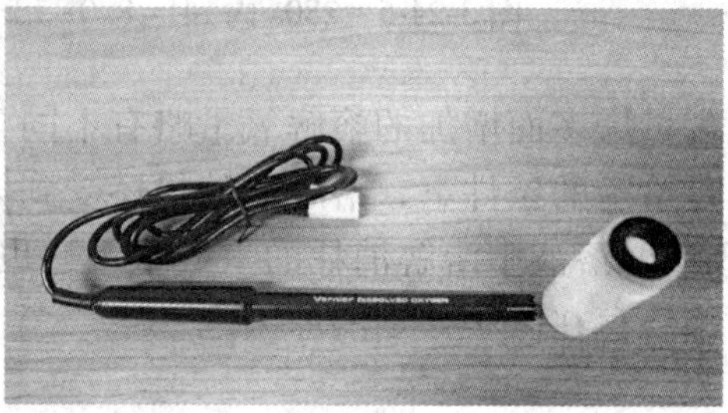

图 3-24-8　溶解氧传感器

3. 注意事项

（1）配制过氧化氢溶液时需要戴上橡胶手套，防止皮肤被氧化腐蚀。

（2）实验过程中过氧化氢溶液放液结束后切记关闭分液漏斗活塞，且实验过程中确保装置的密封性。

（3）在本实验条件下，每一组实验至少需要约 30min 才能得到较为良好的数据图像，因此在采集实验数据之前务必将数据采集设置为“持续数据采集”，否则到一定时间后软件会自动停止采集数据，对实验数据造成影响。

教学微案

1. 教学目标

（1）核心知识：了解气体溶解度的影响因素；知道气体溶解度和固体溶解度的异同点；掌握不同物质溶解度和影响因素之间的关系。

（2）核心能力：能解释生活中与溶解度相关的现象；能设计实验进行不同物质溶解度的对比；能结合传感器进行实验设计并对数据进行处理。

（3）核心品质：通过实验，培养学生具有较强的问题意识，能提出探究的问题和假设，依据假设提出实验方案，进一步培养学生科学探究和创新意识。

2. 教学设计思路图

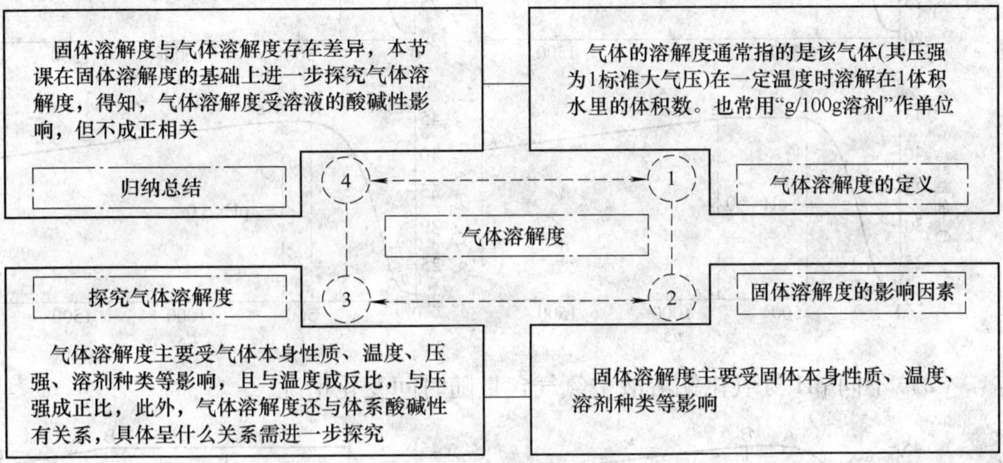

图 3-24-9　设计思路图

3. 教学过程

【回顾旧知】 复习教材上关于溶解度相关知识点。

【提问】 固体溶解度与哪些因素有关系？

【回答】 固体溶解度主要受固体本身性质、温度、溶剂种类等影响。

【追问】 气体溶解度与固体溶解度一样吗？气体溶解度又受哪些因素影响呢？

【讨论】 学生通过对比固体溶解度知识点和生活中现象对问题进行思考，展开讨论。

【陈述】 气体溶解度主要受气体本身性质、温度、压强、溶剂种类等影响，且与温度成反比，与压强成正比。此外，气体溶解度还与体系酸碱性有关系，具体呈什么关系需进一步探究。

【实验】 根据“互学展示”中实验步骤进行实验，分别得到 pH＝1.0~6.0 硫酸溶液中氧气溶解含量曲线及 pH＝8.0~13.0 氢氧化钠溶液中氧气溶解含量情况，对实验数据进行处理得到下图。

（1）不同 pH 硫酸溶液中氧气含量随时间变化情况

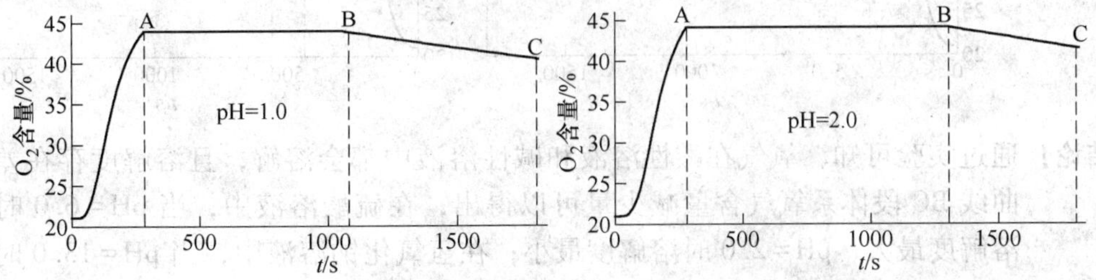

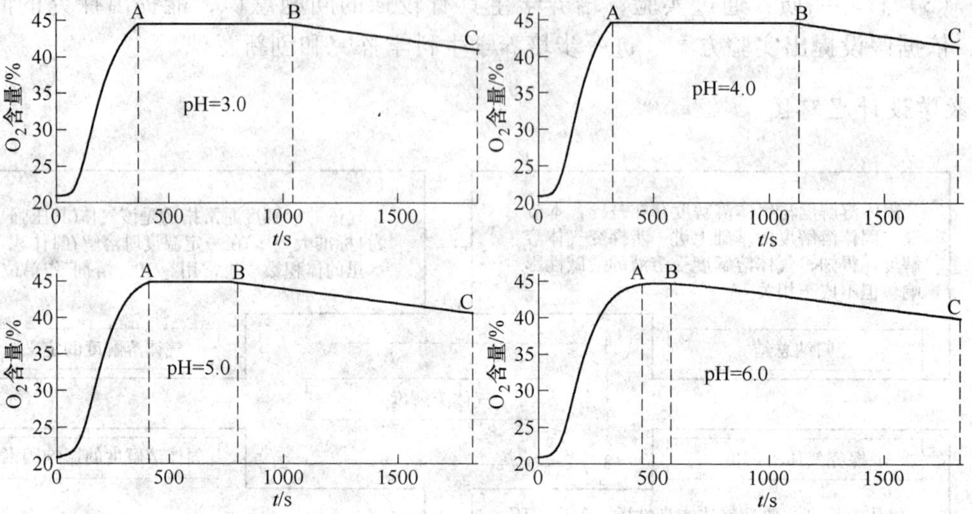

（2）不同 pH 氢氧化钠溶液中氧气含量随时间变化情况

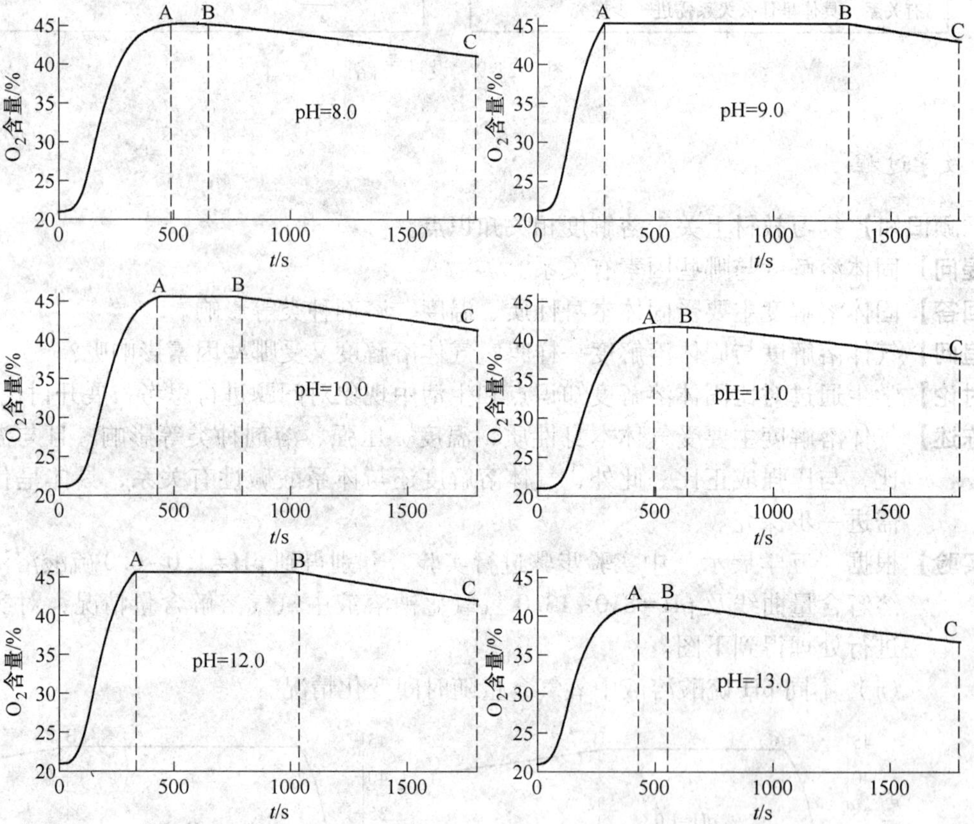

【结论】通过实验可知，氧气在酸性溶液和碱性溶液中都会溶解，且溶解度存在差异。由曲线 BC 段体系氧气含量减少量可以得出，在硫酸溶液中，当 pH = 6.0 时，氧气溶解度最大，pH = 2.0 时溶解度最小；在氢氧化钠溶液中，当 pH = 13.0 时，氧气溶解度最大，pH = 9.0 时溶解度最小。

【拓展】根据实验得出的结论，在课堂教学与实际生产生活中，也可以通过改变溶液的酸碱性来改变氧气的溶解度，达到一定的效果。

好学深思

（1）通过实验，你能总结出氧气溶解度与溶液酸碱性的关系吗？

（2）类比本文实验，你能设计出“温度”“压强”“浓度”等条件对氧气溶解度影响的探究实验吗？你会选择什么传感器进行实验呢？请简单写出你的实验设计思路。

博学多闻

[1] 王晶，郑长龙．义务教育教科书化学九年级上册［M］．北京：人民教育出版社，2012：35~38.

[2] 张晓红．“鱼浮灵”增氧原理的实验探究［J］．化学教学，2017（11）：74~76.

[3] 宋心琦．普通高中课程标准实验教科书化学1（第3版）［M］．北京：人民教育出版社，2007：84~85.

[4] 魏喜武．测定 O_2 溶解水中的体积［J］．化学教与学，2016（3）：95，87.

[5] 鲁通．氧传感器在中学化学实验中的应用［J］．教育与装备研究，2018，34（9）：64~67.

[6] 徐建菊，吴晓红．基于氧气传感器探究氧气的助燃性［J］．中学化学教学参考，2018（13）：53-55.

[7] 邱联妹．利用数字化仪器探析氧气收集实验中的纯度问题［J］．化学教与学，2017（8）：88~90.

[8] 马善恒，朱成东．运用数字实验测定空气中氧气含量［J］．中学化学教学参考，2016（5）：46~47.

实验二十五　判断沉淀生成的方法有哪些？

要点提示：沉淀的生成、难溶电解质的溶解平衡、电导率传感器

导学设问

《普通高中化学课程标准（2017 年版）》在主题 3“水溶液中的离子反应与平衡”要求中提出要让学生了解沉淀的生成、溶解与转化。AgCl 是白色沉淀、AgI 是黄色沉淀、Ag_2S 是黑色沉淀；$Mg(OH)_2$ 是白色沉淀、$Fe(OH)_3$ 是红褐色沉淀。传统方法可以通过观察沉淀颜色的变化来判断是否有对应沉淀生成。数字化传感器实验在新课标中首次出现，说明借助传感器开发化学实验具有一定的意义。通过分析可知，沉淀生成后溶液中离子浓度大幅度降低，会导致体系电导率降低。因此，可以借助电导率传感器进行实验，通过测定溶液电导率值的变化判断沉淀的生成，从定量的角度重新审视沉淀的生成。

备学检查

药品：$AgNO_3$ 固体、NaCl 固体、KI 固体、$Na_2S·9H_2O$ 液体、$MgCl_2$ 固体、NaOH 固体、$FeCl_3$ 固体、蒸馏水。

仪器：烧杯、药匙、研钵、电子天平、洗瓶、电导率传感器、数据采集器、USB 数据线、电脑和配套软件、Origin7.5 软件。

互学展示

1. 实验准备

（1）配制溶液。分别配制 0.1mol/L $AgNO_3$ 溶液、0.1mol/L NaCl 溶液、0.1mol/L KI 溶液、0.1mol/L Na_2S 溶液、0.1mol/L $MgCl_2$ 溶液、0.2mol/L NaOH 溶液、0.1mol/L $FeCl_3$ 溶液各 200mL 待用。

（2）组装仪器。如图 3-25-1 所示，将电导率传感器与数据采集器相连，USB 线与数据采集器和电脑相连。

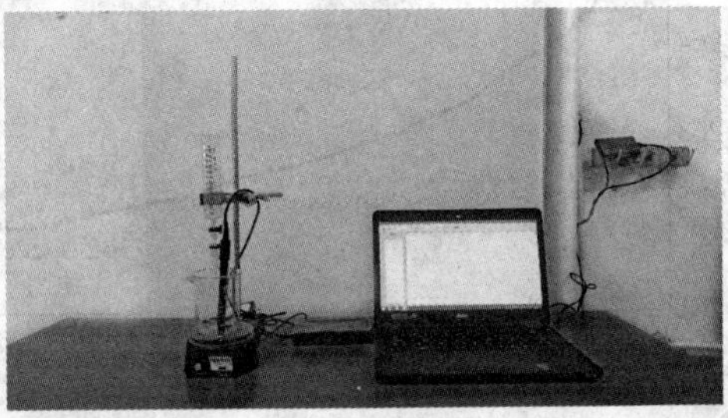

图 3-25-1 实验装置图

2. 开始实验

（1）实验 1：启动数据采集器，打开软件，设置软件菜单栏“实验”项目中“数据采集”为“持续采集数据”。用量筒量取 50mL 0. 1mol/L $AgNO_3$ 溶液于 250mL 烧杯中，取 50mL 0. 1mol/L NaCl 溶液于滴管中（注：滴管上面的塞子关闭，下端塞子提前调整好滴速）。打开磁力搅拌器，点击“采集”按钮，开始采集数据，待数据相对稳定后，打开滴管上端的塞子放液，待放液结束且数据变化平稳后停止采集，保存实验数据。

（2）实验 2：清洗仪器，重复实验 1 步骤，其中只需将 50mL 0. 1mol/L NaCl 溶液更换为 50mL 0. 1mol/L KI 溶液进行实验，保存新的实验数据。

（3）实验 3：清洗仪器，重复实验 1 步骤，其中只需将 50mL 0. 1mol/L NaCl 溶液更换为 25mL 0. 1mol/L Na_2S 溶液进行实验，保存新的实验数据。

（4）实验 4：清洗仪器，用量筒量取 50mL 0. 1mol/L $MgCl_2$ 溶液于 250mL 烧杯中，取 100mL 0. 2mol/L NaOH 溶液于滴管中。打开磁力搅拌器，点击“采集”按钮，开始采集数据，待数据相对稳定后，打开滴管上端的塞子放液，待放液结束且数据变化平稳后停止采集，保存实验数据。

（5）实验 5：清洗仪器，用量筒量取 100mL 0. 2mol/L NaOH 溶液于 250mL 烧杯中，取 35mL 0. 1mol/L $FeCl_3$ 溶液于滴管中。打开磁力搅拌器，点击“采集”按钮，开始采集数据，待数据相对稳定后，打开滴管上端的塞子放液，待放液结束且数据变化平稳后停止采集，保存实验数据，后期拷贝到 Origin7. 5 软件中进行作图。

帮学提升

1. 向 $AgNO_3$ 溶液中滴加 NaCl 溶液时体系电导率变化情况

向 $AgNO_3$ 溶液中滴加 NaCl 溶液时体系电导率变化情况如图 3-25-2 所示。

由图 3-25-2 可知，曲线呈下降趋势后趋于平缓，体系电导率起始值约为 265. 0μS/cm，

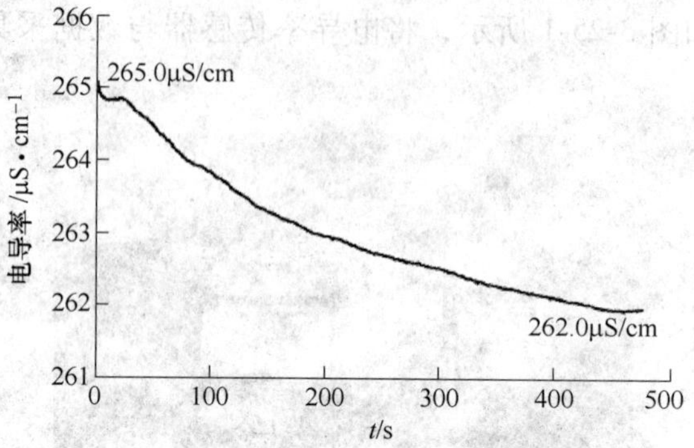

图 3-25-2 体系电导率随时间变化情况

结束时电导率值约为 262.0μS/cm。体系电导率值减小，主要是因为 Ag^+ 和 Cl^- 结合生成了 AgCl 沉淀，导致体系中离子浓度减小，所以曲线呈下降趋势。

2. 向 $AgNO_3$ 溶液中滴加 KI 溶液时体系电导率变化情况

向 $AgNO_3$ 溶液中滴加 KI 溶液时体系电导率变化情况如图 3-25-3 所示。

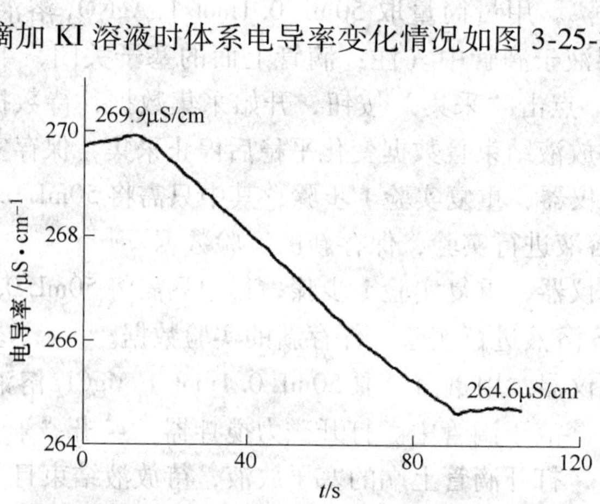

图 3-25-3 体系电导率随时间变化情况

由图 3-25-3 可知，曲线呈下降趋势后趋于平缓，体系电导率起始值约为 269.9μS/cm，结束时电导率值约为 264.6μS/cm。体系电导率值减小，主要是因为 Ag^+ 和 I^- 结合生成了 AgI 沉淀，导致体系中离子浓度减小，所以曲线呈下降趋势。

3. 向 $AgNO_3$ 溶液中滴加 Na_2S 溶液时体系电导率变化情况

向 $AgNO_3$ 溶液中滴加 Na_2S 溶液时体系电导率变化情况如图 3-25-4 所示。

由图 3-25-4 可知，曲线呈下降趋势后趋于平缓，体系电导率起始值约为 273.3μS/cm，结束时电导率值约为 269.6μS/cm。体系电导率值减小，主要是因为 Ag^+ 和 S^{2-} 结合生成了 Ag_2S 沉淀，导致体系中离子浓度减小，所以曲线呈下降趋势。

4. 向 $MgCl_2$ 溶液中滴加 NaOH 溶液的电导率变化情况

向 $MgCl_2$ 溶液中滴加 NaOH 溶液的电导率变化情况如图 3-25-5 所示。

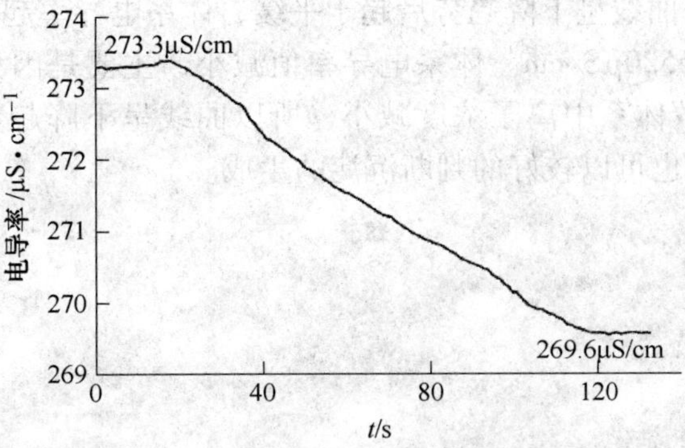

图 3-25-4　体系电导率随时间变化情况

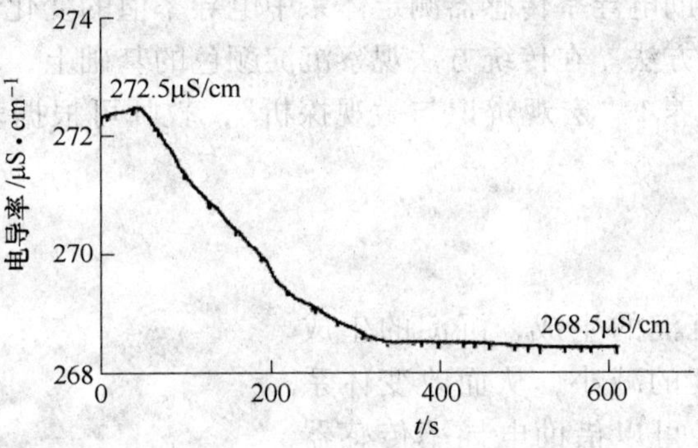

图 3-25-5　体系电导率随时间变化情况

由图 3-25-5 可知，曲线呈下降趋势后趋于平缓，体系电导率起始值约为 272.5μS/cm，结束时电导率值约为 268.5μS/cm。体系电导率值减小，主要是因为 Mg^{2+} 和 OH^- 结合生成了 $Mg(OH)_2$ 沉淀，导致体系中离子浓度减小，所以曲线呈下降趋势。

5. 向 NaOH 溶液中滴加 $FeCl_3$ 溶液的电导率变化情况

向 NaOH 溶液中滴加 $FeCl_3$ 溶液的电导率变化情况如图 3-25-6 所示。

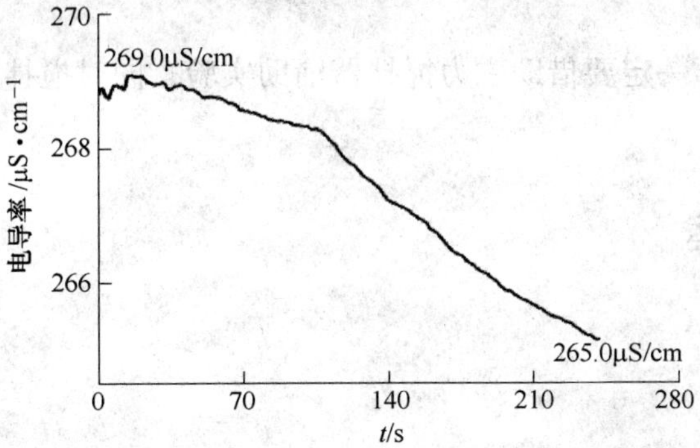

图 3-25-6　体系电导率随时间变化情况

由图 3-25-6 可知，曲线呈下降趋势后趋于平缓，体系电导率起始值约为 269. 0μS/cm，结束时电导率值约为 265. 0μS/cm。体系电导率值减小，主要是因为 Fe^{3+} 和 OH^- 结合生成了 $Fe(OH)_3$ 沉淀，导致体系中离子浓度减小，所以曲线呈下降趋势。由此可知，通过测定体系中的电导率值，也可以较好的判断沉淀的生成。

悟学精谈

1. 实验结论

通过实验可知，借助电导率传感器测定体系中电导率值的变化情况，可以较好地作为判断体系中沉淀生成的方法。在传统方法观察沉淀颜色的基础上，增加了定量分析和曲线表征，贴近化学核心素养 1 “宏观辨识与微观探析”，教师可根据教学实际情况选择合适的实验。

2. 传感器的使用

本实验主要探究沉淀的生成，沉淀的生成会导致体系中离子浓度的减小，从而改变体系的导电能力。基于此，可以借助电导率传感器测定体系中电导率值的变化情况来判断沉淀的生成与转化。

本实验主要使用维尼尔电导率传感器（图 3-25-7），该传感器可以在实验室中用于测量溶液的电导率或溶液中的总离子浓度。

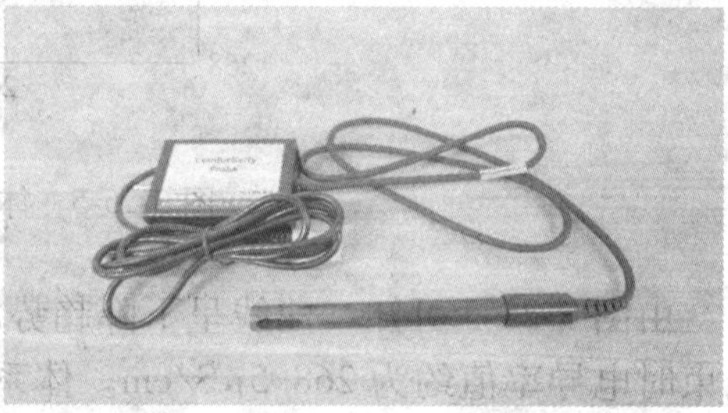

图 3-25-7　电导率传感器

3. 注意事项

（1）要想得到与本实验基本相符的实验曲线，溶液的浓度与滴加顺序必须严格按照实验要求进行。

（2）实验过程中，一定要借助磁力搅拌器辅助实验，同时搅拌速度不宜过快。

教学微案

1. 教学目标

（1）核心知识：了解难溶电解质在水中的溶解情况，了解沉淀溶解平衡的建立过程；掌握沉淀反应的应用，并能运用平衡移动原理分析和解决沉淀的生成、沉淀的溶解和沉淀的转化问题。

（2）核心能力：通过实验探究和对实验结果的分析，提升实验操作与分析的能力；通过知识点的交叉应用，提升知识迁移与应用能力。

（3）核心品质：通过运用化学知识对实际生活现象进行科学分析，学会从化学的视角观察、分析和解释生活中的实际现象；在理论分析和总结规律的过程中，学会从本质思考问题，提升对化学的学习兴趣。

2. 教学设计思路图

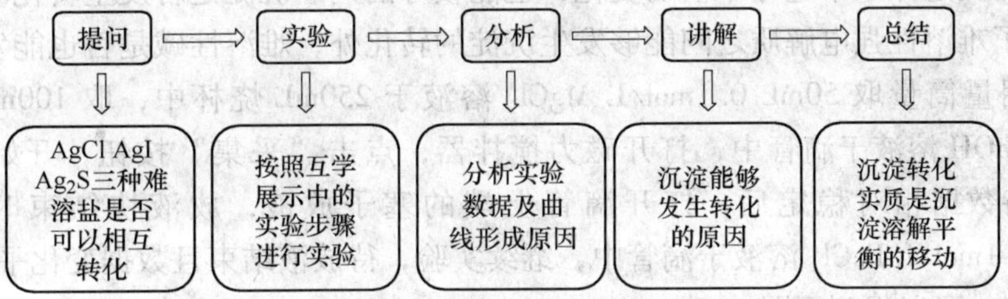

图 3-25-8　设计思路图

3. 教学过程

【提问】 AgCl 、AgI 、Ag_2S 三种难溶银盐是否可以相互转化?

【陈述】 请同学们 4 人一组进行讨论，设计实验方案。

【引导】 AgCl 是白色沉淀 、AgI 是黄色沉淀 、Ag_2S 是黑色沉淀；沉淀在生成或者发生转化的同时，溶液中总的离子浓度会减小。电导率传感器可以测量体系中总的离子浓度。

【实验 1】 用量筒量取 50mL 0.1mol/L $AgNO_3$ 溶液于 250mL 烧杯中，取 50mL 0.1mol/L NaCl 溶液于滴管中，打开磁力搅拌器，点击“采集”按钮，开始采集数据，待数据相对稳定后，打开滴管上端的塞子放液，放液快结束时，取 50mL 0.1mol/L KI 溶液于滴管中，继续实验，待 KI 溶液快滴加结束时，取 25mL 0.1mol/L Na_2S 溶液于滴管中，继续实验，待放液结束且数据变化平稳后停止采集，可以得到下图。

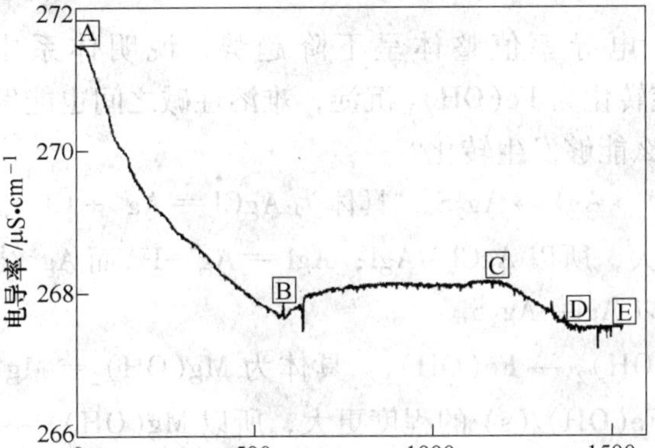

【分析】AB 段数据是向 $AgNO_3$ 溶液中滴加 NaCl 溶液后体系电导率值的变化情况；BC 段数据是继续向体系中滴加 NaI 溶液时体系电导率值的变化情况；CD 段数据是继续向体系中滴加 Na_2S 溶液时体系电导率值的变化情况；DE 段数据是 Na_2S 溶液滴加完毕后体系电导率值的情况。由曲线可知，电导率值整体呈下降趋势，说明体系中沉淀之间发生了转化，依次是 AgCl 沉淀转化为 AgI 沉淀，AgI 沉淀转化为 Ag_2S 沉淀。

【总结】通过实验可知，除了通过观察沉淀颜色判断沉淀是否发生转化外，借助电导率传感器测定体系中电导率值的变化，也能较好的判断沉淀是否发生转化。

【提问】除了难溶性强电解质之间能够发生沉淀的转化外，难溶性碱是否也能发生转化呢？

【实验 2】用量筒量取 50mL 0.1mol/L $MgCl_2$ 溶液于 250mL 烧杯中，取 100mL 0.2mol/L NaOH 溶液于滴管中，打开磁力搅拌器，点击“采集”按钮，开始采集数据，待数据相对稳定后，打开滴管上端的塞子放液，放液快结束时，取 33mL 0.1mol/L $FeCl_3$ 溶液于滴管中，继续实验，待放液结束且数据变化平稳后停止采集，可以得到下图。

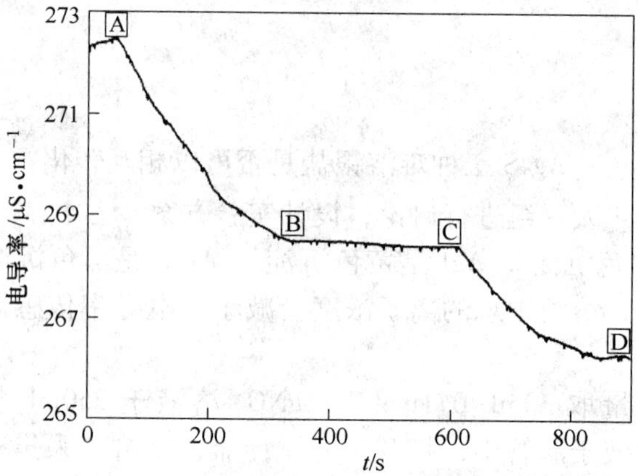

【分析】由图可知，AB 段数据是向 $MgCl_2$ 溶液中滴加 NaOH 溶液时体系电导率值的变化情况；BC 段数据是 $MgCl_2$ 溶液滴加结束后体系电导率值的变化情况，同时到达点 C 时继续向体系中滴加 $FeCl_3$ 溶液；CD 段数据是滴加 $FeCl_3$ 溶液时体系电导率值的变化情况。

【总结】由曲线可知，电导率值整体呈下降趋势，说明体系中沉淀间发生了转化，$Mg(OH)_2$ 沉淀转化为 $Fe(OH)_3$ 沉淀，难溶性碱之间也能发生转化。

【提问】沉淀之间为什么能够发生转化？

【讲解】实验 1 为 $AgCl \rightarrow AgI \rightarrow Ag_2S$，具体为 $AgCl = Ag^+ + Cl^-$，而 Ag^+ 结合 I^- 生成 AgI（s）的程度更大，所以 $AgCl \rightarrow AgI$；$AgI = Ag^+ + I^-$，而 Ag^+ 结合 S^{2-} 生成 $Ag_2S(s)$ 的程度更大，所以 $AgI \rightarrow Ag_2S$。

【讲解】实验 2 为 $Mg(OH)_2 \rightarrow Fe(OH)_3$，具体为 $Mg(OH)_2 \rightleftharpoons Mg^{2+} + 2OH^-$，而 OH^- 和 Fe^{3+} 结合生成 $Fe(OH)_3(s)$ 的程度更大，所以 $Mg(OH)_2 \rightarrow Fe(OH)_3$。

【追问】同样都是沉淀，为什么阴阳离子的结合能力存在差异呢？

【资料】几种难溶电解质的溶度积（25℃），沉淀溶解平衡常数（K_{sp}）反映了物质在水中的溶解能力。

化学式	溶度积	化学式	溶度积
$AgCl$	1.8×10^{-10}	CuS	6.3×10^{-6}
AgI	8.5×10^{-17}	$Cu(OH)_2$	2.2×10^{-20}
Ag_2S	6.3×10^{-50}	$Fe(OH)_2$	8.0×10^{-16}
$BaSO_4$	1.1×10^{-10}	$Fe(OH)_3$	4.0×10^{-38}
$CaCO_3$	2.8×10^{-9}	$MgCO_3$	6.8×10^{-6}
$CaSO_4$	9.1×10^{-6}	$Mg(OH)_2$	1.8×10^{-11}

【讲解】一般情况下 K_{sp}越大，说明沉淀溶解进行的程度越大，沉淀的溶解度越大；一般来说，溶解度小的沉淀转化成溶解度更小的沉淀容易实现，沉淀之间的 K_{sp} 差别越大，转化越容易。

【总结】沉淀转化的实质就是沉淀溶解平衡的移动。

好学深思

（1）利用本节课所学习的内容，请分析水垢中 $CaSO_4$ 转化为 $CaCO_3$ 的原理。

（2）对于沉淀的转化这一实验，你还可以借助哪些传感器进行实验？（注：从反应产物进行分析）

（3）你觉得借助传感器进行实验，与传统方法相比有什么区别？请简述你的观点。

博学多闻

[1] 黄鸣春，王建林．指向学生科学实践能力培养的校本专题课设计与实施——以“玩转沉淀”为例［J］．化学教学，2018（11）：47~52.

[2] 石沛．难溶电解质的溶解平衡及应用［J］．中学化学教学参考，2018（10）：31~32.

[3] 王延广．“难溶电解质的溶解平衡”教学实录与反思［J］．化学教与学，2018（5）：44~47.

[4] 徐明奎．有关沉淀转化与 K_{sp}大小的讨论［J］．化学教学，2017（6）：90~93.

[5] 李发顺，袁明月．从宏观到微观从现象到本质——评“沉淀溶解平衡原理的应用”的教学［J］．化学教育，2015，36（21）：24~26.

[6] 曾国琼，董军．运用“四重表征”教学模式培养学生化学观念的实践研究——以“沉淀溶解平衡的应用”高三复习课为例［J］．化学教与学，2015（2）：9~14.

[7] 张曹俊，侯嘉梅．难溶电解质沉淀转化装置的改进［J］．中学化学教学参考，2015（Z1）：57.

[8] 高杰，王磊，刘银，支瑶．“难溶电解质的溶解平衡”的探究教学设计及反思［J］．化学教育，2014，35（21）：20~23.

[9] 周昌林．对比三种教材寻找教学资源-以难溶电解质的转化为例［J］．中学化学教学参考，2014（7）：42~43.

[10] 刘美华，童双银．关于沉淀转化问题的探讨［J］．中学化学教学参考，2014（2）：72.